दिद्दा

कश्मीर की योद्धा रानी

दिद्दा
कश्मीर की योद्धा रानी

आशीष कौल

प्रभात
पेपरबैक्स
www.prabhatbooks.com

इस पुस्तक में लिखी गई बातें एवं घटनाक्रम तथ्यों पर आधारित हैं। यह पुस्तक एक गहन शोध का परिणाम है। साथ ही, इसे दिद्दा के वंशजों ने मौखिक रूप से पीढ़ी-दर-पीढ़ी बताया भी है। उनमें लेखक की नानी भी शामिल हैं। इस पुस्तक में यथासंभव, तथ्यों को सत्यापित करने की कोशिश की गई है, फिर भी किसी विसंगति के लिए लेखक एवं प्रकाशक जिम्मेदार नहीं हैं। घटनाओं एवं पात्रों के वर्णन में लेखक ने अपनी रिसर्च के लिए रचनात्मक स्वतंत्रता ली है। यह पुस्तक पहली और इकलौती है जो दिद्दा के पूरे जीवन काल, दसवीं शताब्दी के उन घट-नाक्रमों को और दिद्दा के जीवन से जुड़े लोगों को दरशाती है, जिन्होंने दिद्दा को एक लीजेंड, एक महानायक और शायद विश्व का सर्वश्रेष्ठ योद्धा बनाया।

प्रकाशक

प्रभात पेपरबैक्स

4/19 आसफ अली रोड, नई दिल्ली-110002

फोन : 23289777 • हेल्पलाइन नं. : 7827007777

इ-मेल : prabhatbooks@gmail.com ❖ वेब ठिकाना : www.prabhatbooks.com

संस्करण

प्रथम, 2021

अनुवाद

शिप्रा पांडेय

मूल्य

तीन सौ रुपए

मुद्रक

आर-टेक ऑफसेट प्रिंटर्स, दिल्ली

★

DIDDA : Kashmir Ki Yoddha Rani

by Shri Ashish Kaul

(Hindi translation of 'DIDDA: The Warrior Queen of Kashmir')

Published by **PRABHAT PAPERBACKS**

4/19 Asaf Ali Road, New Delhi-110002

ISBN 978-93-90378-56-2

₹ 300.00

यह पुस्तक समर्पित है
धरती की सबसे साहसी, सबसे खूबसूरत
और सबसे महान् कश्मीरी महिलाओं को।
कश्मीर की शांति और सुनहरा भविष्य
कश्मीर की महिलाओं के हाथों में ही है।

आमुख

'दिद्दा' एक ऐसी मर्मस्पर्शी कहानी है, जो सभी को जाननी चाहिए। संसार भर के इतिहास को पलटकर देखें, तो यह बात पक्की है कि दुनिया के हर कोने में औरतों को सजावट की वस्तु माना गया।

वैदिक भारत में महिलाओं को पूजा जाता था, पर देश में लगातार होते आक्रमणों और बदलते साम्राज्यों ने समाज में स्त्रियों की स्थिति को पूरी तरह से बदलकर रख दिया। ऐसे में सांस्कृतिक एवं सामाजिक मामलों में पूर्णरूपेण पुरुषों का वर्चस्व छा गया। अगर गंतव्य तक पहुँचने के लिए आगे सिर्फ अँधेरा ही हो तो एक दीपक की लौ से भी आगे का रास्ता खोजा जा सकता है और मेरे साथ भी ऐसा ही हुआ।

यह कहानी इतिहास के मलबे में करीब 1200 सालों से दबी हुई थी। यह एक ऐसी कहानी है, जिसमें वीरता, पराक्रम, त्याग जैसे शब्द एक ऐसी स्त्री के साथ जुड़े हुए हैं, जिनका शैशवावस्था में ही उनके माता-पिता ने परित्याग कर दिया था और बाद में उनका विवाह एक अय्याश राजा के साथ कर दिया गया। जिसे पति की मृत्यु के बाद सती बनने के कगार पर लाकर छोड़ दिया गया और उस प्रथा को उन्होंने वहीं अपने पैरों तले रौंदकर एक मिसाल कायम की और साथ ही अपने प्रधान मंत्री के साथ मिलकर राजगद्दी के लिए होनेवाले आंतरिक संघर्षों को कुचलकर रख दिया। वे जिंदगी द्वारा प्रदत्त संघर्षों से काफी ऊँचा उठ चुकी थी, और अपनी शारीरिक अपंगता को धता बताकर वे मध्यकालीन विश्व में इतिहास में सबसे लंबे समय तक राज करनेवाली महान् रानी के रूप में याद की जाती हैं। उन्होंने वैसे प्रभावशाली लोगों एवं राजाओं के बीच उस दौरान अपने लिए एक विशिष्ट जगह बनाई, जिन्हें किसी महिला के शासन के अधीन रहना स्वीकार्य नहीं

था, खासकर ऐसी महिला के, जो शारीरिक रूप से विकलांग थी। उनका ऐसा पराक्रम था कि वे युद्ध का पासा पलट सकती थीं और चाहे कितने भी खतरनाक सिपहसालार हों, वे उन्हें घुटने टेकने के लिए मजबूर कर देती थीं। वे उनसे इतने भयभीत हो जाते थे कि वे यह स्वीकारने लग गए थे कि दिद्दा एक चुड़ैल है।

जब हम भारतीय इतिहास में शक्तिशाली महिलाओं की बात करते हैं तो एक ऐसा नाम जो कभी भी जहन में नहीं आता, वह है—दिद्दा, कश्मीर की रानी। दिद्दा एक ऐसी शारीरिक रूप से विकलांग औरत की कहानी है, जो अपनी जिंदगी के संघर्षों से अकेले लड़ती हुई रानी बनी। यह दिद्दा के सत्ता में स्थापित होने की एक अनूठी कहानी है, जिसने राजगद्दी के लिए एक पुरुष उत्तराधिकारी देने से लेकर, कश्मीर में चौवन वर्षों तक राज किया (950-1003)। अपने कार्यकाल के दौरान उन्होंने कश्मीर को ऊँचाइयों तक पहुँचाया और मध्यकालीन एशिया का सबसे सशक्त राज्य बनाकर स्थापित किया।

सन् 925 ई. में राजा सिम्हराज एवं रानी श्रीलेखा के घर में दिद्दा का जन्म हुआ। वे जन्म के साथ ही शारीरिक रूप से विकलांग थीं, शायद जन्म से ही वे पोलियोग्रस्त थीं, वे लँगड़ाकर चलती थीं।

जन्म से ही पोलियो के उस अभिशाप से ग्रस्त दिद्दा लोहार साम्राज्य की राजधानी में जनमी और पली-बढ़ीं, जिसने अधिकांश उत्तर-पश्चिमी अक्षुण्ण वैदिक भारत में राज्य किया था। वे उपहासपूर्ण वातावरण में पली-बढ़ीं और अपने माँ-बाप के प्यार-दुलार से हमेशा ही वंचित रहीं। महल में रह रहे दूसरे बच्चे अधिकांशतः उनकी विकलांगता का मजाक उड़ाया करते थे।

उनकी देखभाल करने के लिए कोई नहीं था और एक दिन वल्जा नामक एक सहायिका उनकी जिंदगी में आ गई। वल्जा ने दिद्दा की निस्स्वार्थ सेवा की और वह हमेशा के लिए उनकी साथी एवं राजदार बनकर रही। जो लाड़-प्यार दिद्दा को अपने माता-पिता से कभी नहीं मिल पाया था, वल्जा ने एक माँ बनकर उनपर वह सारा दुलार उड़ेल दिया।

भगवान् ने दिद्दा को अलौकिक दिव्य शक्तियाँ प्रदान की थीं, वे बहुत बुद्धिमान थीं, एक असाधारण वक्ता थीं और अपनी शारीरिक विकलांगता के बावजूद वे तेजी से दौड़ना पसंद करती थीं। जिंदगी के प्रति उनका लगाव था कि वे महल में होनेवाली प्रतियोगिता में भाग लेती थीं और अपनी संरक्षिका वल्जा की

मदद से जीतने के लिए ही दौड़ती थीं। दुनिया में इस तरह की बात पहले कभी भी न देखी गई, न ही सुनी गई।

दिद्दा में इतनी क्षमताओं के होने के बावजूद, उनके पिता के लिए अपनी पुत्री के लिए वर ढूँढ़ना बहुत कठिन हो रहा था, क्योंकि कोई भी एक लँगड़ी लड़की से शादी नहीं करना चाहता था। कहीं-न-कहीं भीतर से उन्हें भी यह दर्द कुरेद रहा था और जब शादी का सही समय आया तो अय्याशी के लिए कुख्यात एक राजा से वे ब्याह दी गईं और फिर उन्होंने इस अवसर का पूरा लाभ उठाया और राज्य को अपना सर्वोत्तम दिया कश्मीर के राजा क्षेमगुप्त से विवाह हो जाने के पश्चात् उन्होंने यह महसूस किया कि साम्राज्य में सबकुछ अव्यवस्थित है और भ्रष्ट राजा की वजह से राज्य बरबाद होने के कगार पर है। दिद्दा अब राजनीतिक निर्णय लेने लग गईं और राज्य के प्रधान मंत्री और उनकी पुत्री, जो राजा क्षेमगुप्त की पहली पत्नी थीं, के घोर विरोध के बावजूद जल्द ही शासन का केंद्र बन गईं। एक बार जब उन्होंने साम्राज्य पर अपनी पकड़ स्थापित कर ली तो फिर तो उन्होंने पूरे साम्राज्य पर आधिपत्य स्थापित कर लिया। जब उन्हें अपने राज्य के अन्य मंत्रियों से सहयोग हासिल होने में सफलता मिलने लगी तो उन्होंने शासन में बड़े-बड़े सुधार करने शुरू कर दिए, जिससे उन्होंने जनता का हृदय भी जीत लिया। राज्य में दिद्दा के शासन एवं नियंत्रण का सबसे बड़ा कारण राजा का सहयोग था, क्योंकि उन्होंने राजा को उनकी गद्दी का असली वारिस दिया, जो अन्य रानी नहीं दे पाई।

सन् 950 में राजा की असामयिक मृत्यु के बाद दिद्दा सदमे में थीं। प्रधान मंत्री के नेतृत्व में होनेवाले संग्राम से वे डर गई थीं और उन्हें चारों ओर से शत्रुता झेलनी पड़ रही थी। प्रधान मंत्री के साथ अन्य मुख्य मंत्रियों ने दिद्दा को सती हो जाने के लिए उकसाया, जिससे वे राजगद्दी हासिल कर सकें। पहले तो वे इसके लिए मान गईं, पर फिर अपने विश्वस्त मंत्री नरवाहन के कारण वे इस दुविधा से बाहर निकल पाईं। उसके बाद उन्होंने अपने युवा पुत्र अभिमन्यु को राज्य का राजा घोषित किया।

दिद्दा को मारने की साजिशें लगातार चलती रहीं, पर इससे दिद्दा दिनोदिन मजबूत होती गईं। अब दिद्दा स्वयं सामने से लड़ती थीं, वे स्वयं कई युद्धों में अपने सैनिकों के साथ मजबूती से डटकर लड़ती थीं, जिससे उनका समर्थन हासिल करने में वे सफल होती गईं। हालाँकि, भद्र पुरुष और अन्य राजा किसी स्त्री

के शासनाधीन नहीं रहना चाहते थे, खासकर ऐसी महिला के, जो विकलांग हो, इसलिए विद्रोह हमेशा जारी रहा।

दिद्दा अब एक युवती से एक योद्धा के रूप में परिवर्तित हो चुकी थीं और उन्हें इस बात का एहसास तब हुआ, जब उन्होंने इन सबको कुचल डाला, पर उन मजबूत पुरुषों ने उन्हें कभी भी शांति से नहीं रहने दिया। फिर वे अपने सबसे उम्दा और विश्वसनीय प्रशिक्षक विक्रमसेन के पास गईं और उनसे आग्रह किया कि विश्व की अब तक की सबसे क्रूरतम लड़ाकू टुकड़ी तैयार करें और उसे 'एकांगी' कहा जाने लगा। दिद्दा ने नरवाहन को अपना प्रधान मंत्री चुना और उसके नेतृत्व में अपने साम्राज्य का विस्तार किया। समय के साथ नरवाहन दिद्दा के प्रति मोहित होने लगा और उसके मन में रानी के लिए प्यार पनपने लगा। पर जैसे ही दिद्दा को इस बात का भान हुआ तो उन्होंने नरवाहन से बातचीत करनी बंद कर दी, इस बात से परेशान नरवाहन ने आत्महत्या कर ली।

इसी बीच उन्होंने अपने पुत्र अभिमन्यु का विवाह एक सुंदर राजपुत्री वसुंधरा से करा दिया। अभिमन्यु एक सरल प्रवृत्ति का व्यक्ति था, जो अपनी पत्नी की सुंदरता से अभिभूत हो गया। वसुंधरा दिद्दा को एक खतरे के रूप में ही देखती थी और यह समझती थी कि जब तक दिद्दा महल में रहेंगी, तब तक वह उनकी तरह शक्तिशाली नहीं बन पाएगी। अत: उसने अभिमन्यु के दिमाग में दिद्दा के विरुद्ध जहर घोलना शुरू कर दिया और फिर अभिमन्यु भी अपनी माता से बगावत करने लगा। इसके बाद अभिमन्यु ने अपने माँ दिद्दा को महल से बाहर निकाल दिया और इस तरह रानी ने संसार से विरक्ति ले ली और राजमहल के बाहर किसी गाँव में एक संन्यासिन का जीवन जीने लगीं।

अभिमन्यु की असामयिक मृत्यु के बाद, वसुंधरा ने राजगद्दी हासिल करने की कोशिश की। दिद्दा एक बार फिर से वापस आईं और उन्होंने साम्राज्य की कमान अपने हाथों में ली। उन्होंने अभिमन्यु के अशक्त प्रशासन द्वारा की गई अव्यवस्थाओं को देखा और फिर से साम्राज्य को स्थापित करने की कोशिश की।

दिद्दा अपने साथ लगातार हो रही साजिशों एवं धोखों से बहुत बुरी तरह से विचलित हो चुकी थीं और फिर उन्होंने अपने दिल में प्यार के लिए सारे दरवाजों को हमेशा के लिए बंद कर दिया। उनका अब एक ही उद्देश्य था—वह था अपने साम्राज्य की अखंडता को अक्षुण्ण बनाए रखना। हालाँकि, बाद में दिद्दा के मन में

उनकी जान बचानेवाले तुंगा नाम के एक गड़रिए के लिए चाहत बढ़ने लगी। उन्होंने उसे अपने राजदरबार में रख लिया, पर जल्द ही उन्होंने यह महसूस किया कि तुंगा के प्रति उनकी बढ़ती चाहत उनके राजकाज में बाधा बन रही है। साथ ही तुंगा पर लगातार हो रहे जानलेवा हमलों के कारण उन्होंने तुंगा को अपने भाई की मदद के लिए लोहार भेज दिया।

दिद्दा ने न सिर्फ अपनी विकलांगता पर विजय पाई, बल्कि उन्होंने अपने बिखरते साम्राज्य को एकजुट करके भी रखा। उन्होंने उस साम्राज्य को और पसारा और जनता के बीच ऐसा प्रशासन रखा, जिससे लोगों के बीच खुशहाली छाई रही। अपनी दूरदर्शिता के कारण उन्होंने अपने राज्य की उत्तर-पूर्वी सीमा में भी एक अच्छा प्रशासन स्थापित किया और अपनी रणनीतियों के बल पर मोहम्मद गजनी को दो बार हराया भी।

अपने 79 वर्ष के जीवनकाल में दिद्दा एक ऐसे व्यक्तित्व के रूप में निखरकर आईं, जिनके नाममात्र से ही दुश्मन काँपने लगते थे। लोगों ने दिद्दा को निर्दयी, क्रूर महिला के रूप में देखा, पर यह कभी भी महसूस नहीं किया कि अपने मरते पति की अंतिम इच्छा का सम्मान करते हुए उन्होंने इतने बड़े साम्राज्य को बनाने के लिए न जाने अपनी कितनी इच्छाओं का बलिदान दिया।

दिद्दा कोई साधारण महिला नहीं थीं, पर इस बात में कोई शक नहीं कि उनका पूरा जीवनकाल असाधारणता की मिसाल रहा। उनका जीवन कई संकटों से होकर गुजरा, उन्होंने कई जीतों को देखा, साथ ही प्यार, विद्वत्ता और जज्बे से वह जीवन परिपूर्ण रहा। मध्यकालीन विश्व की कहानियों में यह एक ऐसी महिला की कहानी रही, जो जीवन में तब इस ऊँचाई तक पहुँची, जब पूरे विश्व में शक्तिशाली पुरुष राजाओं का वर्चस्व था और उन्हें ऐसे ही राजाओं ने 'चुड़ैल' की उपमा तक दे डाली थी। बिना किसी शक-ओ-शुबहा के इस विशेषण के बावजूद दिद्दा लंबे समय तक राज करनेवाली रानी के रूप में जानी जाती हैं, जिन्होंने अपनी कहानी से पाठकों को बाँधकर रखा। इसके साथ ही यह कहानी नारीवाद की लहर के पक्ष में बहती है और यह इस समाज में भी लोगों के बीच राज करती रहेगी।

लेखक ने भारत के विस्मृत इतिहास को फिर से टटोलने में कोई कोर-कसर नहीं छोड़ी है। पूरी कहानी इस हिसाब से लिखी गई है कि वह प्रवाह में चली जा रही है और लोगों को उसमें बाँधे हुए भी है। इसके अलावा जो किरदार इसमें वर्णित

हैं, वे बहुत ही प्यारे हैं और असली हैं और इसी कारण पाठक इससे और अधिक जुड़ पाता है।

दिद्दा एक ऐसी कहानी है, जो इतिहास के नजरिए को बदलकर रख देगी। मैं ऐसा मानती हूँ कि लेखक ने एक असंभव लगनेवाला काम किया है और इतिहास का एक ऐसा उपयोगी पन्ना सामने रखा है, जो अपने आपमें फिर से एक इतिहास रचेगा, जो काफी समय से दबा पड़ा था और लोगों की स्मृतियों से करीब 1200 सालों से भुलाया जा चुका था। मैं पाश्चात्य लेखकों से जलती हूँ, जिन्होंने बहुत ही ऐसी अच्छी ऐतिहासिक कहानियाँ लिखीं और उन्हें पढ़कर मैं यह सोचा करती थी कि सांस्कृतिक रूप से संपन्न इस देश में इस प्रकार की उत्कृष्ट कृतियों की कमी क्यों है? दिद्दा के रूप में यह एक शुरुआत है। यह एक ऐसी कहानी है, जो संपूर्ण विश्व में वही घिसे-पिटे मानकों को तोड़ने का माद्दा रखती है। यह एक ऐसी कहानी है, जो लोगों को सुनाई जानी चाहिए। दिद्दा न सिर्फ एक कहानी है, बल्कि यह एक महिला की संघर्षगाथा भी है। यह संसार की महिलाओं के समक्ष एक प्रमाण है कि सत्तासीन कमजोर पुरुषों द्वारा लिखे गए इतिहास में औरतों पर हुए उत्पीड़न के समक्ष वे कभी नहीं झुकेंगी। वे हमेशा आगे बढ़ेंगी और सही समय में वैसे ही सही निर्णय लेती रहेंगी, जिसकी अलख दिद्दा ने जगाई है।

दीपा मलिक,
पद्मश्री एवं अर्जुन पुरस्कार विजेता
रजत पदक विजेता, रियो पैरालंपिक्स, 2016
प्रेसिडेंट्स फर्स्ट लेडीज अवार्ड, 2018
प्रेसिडेंट्स नेशनल रोल मॉडल, 2014
आईपीसी एशियन रिकॉर्ड F53 (जेवलिन)
नीति आयोग वूमैन ट्रांसफॉर्मेशन अवार्ड
फेमिना विमेंस अवार्ड-स्पोर्ट्स 2017
4 लिम्का वर्ल्ड रिकॉर्ड्स (एडवेंचर)
प्रेरक वक्ता
एक गौरवान्वित माता और एक सैनिक की पत्नी

लेखक की कलम से

इतिहास स्त्रियों के साथ हमेशा से ही बेरहम, बेईमान और क्रूर रहा है। दिद्दा इससे अछूती नहीं थीं। वैसे भी शक्तिशाली महिलाओं के वजूद को स्वीकार करना बड़ा ही मुश्किल काम है।

दिद्दा के जीवन और हमारी पीढ़ी के बीच करीब 1200 वर्षों का अंतर है। किसी को भी दिद्दा के जीवन के संबंध में सुनिश्चित रूप से यह नहीं पता कि माँ-बाप के लाड़ के अभाव के बावजूद वे कैसे पली-बढ़ीं, और फिर कैसे एक सुंदर नवयुवती से एक प्रभावशाली योद्धा और फिर मध्यकालीन विश्व के इतिहास में सबसे लंबे समय तक राज करनेवाली रानी बनीं। उस दौरान कई शक्तिशाली वीर, बहादुर योद्धा आए और चले गए। उन्होंने देश की उत्तरी सीमाओं को लूटा और फिर अपनी सुविधानुसार इतिहास में स्वयं की उपस्थिति दर्ज कराई। उन डरपोक लोगों के बीच इस महान् रानी का नाम समय के पन्नों के बीच से अब तक ऐसे गायब रहा, जैसे बालू में लिखा गया नाम गायब हो जाता है।

दिद्दा का नाम सालों से मेरे मस्तिष्क में पलता रहा है, क्योंकि मैं अपनी नानी से उनके बारे में सुनता रहा हूँ, जो उसी वंशवृक्ष का एक हिस्सा रही हैं, जिन्होंने एक समय में पैरानोट्सा, जिसे अब 'पुंछ' कहा जाता है, में राज किया था।

साधारणतया इतिहास में उनके बारे में यह दर्ज है कि वे शक्तिशाली लोहार साम्राज्य के राजा सिम्हराज के घर पैदा हुईं। उनसे शादी करने के लिए कोई भी तैयार नहीं था, इसलिए उनका विवाह कश्मीर के एक अय्याश राजा क्षेमगुप्त से हुआ।

दिद्दा एक असाधारण स्त्री थीं, जो एक साधारण बालिका से अपने समय की एक महानतम हस्तियों की सूची में शुमार हो गईं।

हालाँकि इतिहास लगातार ही लिखा, मिटाया एवं भुलाया जाता रहा है, पर इतिहास के इन पन्नों में से कुछ हिस्से गिरकर कहीं छुप गए और भाग्यवश मुझे उन्हें ढूँढ़ निकालने का मौका मिला। कोई भी इस बात का दावा नहीं कर सकता है कि इस संबंध में उसे पूरी तरह से यह सच्चाई पता है कि यह कहानी एक ऐसी लड़की की है, जो शैशवकाल से ही नौकरों की देखरेख में छोड़ दी गई और बाद में वह एक महान् रानी के रूप में उभरकर आई, महान् राजा लालित्यादित्य के बाद उन्होंने ही राज्य के खंडित टुकड़ों को एकीकृत कर एक वृहत् साम्राज्य बनाया।

हमारे इतिहास में उनके बारे में जितना भी जिक्र किया गया है, उसमें से अधिकांश जगहों में उनकी छवि एक जिद्दी, सत्ता के नशे में चूर, मतलबी एवं घमंडी महिला के रूप में रही है। दिलचस्प है कि जो पुरुष सत्ता उनके पराक्रम के सामने टिक नहीं पाई, वह उन्हें 'चुड़ैल' कहकर अपमानित करने लगी, पर मैंने अपने गहन शोध में यह पाया कि शारीरिक रूप से कमजोर पैदा हुई, उस नन्ही बालिका ने अपनी शारीरिक दुर्बलता को कभी भी अपने जीवन के ध्येय के आड़े नहीं आने दिया और समय-काल-परिस्थिति के अनुसा, जो भी परिस्थितियाँ उनके सामने आती गईं, उन्होंने उसी अनुरूप उनसे जूझने की कोशिश की।

पुरुषप्रधान मध्यकालीन भारतीय समाज में जहाँ महिलाएँ अधिकांशतः भोग की वस्तु मानी जाती थीं, उन्होंने इस वर्जना को तोड़, न सिर्फ अपनी भौगोलिक एकता के लिए काम किया, बल्कि जनता के बीच जातिवाद एवं सतीप्रथा जैसी कई विवादास्पद रीतियों को तोड़कर जनता के हितार्थ कई परोपकारी काम कर एक दूरदर्शी सम्राज्ञी के रूप में अपनी एक खास जगह बनाई। इसीलिए दिद्दा आज भी वहाँ के स्थानीय लोगों के दिलों में एक नायिका के रूप में राज करती हैं। दिद्दा ने उस काल में जो भी असाध्य कार्य किए, वह उस समय की एक महिला के लिए करना काफी दुष्कर रहा होगा और समय के साथ कठोर स्वभाव रख उन्होंने 'सर्वजनहिताय' के लिए जो भी किया, उसके लिए अवश्य ही हृदय पर पत्थर रखकर भी निर्णय लिये होंगे, अन्यथा विरोधियों के बीच रहकर शासन चलाना कोई आसान काम नहीं है। उस समय के राजे-महाराजे या फिर शक्तिशाली पुरुष दिद्दा को स्वीकार ही नहीं कर पाए और एक अपाहिज लड़की के सामने उन्हें मुँह की खानी पड़ी।

उनके प्रशंसकों के साथ ही उन्हें नापसंद करनेवाले लोगों के पास उनके

संबंध में बताने के लिए अपनी-अपनी कहानियाँ हैं। उनके तथाकथित निर्दयी और क्रूर स्वभाव के कारण कुछ लोग उनसे घृणा करते हैं और मेरे जैसे कुछ लोग उनसे इसलिए अगाध प्रेम करते हैं, क्योंकि उन्हें जो ठीक लगा, उन्होंने वही किया। कुछ लोगों के लिए वे असाधारण महिला थीं, वहीं अन्य लोगों के लिए, खासकर ऐसे शक्तिशाली पुरुष, जो दिद्दा को हरा नहीं पाए थे, उनके लिए वह एक चुड़ैल थीं।

मैंने सालों तक उनके संबंध में जानकारियाँ इकट्ठा कीं और इस हेतु कई दिनों, हफ्तों और महीनों तक दिन-रात की परवाह किए बिना एकाग्रचित्त होकर अपना सारा ध्यान इस शोध में लगाए रखा। धीरे-धीरे वे मेरे सपनों में आने लगीं, मुझे ऐसा लगने लगा कि उन्होंने मेरा हाथ पकड़ लिया है और मुझे अपने बारे में बताया कि वे कौन थीं और मुझे अपनी कहानी बताई, जो मुझे इस आधुनिक समय से कहीं दूर ले गई, जो उस युग से अब तक इतिहास में अपनी खास जगह पाने के लिए व अपनी मुक्ति के लिए जोरों से चीख रही हैं।

पर एक बात जो मुझे आज भी कचोटती रहती है कि चाहे कोई भी काल एवं समाज रहा हो, हमेशा ही स्त्रियों की आजादी की बात होती है।

क्या सक्रियता के नाम पर हम एक ऐसा समाज तैयार कर रहे हैं, जहाँ महिलाओं को सशक्त करने की बजाय उनकी सुरक्षा पर जोर दिया जाता है। यह बेहद कटु बात है, पर यही सच है कि स्त्रियों को सुरक्षा देनेवाला और प्रताड़ित करनेवाला समाज एक ही है। चाहे निर्भया कांड हो या हाल ही में हुआ हैदराबाद का कांड, महिलाओं को बेचारी एवं पीड़िता का ही तमगा मिला है।

1200 साल पहले जो काम दिद्दा ने अपने दम पर किया, वह हम आज क्यों नहीं कर सकते? पति के शव के सामने सती होने को खड़ी दिद्दा ने जिस प्रकार साथ में चिता में न जलने का निर्णय लेकर हिम्मत दिखाई, वह उस समय के समाज एवं आनेवाली पीढ़ियों के लिए एक मिसाल बन गई।

बचपन से ही प्यार को तरसती दिद्दा को अपने पति का साथ बहुत कम समय के लिए मिला और फिर उन्होंने अकेले ही अपना जीवन एवं राजकाज सँभालने का मन बनाया। उन्होंने किसी को अपने दिल में रत्तीमात्र की भी जगह नहीं दी, पर क्या उन्हें अपना एक परिवार बनाने का हक नहीं था? उन्हें यह हक था, परंतु उन्होंने देशहित को हमेशा सर्वोपरि रखा। कुत्सित प्रवृत्ति के शक्तिशाली पुरुषों ने उन्हें कई प्रकार के विशेषण दिए, पर वे उनके सामने कभी भी नहीं डगमगाईं।

दरअसल दिद्दा पितृसत्तात्मक समाज के गले नहीं उतरीं, इसीलिए इतिहास ने उन्हें भुलाने के सारे इंतजाम भी कर लिये।

अब तक की सबसे बहादुर रानी के रूप में अवतरित कश्मीर की इस वीरांगना रानी को मेरी ओर से यह एक भावपूर्ण श्रद्धांजलि है।

—आशीष कौल

आभार

मैं दिद्दा के प्रति आभार व्यक्त करना चाहता हूँ, जो हर देश, काल की औरतों के भीतर किसी-न-किसी रूप में रहती हैं। कभी वह सत्तासीन पुरुषों द्वारा कुचली जाती रही हैं और कभी वह अपने ही खून द्वारा छोड़ी गई हैं। वह समय के साथ उठती रही हैं और हर बार कुछ असाधारण महिलाओं, जैसे—मेरी नानी श्रीमती सौभाग्यवती केलम और मेरी माँ श्रीमती पुष्पा कौल के रूप में बार-बार खड़ी हो जाती हैं।

अपने भीतर दिद्दा को किसी भी प्रकार से जिंदा रखने के लिए आप सबका धन्यवाद।

मेरे जीवन के अनमोल उपहार के रूप में आई मेरी बेटी, अनन्या तुम्हारा भी धन्यवाद।

समस्त विश्व का भी इसलिए धन्यवाद कि उन्होंने दिद्दा को 1100 सालों तक भुलाए रखा; आपकी वजह से मैं उन्हें फिर से खोज पाया।

मेरे प्यारे दोस्त और सुप्रसिद्ध आर्टिस्ट एवं चित्रकार नरेंद्र पल सिंह 'टुनटुन' आपका भी कोटिशः धन्यवाद कि आपने मेरी पुस्तक 'दिद्दा : कश्मीर की योद्धा रानी' का कवर डिजाइन किया।

अनुक्रम

उपेक्षित राजकुमारी बनी रानी
925 ईसवी—कश्मीर साम्राज्य, उत्तरी सीमा

शाम के समय सूरज अपनी खूबसूरत आभा के साथ मनमोहक नदी के तट पर डूबनेवाला था। कश्मीर में पतझड़ ने दस्तक दे दी थी और ऐसा लगता था कि चिनार आग की लपटों में घिर गए हैं। दूर से देखने में ऐसा लगता था, मानो आग की लपटें आसमान को चूम रही हैं, और उससे लिपटकर अपने मन की आग को शांत कर रही हैं। शाही नाव सतीसर झील के ठहरे पानी में धीमे-धीमे हिलोरे खा रही थी। उस नाव में लाल रंग का एक झंडा लहरा रहा था, जिसमें शिवजी की तीसरी आँख व अर्द्धचंद्र का निशान था। उस शाही नाव में दो राजा बैठे हुए थे और ऐसा कश्मीर में बिरले ही देखा गया था। दोनों ही राजा गहन चिंतन में थे और किनारे तक पहुँचने के लिए व्याकुल थे। अचानक हवा के एक तेज झोंके ने उनकी चिंता बढ़ा दी और उनकी यह परेशानी डर में परिणत हो गई। जब दोनों राजाओं ने ऊपर देखा तो झंडा हवा की विपरीत दिशा में बह रहा था। दोनों अभी भी शांत थे और अपनी ओर आनेवाले किसी अनजान भय से आक्रांत थे, पर झंडे की देखरेख करनेवाले कर्मी के सामने धीर-गंभीर बैठे थे। जब पानी से आवाज आने लगी तो उनके माथे में पसीने की स्पष्ट रेखाएँ दिखने लगीं। नाविक भी चिल्लाने लगे और साथ में दोनों राजा भी, क्योंकि झील के भीतर भँवर उठने लगे थे और लहरें झंडे तक उठ-उठकर गिर रही थीं। राजाओं की चीख-पुकार से उनके सिपहसालार डर के मारे स्तब्ध बैठे थे। ऐसी उठती-गिरती लहरों के बाद, चारों ओर अचानक से मरघट-सी शांति छा गई और चीजें इस तरह से रुक गईं, जैसे उस जादुई झील के जकड़े हृदय से कोई चीज अचानक आकर प्रकट हो जाएगी।

राजा के चेहरे की भयानक भाव-भंगिमा और भी अशांत हो गईं, जब उन्होंने देखा कि पानी के भीतर से अचानक आग की लपटें निकल रही हैं, और साथ में खड़े चार पेड़ों के कड़कते सुनहरे पत्तों से जाकर नाचते हुए लिपट पड़ीं, ये पेड़ भगवान् ने चार-चिनारी के बहते प्रायद्वीप में खुद लगाए थे।

यह ऋषि कश्यप का स्थायी निवास था—ऋषि कश्यप, जिन्होंने कश्मीर के साम्राज्य की रचना की थी और वह काफी दिनों से दिखे भी नहीं थे, क्योंकि काफी लंबे समय से उनके वंश से कोई भी प्रतापी राजा इस धरती पर तब तक नहीं आया था। झील का पानी प्रायद्वीप के चारों ओर एक लय में हिचकोले खाकर नृत्य कर रहा था, जिससे पानी आसपास फैल रहा था। सूरज का मनमोहक प्रकाश गेंद की भाँति अपना एक आकार लेने लगा था और राजाओं ने नीचे की पवित्र धरती को देखकर सावधानी से कुछ कहा। शाही नाव चुपचाप खड़ी हो गई और साथ में उसमें बैठे नाविक भी, ऐसे जम गए, जैसे कि असल में कोई चित्रकारी हो। यहाँ तक कि शाही झंडे भी झुक गए थे या हो सकता है कि वह बेताब आँखें उन्हें देख ही न पाई हों। अचानक से चमकती हुई गेंद ऐसे छिटककर फैल गई जैसे कि कोई संन्यासी या संत आँखें मूँदें बैठा हो। राजाओं ने अपनी यात्रा फिर से शुरू की, ऐसा लगने लगा कि पहुँचने में करीब लाखों मील अभी भी बाकी है।

संन्यासी के चेहरे की भाव-भंगिमा राजाओं के हर बढ़ते कदम के साथ बदलने लगी। उनकी भृकुटी तन गईं और चेहरे का शांत भाव अचानक से परेशानी से घिर गया जैसे कि राजा उनके सामने ही खड़े हों।

संन्यासी ने अपनी आँखें खोलीं और चिल्लाने लगे—हे राजा! तुम्हारा पुत्र किसी काम का नहीं होगा…किसी भी काम का नहीं।

झील में फिर से भँवर पड़ गए, फिर कुछ भी शब्द सुनाई न पड़े। संन्यासी ने एक बार फिर से अपनी आँखें बंद कर लीं, उनका शरीर फिर से काँपने लगा और अन्य आकार लेने लगा। उनकी उँगलियाँ पंजे की तरह हो गईं और बाल धारियों में बदल गए। दोनों राजाओं ने अपने कदम वापस ले लिये और वह नाव की तरफ जाने लगे। संन्यासी की जगह, अचानक से एक दहाड़ता हुआ शेर सामने आ गया। वह शेर दहाड़ते हुए उन राजाओं की ओर लपका।

झील के चारों ओर से चिल्लाने की एक आवाज आई और अचानक से राजा

क्षेमगुप्त नींद से जागकर उठ बैठे और उनका माथा पसीने से भर गया।

वे कुछ ही देर से यह सपना देख रहे थे। पर यह क्या, सपने में दो राजा एक शाही नाव में सवार थे और नाव में शिवजी की तीसरी आँख एक प्रतीक के रूप में थी। यह तो कश्मीर साम्राज्य की निशानी थी, जिसके वे राजा थे, पर वे दो राजा, एक संन्यासी एवं वह शेर कौन था? क्षेमगुप्त ने ताली बजाई, जो इस बात का इशारा था कि उनके सेवक उनके समक्ष उपस्थित हों।

प्रधान सेवक ने राजा को सूचित किया कि उनके मंत्री नरवाहन एवं प्रधान मंत्री फाल्गुन राजा से मिलना चाहते हैं। क्षेमगुप्त सेवक पर थोड़ा गुस्साए पर उससे कुछ कहा नहीं। वे अभी भी अपने सपने से बाहर नहीं निकल पाए थे। सेवक उनकी अनुमति का इंतजार करता रहा कि राजा अपनी सहमति दें और फिर वह नरवाहन एवं फाल्गुन को राजा से मिलने दें।

क्षेमगुप्त ने कहा, 'सियार मुझे खोज रहे होंगे, मैं सारी रात उनके रोने की आवाजें सुनता रहा हूँ।' राजा को समझ आ गया कि अब समय आ गया है कि वे तैयार हों और शिकार के लिए निकल जाएँ। इतनी बात तो स्पष्ट थी कि वे अभी राज्य या उससे संबंधित किसी मुद्दे के संदर्भ में कुछ भी सुनने को तैयार नहीं थे।

क्षेमगुप्त अपने विस्तृत आँगन (बालकनी) से जून डाब की ओर बढ़े। उसे जून डाब इसलिए कहा जाने लगा, क्योंकि उनकी माँ कहती थीं कि यहाँ से पूर्ण चंद्र देखने का नजारा अपने में अद्भुत था। हालाँकि, उनके बचपन में ऐसी पूर्णिमा कम ही आईं, क्योंकि साम्राज्य बहुत ही बुरी हालत में था। एक जमाने में कश्मीर की राजधानी श्रीनगरम् तक फैले इस साम्राज्य के भू-भाग के शाही वैभव की गाथा अब पहले जैसी न देखी गई, न ही सुनी गई।

श्रीनगरम् भी अब पवित्र नदी वितस्ता के आसपास सिमटकर रह गया था, इस नदी ने राजधानी में रहनेवाले लोगों की रोजी-रोटी और दैनिक जीवन को सुचारु रूप से चलाने व समस्त साम्राज्य हेतु अपनी महत्त्वपूर्ण भूमिका निभाई। जहाँ तक क्षेमगुप्त की बात है, उनके जहन से इस नदी का वही पुराना नजारा अभी तक उतरा नहीं था। उनके मन में आनेवाले असंख्य विचारों को अचानक सेवकों के एक दल ने बाधित कर दिया, ये सेवक राजा के साथ शाही वेशभूषा में उनके साथ चल रहे थे। सेवकों के बगल में उनके सबसे परम मित्र नरवाहन थे, जो उनके राजदार और मंत्रिमंडल में मंत्री भी थे। क्षेमगुप्त नरवाहन के सान्निध्य में निश्चिंत थे। वे दोनों

न सिर्फ साथ बड़े हुए, बल्कि समय के साथ नरवाहन ने क्षेमगुप्त की बेशर्मियों को बंद लिफाफे की तरह सहेजकर रखा। क्षेमगुप्त नरवाहन पर सलाह-मशविरे से ज्यादा उनकी करुणा के लिए आश्रित थे, मंत्रिमंडलीय सलाह के लिए तो उनके पास फाल्गुन था, जो कश्मीर का प्रधान मंत्री था। जहाँ नरवाहन क्षेमगुप्त के समक्ष अपनी प्यारी सी मुसकान लिये घुटने टेककर बैठ जाता था, वहीं फाल्गुन उसी जमीन पर दोनों की अटूट दोस्ती को देखकर अपने दाँत किटकिटाते रहता था।

फाल्गुन की आवाज कक्ष में मौजूद शांति एवं सुकून को चीरती हुई गूँजने लगी। उसने कहा, 'डामरों ने फिर से विद्रोह कर दिया है।' फाल्गुन ने अपनी कुटिल मुसकान बिखेरते हुए आगे कहा कि मुझे बताया गया है कि डामर एक हो रहे हैं, जिससे आम जनता के बीच अशांति फैल सकती है।

राजा ने पूछा, 'फाल्गुन, क्या तुमने सियारों की आवाज सुनी? मुझे पता नहीं वे सारी रात क्यों जागते रहते हैं?'

फाल्गुन चुपचाप निःशब्द खड़ा रहा, जैसे कि उसे कोई फर्क ही नहीं पड़ता, और फिर उसे मजाक करने की सूझी।

फाल्गुन ने अपना मजाक जारी रखते हुए कहा, 'हो सकता है सियारों ने मेरे राजा के साथ होनेवाले इस खतरे को पहले ही भाँप लिया हो।'

नरवाहन फाल्गुन की तरफ मुड़ा और कहने लगा, 'फाल्गुन, क्या तुमने अभी राजा का मजाक उड़ाया?'

नरवाहन के इस गरजते हुए उद्बोधन ने हमेशा की तरह फिर से यह सिद्ध किया कि वह राजा के प्रति कितना कटिबद्ध है और वह राजा का मित्र भी है। हालाँकि, फाल्गुन पर इस बात से कोई फर्क नहीं पड़ा। वह वह नहीं था, जो वह था—कश्मीर का सबसे शक्तिशाली प्रधान मंत्री। फाल्गुन ब्राह्मणों के कुल में जनमे सरदारों की वंश परंपरा का उत्तराधिकारी था, कश्मीर के मंथन में फाल्गुन की महत्त्वपूर्ण भूमिका रही, इसी मंथन के कारण कश्मीर में राज करनेवाला साम्राज्य बदल गया। फाल्गुन बहुत ही विश्वासपात्र मंत्रियों के घर का दीपक था, जिन्होंने पहले के परम प्रतापी राजा ललितादित्य के साम्राज्य में अपनी सेवाएँ दीं। जब पर्वगुप्त ने संग्रामदेव को हटाया, तो उन्होंने युवा फाल्गुन को एक मंत्री के रूप में मुख्य पदभार दिया। उस समय भी फाल्गुन ने अपनी प्रशासनिक शक्तियों एवं नेतृत्व क्षमता के बल पर अपनी छोटी उम्र से कहीं ज्यादा बेहतर काम किया। हालाँकि,

पर्वगुप्त में वह परख करने की क्षमता नहीं थी कि वह ऐसे लोगों को भाँप सके, जिनके मन में मैल हो। फाल्गुन को जो बात जीवन में आगे लेकर गई वह उसका एक छुपा उद्देश्य था, जो उसके मन में कहीं भीतर छुपा हुआ था और उसने उसे शिष्टता और दृढ़ संकल्प से ओढ़े रखा था।

पूरा कश्मीर साम्राज्य भीतर–ही–भीतर शक्तिशाली डामरों के बढ़ते विद्रोह के कारण बहुत कठिन समय से गुजर रहा था। डामर पहले शांतिप्रिय जमींदार हुआ करते थे, वे पहले से विद्रोही नहीं थे। साठ साल पहले वे तत्कालीन राजा संग्रामदेव के कारण अराजकता फैलाने के कगार पर पहुँच गए। क्षेमगुप्त के पिता पर्वगुप्त ने उनके साथ शांति स्थापित करने की पुरजोर कोशिश भी की और एक हद तक शांति भी स्थापित कर ली। पूरे साम्राज्य में डामर प्रजाति भ्रष्टाचार की शिकार हो चुकी थी, जिसने साम्राज्य की जड़ें हिला दीं और इससे नागरिक प्रशासन पूरी तरह से हिल गया। इसलिए उनकी लड़ाई भ्रष्टाचार के विरुद्ध थी, न कि राज्य के विरुद्ध। पर्वगुप्त ने अपने प्रशासन को ठीक करने की बहुत कोशिश की और समाज के सभी वर्गों के बीच एक सामाजिक सामंजस्य बनाने की कोशिश भी की, जिसमें सभी शक्तिशाली डामरों को भी शामिल करने में वे एक सीमा तक सफल हुए। हालाँकि, इसे एक विडंबना ही कहा जाएगा कि कश्मीर के उस समय के हालात साठ साल पहले जैसे ही हो गए थे, ऐसा लगता था कि समय का पहिया उलट गया हो। अब साठ साल बाद कश्मीर फिर से उसी परिस्थिति में फँसा पड़ा था, जहाँ भ्रष्टाचार और कुशासन ने जड़ें जमा ली थीं और उस मुश्किल को जड़ से हटाने के लिए पर्वगुप्त एवं फाल्गुन ने मिलकर लड़ाई लड़ी थी। अब डामरों की अनदेखी कर क्षेमगुप्त ने कश्मीर को उसी दोराहे पर लाकर खड़ा कर दिया था, जहाँ उसे संग्रामदेव ने छोड़ा था। राजा संग्रामदेव की मृत्यु के बाद करों में लगातार होती वृद्धि ने उनकी पदवियों को छीन लिया और एक बार फिर से विद्रोह पनपने लगा।

क्षेमगुप्त का मन कभी भी प्रशासन सँभालने में नहीं लगा, उनका ध्यान तो कहीं और ही था, ऐसी जगह जिसके बारे में उन्हें भी सही से पता नहीं था। वे एक ऐसे सपने के पीछे भागे जा रहे थे, जिसे समझ पाना बहुत मुश्किल था। वे अकसर नरवाहन से पूछते थे, 'क्या मैं निर्दयी हूँ?' अपने राज्याभिषेक के बाद क्षेमगुप्त कभी भी राज्य के दौरे पर नहीं गए, यहाँ तक कि अपनी राजधानी श्रीनगरम् भी नहीं।

फाल्गुन क्षेमगुप्त की ओर टकटकी लगाकर देखने लगा, वहीं सेवक राजा का

अभिवादन करने लगे। जल्द ही राजा ने सभी को मुक्त किया और नरवाहन की ओर मुड़ गए, शायद फाल्गुन को कमजोर करने की कोशिश की और उसे बताया कि इस तरह के घटनाक्रम उनके सुख के रास्ते में आड़े आते हैं और इन्हें तुरंत ही रोक देना चाहिए। हालाँकि, नरवाहन ने इसके विपरीत अपने विचार रखने की कोशिश की। उनका सोचना था कि लगातार बढ़ते भ्रष्टाचार और न्याय के अभाव में ऐसे घटनाक्रम बढ़ रहे हैं।

इस जगह में फाल्गुन राजा की बातों के विरुद्ध हो गया, पर उसने अपना मानसिक संतुलन नहीं खोया, क्योंकि उसे पता था कि अगर उसने अपनी सीमा लाँघी तो उसे पागल राजा के आदेशों का दुष्परिणाम भुगतना पड़ेगा।

नरवाहन को भी यह पता था कि क्षेमगुप्त के मन में कश्मीर के कल्याण हेतु कोई भावना नहीं है, पर एक मित्र एवं मंत्री होने के नाते उसे लगा कि राजा को उनके कर्तव्य याद दिलाए जाएँ। नरवाहन कुछ दिनों से यह काम कर रहा था, क्योंकि उसे पता था कि क्षेमगुप्त एक सिद्धांतहीन व्यक्ति है, और राजा तब तक वैसा ही रहेगा, जब तक उसे अपना असली मकसद नहीं मिल जाता।

नरवाहन ने बहुत ही अप्रिय तरीके से राजा को याद दिलाया कि 'हमें वह श्राप भी नहीं भूलना चाहिए‥मुझे लगता है कि यही समय है‥।' हालाँकि क्षेमगुप्त ने एक शब्द भी नहीं सुना, पर फाल्गुन ने पलटकर तीखी नजरों से नरवाहन की ओर देखा। वह क्षेमगुप्त की ओर धीमे से बढ़ा और राजा से प्रार्थना की कि वह बहस उसपर छोड़ दें।

'बहस' नरवाहन ने घबराकर कहा। क्षेमगुप्त फाल्गुन की ओर मुड़ा और उसे घूरने लगा। क्षेमगुप्त ने अपनी बातों को जारी रखते हुए कहा, 'मुझे अपने लक्ष्य से डिगना नहीं चाहिए, फाल्गुन, सियार मुझे सोने नहीं देंगे।' राजा को यह पता ही नहीं था कि भीतर-ही-भीतर फाल्गुन के मन में उनके प्रति नेक इरादे नहीं हैं। फाल्गुन के इस भितराघात से अनभिज्ञ होने के कारण राजा ने प्रसन्नतापूर्वक उसे यह जिम्मेदारी दी, वहीं इस बात से निराश नरवाहन उन्हें देखने लगा। फाल्गुन ने राजा की ओर देखा और सोचा, 'किसी व्यक्ति में कैसे बदले की भावना नहीं हो सकती? क्या यह इसलिए तो नहीं कि क्षेमगुप्त के पास इस खेल में हारने को कुछ भी नहीं है।'

फाल्गुन को जो नहीं दिखाई दिया, वह उनकी किस्मत थी, जो एक किनारे खड़े होकर हँस रही थी, क्योंकि कुछ दिनों में आनेवाले समय में 'निर्दयी' शब्द

कुछ और ही रूप लेनेवाला था। समय का पहिया बदलनेवाला था, और यह संग्रामदेव के अधूरे काम को पूरा करनेवाला था।

राजा के आदेश में बँधा फाल्गुन विद्रोहियों से क्रूरतापूर्वक लड़ने के लिए निकल गया। उसने वितस्ता नदी के किनारे बसे गाँव में उनकी फसलों में आग लगा दी, उसने गाँव-के-गाँव उजाड़ दिए और उनके बाड़े उखाड़ दिए। जनता के सामने लोगों को फाँसी की सजा देना तो हर शाम को एक मनोरंजन समान काम था, और लटके हुए कटे सिर इस बात का सबूत थे कि फाल्गुन वहाँ आया था। फाल्गुन ने वहाँ अपने नाम का आतंक फैला दिया था, और सभी को संग्रामदेव की याद दिलाई थी। संख्या में कम होने और बिखर जाने के कारण डामरों ने घुटने टेक दिए। उनमें से कुछ को क्रोध भी आ रहा था, क्योंकि जिसने श्रीनगरम् को बचाने का वचन लिया था, वह अभी तक आया नहीं था। उन्हें तो यह लगने लगा था कि यह एक झूठ बात है। पर देव ऋषि कश्यप की बात झूठ कैसे हो सकती है?

जहाँ क्षेमगुप्त सियारों के बीच शांति से बैठा था, वहीं फाल्गुन वितस्ता नदी को रक्तरंजित कर रहा था और अपने आतंक का साया फैलाए जा रहा था।

क्षेमगुप्त जल्द ही मंहल में वापस आ गया और अपने कुछ दरबारियों के साथ, जिन्हें हूर या आकाशीय सुंदरियाँ कहा जाता था, कथक का आनंद लेने में लिप्त हो गया। राज्य के बहुत सारे भागों से ये हूरें लाई गई थीं और कुछ तो बहुत दूर देश से भी आई थीं। उनकी छाती काफी भारी होनी चाहिए, क्योंकि क्षेमगुप्त प्रतिदिन बहुवादिनी या भाँग का सेवन करता था, जो ताजे कश्मीरी बादाम के दूध में मिली होती थी और वह उन हूरों के नग्न शरीर से उड़ेलते हुए इस द्रव्य का सेवन करता था। कभी-कभी उत्साह में वह उनके स्तन के अग्र भाग को जोर से काट भी लेता था, और उसके हरम में आए दिन क्रूरता की यह घटना बढ़ती जा रही थी। हूरें दर्द में कराहती रहतीं और उनकी चीख को सुनकर राजा आनंदित होता रहता। कभी-कभी वह उनके स्तनों से निकलनेवाले खून और भाँग के स्वाद के बीच के अंतर को समझ ही नहीं पाता, क्योंकि दर्द और मजे के बीच में जो एक हलका सा अंतर था, वह उसे दिखाई ही नहीं देता था। क्षेमगुप्त के आसपास रहनेवाले लोगों के लिए यह दृश्य कोई नया नहीं था, इसलिए नरवाहन पर दरबार को सँभालने की जिम्मेदारी छोड़ दी जाती।

ऐसी ही किसी एक प्रस्तुति के दौरान फाल्गुन शाही दरबार में तलवार की

नोक पर एक सिर उठाकर मुसकराते हुए भीतर घुस आया। उसने राजा के पैरों पर एक सिर रखते हुए कहा, 'हे राजन्, मैं आपके चरणों पर व्रजेश्वर देव को रखता हूँ।' व्रजेश्वर देव को एक मजबूत डामर जमींदार माना जाता था और राजा के कदमों पर उसका सिर रखने का अर्थ था कि डामरों के विरोध का खात्मा हो गया है।

शाही दरबार में नरवाहन के साथ अन्य सदस्य सदमे में थे। धड़ से अलग हुए सिर से खून टपक रहा था। ऐसा बहुत कम होता है, पर यह देखकर क्षेमगुप्त खड़ा हो गया और उसके उठते ही सारा दरबार भी उठ खड़ा हुआ। वह अपने सिंहासन से नीचे उतर गया। उसने बहुत ही बुरी तरीके से उस कलम किए हुए सिर को देखा और अपनी जीत को देखकर बहुत जोर से चिल्लाया और उसने लात मारकर उस सिर को बहुत दूर फेंक दिया। ऐसा लगा कि नरवाहन को काठ मार गया हो, उसे लगने लगा कि वह उस दुष्ट राजा से हार गया है, जो कभी उसका सबसे अच्छा दोस्त हुआ करता था। क्षेमगुप्त ने फाल्गुन के कंधे पर अपना हाथ रखा, और वह माहौल उस समय उत्सव मनाने जैसा हो गया था। उसने फाल्गुन से कहा, 'मैंने भी अपनी सौदेबाजी का अंत कर दिया है, सियार भी अब कुछ दिनों से चुप हो गए हैं।'

फाल्गुन मुसकराया और उसने कहा, 'मैंने भी अपना वादा निभाया। हे राजन, अब हम एक दल हो गए हैं।'

क्षेमगुप्त ने फाल्गुन से कहा कि वह अब पुरस्कार के लायक है, जिसे सुनकर फाल्गुन घबरा गया। यह वह समय था, जिसका फाल्गुन बरसों से इंतजार कर रहा था। क्षेमगुप्त ने उसके चेहरे पर लिखी परेशानी पढ़ ली और फाल्गुन से पूछा कि क्या उसे राजा की नीयत पर किसी प्रकार का कोई शक है। बेशर्म फाल्गुन ने धीमे ही सही पर सावधानीपूर्वक हँसते हुए कहा, 'नहीं! महाराज। यह तो बस मेरे लिए एक सपने जैसा है। सपने कभी सच नहीं होते, क्या सच में सपने सच होते हैं?'

'क्या वह सच नहीं होते फाल्गुन? कश्मीर में ऊपर एक भगवान् हैं, नीचे धरती पर क्षेमगुप्त है और स्वर्ग में तो सभी कुछ अच्छा है।'

'मैं चाहता हूँ कि मेरी बेटी चंद्रलेखा राजा की सेवा करे।'

क्षेमगुप्त ने मुसकराते हुए पूछा, 'राजा की सेवा करे' का क्या अर्थ है?

'मेरा तात्पर्य है कि वह आपकी पत्नी बने। मैं चाहता हूँ कि वह कश्मीर की रानी बनकर राजा की सेवा करे।'

राजदरबार में खामोशी छा गई और नरवाहन को ऐसा लगने लगा कि उसकी नसें जम गई हैं। क्या उस भविष्यवाणी के सही साबित होने का समय आ गया है?

फाल्गुन एवं अन्य लोगों को यह बात अच्छी तरह से पता थी कि फाल्गुन को साम्राज्य में अपना एक हिस्सा चाहिए था, जो उसे पूर्व राजा से नहीं मिल पाया था। राजा के साथ अपनी बेटी चंद्रलेखा की शादी का प्रस्ताव फाल्गुन के राजा के प्रति की गई सेवाओं का इनाम था, जिसके बारे में सुनकर सभी लोग, प्रधान मंत्री एवं राजनीतिज्ञ, फाल्गुन के इस प्रतिफल की आकांक्षा से स्तब्ध थे। अपनी इस चालाकी से फाल्गुन दोनों साम्राज्यों की रणनीति से काफी आगे निकल गया। पर एक बड़ा सवाल जिसका अभी भी जवाब दिया जाना बाकी था कि वह अपनी प्यारी एकलौती बेटी का विवाह उस भ्रष्ट राजा से कराने के लिए क्यों उद्यत था? विशाल राजमहल के शांत गलियारों में हलचल करते हर सावधान कदमों में इस बात को लेकर फुसफुसाहट थी। पूरा राजदरबार राजा की नैतिकता के बारे में जानता था और उन्हें यह भी पता था कि उनका हरम औरतों से भरा हुआ है, जिसमें कुछ मंत्रियों की भी हामी भरी हुई है।

सभी को औरतों के प्रति राजा के झुकाव के बारे में पता था और यह भी पता था कि कैसे हरम में बहुत सारी औरतें नग्न-सी घूमती हैं। इसलिए लोगों को यह समझ नहीं आ रहा था कि इतना सब जानने-समझने के बावजूद फाल्गुन अपनी बेटी की शादी क्षेमगुप्त से क्यों कराना चाहते हैं, वह बेटी जिसे उसने अपनी पत्नी की मृत्यु के बाद अकेले ही पाल-पोसकर बड़ा किया, उसे वह इस भ्रष्ट राजा की मंगेतर क्यों बनाना चाहता है?

इन सबमें जो सबसे भयाक्रांत चेहरा था, वह था नरवाहन का। उसके अंदर एक भूचाल आ गया था। कश्मीर की कड़ाके की ठंड अब सुंदर बसंत की ओर अग्रसर थी और नरवाहन भीतर-ही-भीतर यह सोच रहा था कि काश, क्षेमगुप्त इस प्रस्ताव को अस्वीकार कर दे। सभी की आँखें राजा पर गड़ी हुई थीं। रुकी हुई साँसों के साथ सभी राजा के निर्णय का इंतजार कर रहे थे।

हालाँकि क्षेमगुप्त ने काफी दिनों से चंद्रलेखा को नहीं देखा था, पर उसे याद था कि वह बहुत सुंदर है। वह बहुत आकर्षक थी और दूध की तरह सफेद थी। उसका शरीर बहुत मोहक था, जिसे देखकर कोई भी पुरुष उसकी ओर आकर्षित हो जाए। किसी भी तरह के भितराघात से अनभिज्ञ राजा ने चंद्रलेखा से विवाह के

लिए अपनी सहमति दे दी, जिससे फाल्गुन की साम्राज्य में स्थिति और मजबूत हो गई और इसके परिणाम बहुत खराब थे।

फाल्गुन अपने महल से वितस्ता नदी की गोद में ढलते हुए सूरज को लगातार देखे जा रहा था कि तभी चंद्रप्रभा अंदर आई। वह बहुत परेशान थी और गुस्से में थी। उसके दिमाग में विविध प्रकार के विचार कौंध रहे थे और साथ ही उसने फाल्गुन की ओर देखा। वह यह निश्चित ही नहीं कर पा रही थी कि क्या यह वही व्यक्ति है, जो एक प्यारा पिता भी है। उसके पिता एवं प्रधान मंत्री फाल्गुन क्या दो अलग-अलग व्यक्ति हैं? अगर नहीं तो वह कौन व्यक्ति था, जो उसकी माँ की मृत्यु के बाद उसे लोरी सुनाते हुए सुलाता था, और अब वही उसके सपनों को खत्म कर देना चाहता है।

फाल्गुन ने चंद्रलेखा के माथे की तनी भृकुटियों की ओर देखा, यह वही माथा है, जिसे वह हर रोज चूमता है। वह उसकी ओर आगे बढ़ा और सेविकाओं को बाहर जाने का इशारा किया। इससे पहले कि चंद्रलेखा कुछ कह पाती, फाल्गुन ने उसे बताया कि इस दिन का उसने करीब 18 सालों से इंतजार किया है। उसने अपनी बेटी को बताया कि असल में तो उसे ही राजा होना चाहिए था, पर परिस्थितियों ने उसे मजबूर कर दिया, जिसके कारण वह अपने सपने को पूरा नहीं कर पाया। फाल्गुन ने आगे कहा कि अगर उसका बेटा होता तो कोई और बात होती, पर बेटी होने से भी अंतर लाया जा सकता है।

वितस्ता की ओर देखते हुए वह कहने लगा, 'संग्रामदेव से ज्यादा तो इस वितस्ता नदी ने साम्राज्य को उगल दिया है और अब उसकी बारी है कि वह इस धरती से चीजें निकाल ले।'

चंद्रलेखा शांति से वहाँ खड़ी रही, अपनी अपलक और उम्मीद से भरी आँखों से वह अपने पिता को निहारती रही, दर्द में डूबी उसकी आँखें अब कहीं और ज्यादा सुंदर लग रही थीं। उसे इस बात का एहसास हो गया था कि सामने खड़ा व्यक्ति उसका पिता नहीं है, वह एक अकेला व्यक्ति जिसके कुछ बुरे लक्ष्य हैं, वह ही उसके सामने खड़ा है। पर साथ ही यह वही व्यक्ति है, जो दुनिया में किसी अन्य पिता की तरह अपनी बेटी की छोटी-छोटी उँगलियाँ थामे रहा है और उसे जिंदगी का उद्देश्य सिखाता रहा है। एक पुत्री का अपने पिता को प्यार करने का कोई पैमाना नहीं होता, चाहे वह पिता कितना ही भ्रष्ट क्यों न हो, वह फिर भी अपनी पुत्री

का नायक ही होता है। चंद्रलेखा कोई अलग नहीं थी और वह अपने पिता की ओर दौड़ती हुए चली गई और उसने अपने पिता को गले लगा लिया। वही पुरानी एक भविष्यवाणी सच होती दिखने लगी और फाल्गुन को यह लगने लगा कि यह विवाह उसे राजगद्दी के और करीब लेकर आएगा।

सन् 950 में श्रीनगरम् दुलहन की तरह सजाया गया और चंद्रलेखा लोगों के दिलों की भी रानी बन गई और इस प्रकार उसने न सिर्फ राजमहल के लोगों के बीच अपितु राजा क्षेमगुप्त के मन में भी अपनी जगह बना ली। शादी की रात भी निराली थी, क्योंकि नरवाहन को यह आदेश दिए गए थे कि वह शाही नाव को दुलहन की तरह सजाए और उनकी सेज भी ताजे कश्मीरी गुलाबों से सजाई जाए। जैसे–जैसे रात जवान होती गई, उन गुलाबों की खुशबू पूरे राजमहल में फैल गई। फाल्गुन भी उस खुशबू को सूँघ पा रहा था और उस पता था कि भविष्य के बीज समय के गर्भ में डाल दिए गए हैं। न सिर्फ फाल्गुन, बल्कि कश्मीर के हर आम–ओ–खास के लिए अब ज्यादा दिनों का इंतजार नहीं था। अंतर सिर्फ इतना था कि फाल्गुन के लिए श्रीनगरम् की गद्दी इंतजार कर रही थी और अन्य लोगों के लिए वह इंतजार वादे के अनुसार आनेवाले संरक्षक का था।

सन् 952 में क्षेमगुप्त के विवाह को दो वर्ष हो गए थे और चंद्रलेखा अब दो पुत्रियों की माँ बन चुकी थी और वह अभी तक सिंहासन को उसका असली वारिस नहीं दे पाई थी। क्षेमगुप्त इस बात से व्यथित तो था ही, साथ में फाल्गुन भी। फाल्गुन राजगद्दी के इतने पास होते हुए भी बहुत दूर था, फाल्गुन की इच्छाएँ ही उसे अब भीतर–ही–भीतर खाए जा रही थीं। वह अब ज्यादा दिनों का इंतजार नहीं कर सकता था, इसलिए कुछ लोगों को गुप्त रूप से किराए पर रख लिया और अपनी चाल चल दी। अपने गहन कक्ष के भीतर चंद्रलेखा उन दुष्ट लोगों की साजिश को देख सकती थी। उसे यह नहीं पता था कि वह कैसे फाल्गुन के गलत इरादों को रोके, पर उसे इतना पक्का पता था कि उसके पिता इतना नीचे नहीं गिरेंगे या वह गिरेंगे?

क्षेमगुप्त ने फिर से सपने में शेर को उनकी ओर आक्रमण करते हुए देखा और फिर से शिकार पर जाने की इच्छा जताई। नरवाहन ने क्षेमगुप्त को राजकाज की ओर ध्यान केंद्रित करने को कहा, क्योंकि उसने दबे स्वरों में कहीं यह सुना था कि हिमालय के अन्य साम्राज्यों के राजा और उधमपुर का साम्राज्य डामरों को फिर

से समर्थन देकर विद्रोह करने को तैयार है। क्षेमगुप्त यह सब सुनना नहीं चाहता था। यहाँ तक कि उसने अपने पसंदीदा शिकार सियारों के लिए भी सोचना बंद कर दिया था। अब वह शेरों के पीछे पड़ा था।

क्षेमगुप्त ने कहा, 'मैं अब यह लड़ाई समाप्त कर देना चाहता हूँ, इन शेरों और संन्यासियों को मर जाना चाहिए। मैं अब कोई सपना नहीं देखना चाहता।'

नरवाहन क्षेमगुप्त के भीतर पनपते इस असंतोष को समझ पा रहा था। उसे पता था कि क्षेमगुप्त एक वीर व्यक्ति है, पर वह अंदर से एकदम खाली है। वह किसी को भी अपने दिल के भीतर की गहराइयों में नहीं उतारता है, कोई तो बात थी जो उसे परेशान कर रही थी, और नरवाहन जो इसका इतना करीबी था, को भी इस बात की थाह नहीं लग रही थी। राजा शेरों को क्यों मारना चाहता है? यह विचार कहाँ से आया? कश्मीर में शेरों को मारना एक अपशगुन माना जाता है, क्योंकि वह स्वयं शक्ति का स्वरूप है, शक्ति स्वयं शिव को ऊर्जा प्रदान करती हैं, और शिव कश्मीर के आदिगुरु हैं। नरवाहन ने क्षेमगुप्त को इस यात्रा पर न जाने की सलाह दी, पर राजा ने अपना मन बना लिया था। नरवाहन डर से काँपने लग गया, क्योंकि उसने देखा कि शिकार करनेवाली टोली निकल पड़ी थी। नरवाहन ने भगवान् के चरणों में गिरकर उनसे दया की भीख माँगी और कहा कि हे भगवान्, इस पागलपन को रोको, उस श्राप को पूरा होने से रोको। पर क्या समय का पहिया रोका जा सकता है?

जब तक शिकारी दल पीर–पंजाल श्रृंखला के घने जंगलों में पहुँचता, तब तक सूरज पश्चिम के आकाश में डूबने की तैयारी कर रहा था। क्षेमगुप्त का आराम करने का पसंदीदा स्थान था–कृष्णगंगा। बड़े लोग कहते हैं कि भगवान् विष्णु नहीं चाहते थे कि असुर अमृत का पान करें, वह अमृतपान जो अमरता प्रदान करता है। यह अमृत सागर मंथन के दौरान निकला था, जिसका उद्देश्य था कि संसार की रक्षा की जाए। इससे पहले कि कोई कुछ कर पाता, भगवान् विष्णु ने उस असुर का सिर काट दिया, जिससे राहु उत्पन्न हुआ, वह बिना सिरवाला असुर था। फिर भगवान् ब्रह्मा इस अमृत कलश को कृष्णगंगा लेकर आए और देवी शारदा को यह आदेश किया कि वह उसके ऊपर बैठ जाएँ। जिस स्थान पर देवी शारदा उसके ऊपर स्थापित हो गईं, वहीं पर शारदा मंदिर बन गया। करीब 4900 साल पहले मंदिर का प्रांगण लोगों के बीच शारदा विद्यापीठ के नाम से पहचाना जाने लगा,

यह शक्ति उपासना को सीखने का एक महान् स्थल बन गया। यह संसार का ऐसा पहला संस्थान बन गया, जहाँ डिग्रियाँ, डिप्लोमा, सर्टिफिकेट कोर्स के साथ–साथ तंत्र विद्या भी सिखाई जाती है। वे पूरे विश्व से लोगों को अपने यहाँ आकर्षित करता है और यहाँ सुदूर पूर्व एवं पश्चिम से आए लोगों को वैदिक तरीके से जिंदगी जीना सिखाता है।

क्षेमगुप्त ने अपने दल को कृष्णगंगा में ठहरने को रहा और इस पवित्र नदी के तट पर अपने घोड़े को खोलकर उसे इस बहते हुए पानी में नहाने के लिए छोड़ दिया। क्षेमगुप्त की माता ने उन्हें बचपन में भगवान् विष्णु से संबंधित यह कहानी सुनाई थी कि हर बार विष्णुजी कृष्णगंगा में आते थे और ऐसा सोचते ही उन्हें अपनी माँ की याद आने लगती थी। अपनी माँ की मौत ने क्षेमगुप्त को हिलाकर रख दिया था, इस दुनिया में अकेले एक वे ही थीं, जो उन्हें बहुत प्यार करती थीं। उनकी मृत्यु से क्षेमगुप्त के जीवन में रिक्तता आ गई और वही उन्हें उनके पिता राजा पर्वगुप्त से दूर ले गई। अपने माता–पिता की यादों से परेशान क्षेमगुप्त ने शिकार शुरू करने का आदेश दिया, अँधेरा होने के बावजूद जंगल को घेरा जाने लगा।

जल्द ही शिकारी दल ने अपना काम शुरू कर दिया। रात में जंगल से विभिन्न प्रकार की आवाजें आ रही थीं। विभिन्न प्रकार की चिड़ियाँ अपने पंख फड़फड़ा रही थीं और उनकी आवाजें देवदार के घने जंगलों के बीच से गूँजती हुई आ रही थीं। इन आवाजों से ज्यादा क्षेमगुप्त को यह महसूस होने लगा था कि किसी प्रकार की छाया उन्हें देख रही है या जैसे–जैसे वह समय के मैदान में उतर रहे हैं, भाग्य उनपर मुसकरा रहा है। पत्तियों की सरसराहट के बीच वे अपने पैर दबाते हुए चुपचाप आगे बढ़ रहे थे कि तभी उन्हें कुछ चंचल विलाप के स्वर सुनने को मिले। पथप्रदर्शकों ने अपने हाथ खड़े कर लिये, उनका यह इशारा था कि शिकार को देख लिया गया है। नीलबदरियों के पत्तों के पीछे छिपी शिकारी आँखों ने शेरों को आपस में सहवास करते देख लिया। शिकारी दल ने शेरों को घेर लिया और क्षेमगुप्त ने उनमें से एक को मार दिया और दूसरा घने जंगल में भागने में सफल रहा। उनके शिकारी दल ने उन्हें सावधान किया था कि यह अच्छे संकेत नहीं हैं, क्योंकि शेरनी अपने साथी की मौत का बदला लेने के लिए वापस आएगी। क्षेमगुप्त उनपर हँसने लगा और उनसे कहने लगा कि वे शेरनी को खोजकर उसे भी मार देंगे। वह अपने घोड़े पर सवार हुए और आगे बढ़ गए कि वे स्वयं ही उसे खोजकर मार गिराएँगे। इस बीच वे अपना रास्ता

भटक गए और उन्होंने स्वयं को अनजान सैनिकों के बीच घिरा पाया, जो उस राजा को बाइज्जत अपने ठिकाने तक ले गए। क्षेमगुप्त का स्वागत वल्जा ने किया—वल्जा एक लंबी, काली एवं तगड़ी औरत थी, जो उन्हें स्वयं शिविर के भीतर ले गई।

जैसे ही राजा अंदर गया, उन्होंने यह देखा कि परदे के पीछे कोई और भी खड़ा है और उसकी हँसी की आवाज भी आ रही है, जिससे राजा को और गुस्सा आ गया। क्षेमगुप्त ने कहा, 'क्या तुम्हें यह नहीं पता कि अपने राजा पर घात लगाना राजद्रोह है ? मैं तुम्हारा सिर तलवार पर रखकर लोगों को दिखा सकता हूँ।'

सामने से आती आवाज ने मजाक करते हुए थोड़े कटु स्वर में कहा, 'आप पहले आराम क्यों नहीं फरमाते और फिर यह निर्णय क्यों नहीं लेते कि आपको हमारे सिरों के साथ क्या करना है!' उसने तलवार की नोक से परदा हटाया, जिससे क्षेमगुप्त उस ओर देख सके। पर इससे पहले कि क्षेमगुप्त यह कर पाते, उन्होंने पाया कि उनके हाथ साँप की आकृति जैसी किसी चीज से बाँध दिए गए हैं, उसने ऐसा करने से रोका पर यह जान लिया कि ये हाथ किसी स्त्री के हैं। क्षेमगुप्त ने पीछे मुड़कर देखा तो वल्जा पीछे खड़ी थी।

अँधेरे में छुपे चेहरे ने कहा, 'यहाँ तलवारों की जरूरत नहीं पड़ती। हम आपके शुभचिंतक हैं और आप मेरे साम्राज्य में सुरक्षित हैं।'

क्षेमगुप्त ने बड़े संतोष से पूछा, 'तुम्हारा साम्राज्य ?' वे कुछ और कहना चाहे थे, पर जैसे ही प्रकाश में उन्होंने वह चेहरा देखा तो वे खामोश हो गए। उसके सामने वह दो आँखें थीं, जो प्रकाश में चमक रही थीं, ऐसा लग रहा था मानो लाखों तारे टिमटिमा रहे हों, अंडाकार आकृति के उस मुख के होंठ बहुत रसीले थे, पतली सी गरदन तो थी पर वह अँधेरे में छिपी हुई थी। क्षेमगुप्त उस आकृति की ओर मुग्ध एवं प्रभावित हो गया, वह उस छाया को और करीब से देखने के लिए उस ओर ऐसे मुड़ा जैसे आग के सामने पतिंगा आ जाता है। एक-दो कदम चलने के बाद, उसने कोशिश तो की पर वह आगे नहीं जा पाया, हर बढ़ते कदम के साथ उसे सीने में बहुत दर्द महसूस होने लगा।

उन रसीले होंठों ने चुप्पी को तोड़ते हुए कहा, 'आपके सिर के संबंध में निर्णय लेने से पहले आपके सिर को तलवार की नोक पर रखने में बहुत बुरा लगेगा।'

उन बातों से प्रभावित और उस चेहरे को देखने की इच्छा से असहाय हुए राजा ने पूछा, 'तुम कौन हो ?'

सख्ती भरे विदेशी उच्चारण से लबरेज वल्जा की बात उनके कान में गूँजने लगी, 'आप दिद्दा के पास कैद हैं, यह लोहार साम्राज्य की राजकुमारी हैं और आपने उनके इलाके में घुसने की हिम्मत की है, हमें पता है कि आप गलती से यहाँ हमारे साम्राज्य में आ गए हैं।'

दिद्दा असाधारण सुंदर कन्या थीं और क्षेमगुप्त उसे देखते ही उनपर मोहित हो गए। अपने बाद के वार्त्तालाप में उन्होंने राजकुमारी से जो कहा, दिद्दा सुंदरता और बुद्धि का एक अनोखा मिलन है। अब दिद्दा को पाना उनका अचानक से लिया गया निर्णय था।

हथियारविहीन क्षेमगुप्त ने कहा, 'आप गलती से घुसे लोगों को अच्छी तरह से सँभाल नहीं पातीं।' दिद्दा ने तपाक से कहा, 'हम अकसर घुसपैठियों को मारते हैं, पर आपको यह अच्छा नहीं लगेगा।' क्षेमगुप्त उसके सामने स्वयं को कमजोर महसूस करने लगा। एक–दूसरे के साथ छेड़छाड़पूर्ण तकरार के बाद दिद्दा एवं क्षेमगुप्त के बीच एक सौहार्द सा होता दिखने लगा। हालाँकि, उनके अपने सैनिकों ने भी उन्हें खोज निकाला और वे श्रीनगरम् के लिए कूच कर गए।

पता नहीं क्यों क्षेमगुप्त को यह पूर्ण एहसास होने लगा कि दिद्दा ही उन्हें सिंहासन का वारिस दे पाएँगी। बिना ज्यादा कुछ सोचे–समझे उन्होंने राजा सिम्हराज को अपना प्रस्ताव भेजा कि वह दिद्दा का हाथ उनके हाथों में दे दें।

सिम्हराज असमंजस में थे, क्योंकि वे इस बात से सुनिश्चित नहीं थे कि पता नहीं क्षेमगुप्त को दिद्दा के बारे में सबकुछ पता है अथवा नहीं। पहले भी कई राजाओं ने उनसे विवाह करने से इनकार कर दिया था। अपने घर के लोगों एवं हितचिंतकों से बात करने के पश्चात् राजा सिम्हराज ने क्षेमगुप्त को शादी के प्रस्ताव के संबंध में कुछ निर्णय लेने से पहले लोहारिन साम्राज्य में कुछ समय बिताने के लिए आमंत्रित किया। क्षेमगुप्त ने आमंत्रण स्वीकार भी कर लिया और लोहारिन जाने की सोची। भव्य स्वागत के बाद वह दूसरी बार कुछ समय के लिए दिद्दा से उसी के महल में मिले और उसकी बुद्धिमत्ता व चातुर्य को देखकर उसकी ओर आकर्षित हो गए। दिद्दा ने राजा को अपने महल में होनेवाले वार्षिक खेलों को देखने के लिए आमंत्रित किया, जहाँ वह दौड़ प्रतियोगिता के अलावा अन्य खेलों में भी भाग ले रही थी।

क्षेमगुप्त ने दिद्दा से कहा, 'मैं तुम्हारी कलाओं को देखकर तुमसे बहुत

ज्यादा अभिभूत हूँ।' इसपर तपाक से दिद्दा ने कहा, 'आपने अभी इतना सबकुछ नहीं देखा है। कल आप जो देखेंगे उसे देखकर एकदम हक्के-बक्के रह जाएँगे।' और यह कहकर वह मुसकराने लगी।

अगले दिन, क्षेमगुप्त एवं राजपरिवार के लोग किले की चारदीवारी के भीतर ढके हुए चेहरों को देख रहे थे। क्षेमगुप्त उन चेहरों में दिद्दा के चेहरे को पहचानने की कोशिश कर रहा था।

जैसे ही दौड़ शुरू हुई, एक चेहरा दिखा जो हाथों में लकड़ी का सहारा लिये बहुत ही उत्साह से चिल्ला रहा था। क्षेमगुप्त को जब इस बात का आभास हुआ कि वल्जा की पीठ पर चढ़कर उसे और तेज दौड़ने के लिए कहनेवाली कोई और नहीं दिद्दा है तो यह देखकर आश्चर्यचकित हो गया, क्योंकि ऐसा लग रहा था कि वह वल्जा की पीठ पर नहीं किसी रथ पर सवार होगी। क्षेमगुप्त सदमे में था और उसके चेहरे पर एक कुटिल मुसकान भी थी।

क्षेमगुप्त बहुत खुश था और जब दिद्दा दौड़ प्रतियोगिता में जीती तो वह खुशी के मारे खड़ा होकर ताली बजाने लगा। उसकी आँखों को दिद्दा का यह रूप देखकर हैरानी हो रही थी। यह मुसकान अविश्वास में बदल गई कि कैसे वह विकलांग हो सकती है, कैसे एक राजकुमारी लँगड़ी हो सकती है। क्षेमगुप्त ने स्वयं को धर्मसंकट में पाया कि क्या उसे एक लँगड़ी राजकुमारी से विवाह करना चाहिए अथवा नहीं?

इस बीच दिद्दा और भी प्रतियोगिताओं में भाग लेने चली गई, जैसे कि धनुर्विद्या, तलवारबाजी, घुड़सवारी और वह इन सबमें एक से बढ़कर एक थी।

उस रात सिम्हराज ने क्षेमगुप्त को रात्रिभोज के लिए आमंत्रित किया और उनसे मिलने की इच्छा रखी। सिम्हराज ने क्षेमगुप्त को बताया कि उन्होंने उन्हें तब देखा था, जब वे बच्चे थे और अब इतने सालों बाद मिलकर उतने ही खुश हैं। सिम्हराज और क्षेमगुप्त ने बहुत सारे मुद्दों पर बात की और उनके पिता पर्वगुप्त के बारे में बातें कीं। रात्रिभोज के बाद, सिम्हराज ने उन्हें दिद्दा की विकलांगता के बारे में बताया और कहा कि यही कारण था कि वे चाहते थे कि क्षेमगुप्त स्वयं आएँ और उनकी बेटी को देखें और तभी सोच-विचारकर कोई निर्णय लें।

'मैंने देखा है कि किस्मत ने अपना खेल खेला है और तुम दोनों को मिलाया है, अगर तुम दोनों एक-दूसरे का साथ निभाने के लिए तैयार हो जाते हो, तो तुम्हें

रोकनेवाला मैं कौन होता हूँ! मैं तो हमेशा से ही यही चाहता था कि मेरी बेटी कश्मीर साम्राज्य में ब्याही जाए।' सिम्हराज की इन बातों को क्षेमगुप्त बहुत ही ध्यानपूर्वक सुन रहा था।

सिम्हराज ने आगे कहा, 'मेरे दो लड़के पैदा होने के बाद मुझे एक बेटी की बहुत चाह थी, मुझे यह भी पता था कि एक समय के बाद मुझे अपनी बेटी का ब्याह किसी अन्य राजकुमार से करना पड़ेगा, जिससे मेरे साम्राज्य को सुरक्षित एवं सुदृढ़ होने में मदद मिलेगी। अपने इस सपने को पूरा करने के लिए मैंने विशिष्ट अभिषेक के साथ पुत्रकामेष्टि यज्ञ किया कि मैं महादेव से एक बेटी पा सकूँ।

'जल्द ही जन्माष्टमीवाले दिन, सूरज के ढलने के साथ लोहारिन साम्राज्य में रानी के महल में एक बच्ची की किलकारियाँ गूँजने लगीं···मेरी राजकुमारी पैदा हुई थी। पर कुछ ही देर में पुत्री के रुदन के साथ ही रानी के भी रोने की आवाज साथ-साथ आने लगी। मेरी खुशियाँ कुछ ही पल की थीं, क्योंकि मैंने यह देखा कि मेरी बेटी, जिसे मैंने इतनी मन्नतों से पाया, वह अपाहिज पैदा हुई थी।'

सिम्हराज इन बातों को इतना धीमे-धीमे, दबी आवाज में कहते हुए हर घटना को ऐसे परत-दर-परत खोल रहा था कि ऐसा लगने लगा कि क्षेमगुप्त समय के पुराने पन्नों में ही कहीं खो गए हों।

लोहारिन साम्राज्य गम में कहीं डूब गया था। रात के प्रहर में सिम्हराज इस सुंदर सी कन्या को एक टोकरी में रखकर उसे वितस्ता नदी के किनारे छोड़ने चल पड़ा। बादलों की गरज के बीच उसने अपनी आँखें बंद कीं और टोकरी को आगे खिसका दिया। जैसे ही वापस जाने के लिए मुड़ा, उसे लगा कि कोई चीज उसे रोक रही है। वह जैसे ही वापस टोकरी को देखने के लिए वापस मुड़ा तो देखा कि टोकरी उसके कपड़ों से अटक गई थी। बिजली के गर्जन के बीच उसने अपनी सुंदर सी बेटी की आँखें देखीं, जो उसे निहार रही थीं।

सिम्हराज ने आकाश की ओर देखा और अपने ऊपर गुस्सा करते हुए जोर से चिल्लाया और कहा, 'हे भगवान् शिव, आपने मेरे साथ धोखा क्यों किया? आप मुझसे ही मेरी बच्ची की हत्या करवा रहे हैं, क्यों?' बादलों की गरज और बिजली की चमक लगातार जारी थी, ऐसा लग रहा था कि जैसे भगवान् स्वयं उनके प्रश्नों का उत्तर दे रहे हों, पर सिम्हराज स्वयं दर्द और पछतावे से भरा था और उसे कोई और बात समझ नहीं आ रही थी। हालाँकि, वे इतनी हिम्मत नहीं जुटा पा रहे थे कि

उस बच्ची को अकेला छोड़कर चले जाएँ। वे उसे वापस महल में ले आए।

छोटी सी राजकुमारी बहुत ही बंधनों में पली। उसके अपने एवं चचेरे भाई-बहन एवं अन्य बच्चे उसका मजाक उड़ाते थे। दिद्दा अपने माता-पिता के पास दौड़कर उनसे ढांढ़स पाने के लिए आती थी पर वे दोनों ही उसके प्रति उदासीन हो जाते और उसे एक बोझ की तरह देखते। दिद्दा को शीघ्र ही समझ आ गया कि वह उस महल की एक अनचाही संतान है। वह हमेशा अपने माता-पिता के प्यार की मारी रही और परिवार में प्यार से पल रहे बच्चों को देख लाड़-प्यार के लिए तरसती रही और अकेले रोती भी रहती।

एक दिन, महल में घूमते हुए, वह उस जगह पहुँच गई, जहाँ सैनिक लड़ाई का अभ्यास कर रहे थे। उसकी आँखें सहसा खुशी से चमक उठीं, क्योंकि उसने देखा कि सैनिक तलवार एवं विभिन्न हथियारों से वीरतापूर्वक अभ्यास कर रहे हैं। अब तो फिर वह उस स्थान पर नियमित आया करती और वहाँ जो भी देखती उसे देख स्वयं भी वही अभ्यास किया करती। इस कारण वह कभी-कभी नीचे गिर जाती और स्वयं को चोटिल कर लेती।

इस बीच रानी माँ ने वल्जा को दिद्दा की संरक्षिका बनने को कहा। वल्जा करीब 6 फीट लंबी थी और वह अफ्रीकाई मूल की एक हट्टी-कट्टी महिला थी। वल्जा के परिवार ने सिम्हराज के अफ्रीका प्रवास के दौरान उनकी सेवा की थी। उसके पिताजी की मृत्यु के बाद, सिम्हराज शिशु वल्जा को अपने साथ ले आए और रानी श्रीलेखा ने उसे अपने बच्चों की तरह ही पाला। स्वामित्व एवं वीरता के गुण वल्जा में बचपन से ही भरे हुए थे, जिससे भविष्य में उस परिवार के साथ उन्होंने कई गुना अधिक मात्रा में अपनी स्वामिभक्ति दिखाई।

दिद्दा अब वल्जा के साथ छावनी में जाने लगी थी। जल्द ही दिद्दा को विक्रमसेन ने देख लिया। विक्रमसेन सिपाहियों के मुख्य प्रशिक्षक थे। हालाँकि, वे भी उस युवा राजकुमारी को देखकर हँसते थे, क्योंकि वह अपने अभ्यास को लेकर बहुत उत्साहित थी। हालाँकि, उन्होंने यह बहुत जल्दी महसूस कर लिया कि दिद्दा कोई साधारण लड़की नहीं है। दिद्दा वल्जा के साथ हर सुबह रोज राजमहल के प्रांगण में तलवारबाजी का अभ्यास करती थी। वह अपने अक्षम पैर के कारण गिर जाती पर फिर उठकर खड़ी हो जाती। बार-बार चोट खाने के बावजूद कोई भी चीज उसे मजबूती से वापस खड़े होने से रोक नहीं पाती थी। यहाँ तक कि उसकी

चोटों से खून निकलता रहता, पर वह कभी रोती नहीं थी। बचपन में मिले उपहास ने उसे इतना मजबूत बना दिया था कि वह अपना दर्द किसी को भी नहीं दिखाती थी। विक्रमसेन उसे एक दूरी से देखते रहते। दिद्दा ने उनसे कई बार अपना गुरु बनने की प्रार्थना की, पर विक्रमसेन उसे हँसकर टाल देते। ऐसा कोई तरीका नहीं था, जिससे वे उस लँगड़ी राजकुमारी को सिखा पाते। दिद्दा ने तब तक अपना अभ्यास जारी रखा, जब तक उसकी किस्मत ने करवट नहीं बदली।

नवरेह और संपूर्ण विश्व में नया साल मनाया जानेवाला था। सूरज की पहली किरण पीर पंजाल की चोटियों को चूम रही थी। वल्जा दिद्दा के कमरे में गई और उसे जगाया। वल्जा अपने हाथों में एक पारंपरिक थाल लेकर आई थी, जिसमें बसंत में खिले पहले फूल थे, थोड़े अक्षत थे, थोड़ा चंदन का लेप, ताजा दही, गुड़, एक दीया व सबसे महत्त्वपूर्ण वैदिक पंचांग था। सदियों से यह पंचांग वैदिक कार्यक्रमों के मूल में था। इसमें एक वार्षिक पंचांग और क्लिष्ट ज्योतिष गणनाएँ होती थीं, जिसमें हमारे सौरमंडल के परिवर्तन के संबंध में छोटी से छोटी बारीकियाँ होती हैं। वैदिक दुनिया से संबंधित दैनिक क्रियाओं की इस पंचांग से गणना की जाती थी।

दिद्दा कुछ और देर के लिए सोना चाहती थी पर वल्जा ने प्यार से उसके चेहरे पर थपकी दी।

वल्जा ने कहा, 'दिद्दा आज नवरेह है, उठो, थाल की ओर देखो। आज से नया साल शुरू हो गया है और अब परिवर्तन का समय है।'

दिद्दा ने तिरस्कारपूर्वक कहा, 'नया साल ? परिवर्तन का समय ? वल्जा, क्या तुम इस बारे में गंभीर हो ? समय किसी लँगड़ी के लिए कभी नहीं बदलता।'

वल्जा उसका दर्द समझ गई। वह दिद्दा के बगल में बैठ गई और उसका हाथ पकड़ा।

'मैंने तुम्हारा वर्षफल देखा है और यह साल तुम्हारे लिए परिवर्तन लेकर आएगा। यह साल तुम्हारे धैर्य, साहस व पराक्रम की बहुत कड़ी परीक्षा लेगा।'

दिद्दा ने आश्चर्य से कहा, 'तुम इसे परिवर्तन कहती हो ? अच्छे के लिए परिवर्तन ?'

वल्जा ने सख्त स्वर में कहा, 'मेरी राजकुमारी तैयार हो जाओ, यही समय है—महाराज एवं महारानी जल्द ही शारदापीठ के लिए तैयार होकर चले जाएँगे।'

लोहार शाही परिवार की एक परंपरा रही है कि वह हर साल शारदा मंदिर में वार्षिक हवन करता था। इस साल भी पूरा परिवार इस परंपरा का निर्वहन करने के लिए मंदिर जानेवाला था। यह वही शारदा मंदिर है, जहाँ भगवान् ब्रह्मा ने अमृत को छिपा दिया और वही अब शारदा विद्यापीठ बन गया है और यह वैदिक शिक्षा का महत्त्वपूर्ण पीठ है। इसी पीठ में माता सरस्वती के लिए एक मंदिर निर्मित किया गया है।

दिद्दा वहाँ जाना नहीं चाहती थी, पर उसने सोचा कि ऐसा बहुत कम ही होता है, जब उसके माता-पिता उसे अपने पास आने की इजाजत देते हैं। अपने माँ-बाप के पास रहने के खयाल से ही वे उसका चेहरा उत्साह से भर गया और उसकी बादामी आकृतिवाली आँखें चमकने लगीं। वह जल्दी-जल्दी तैयार होने लगी।

शारदा विद्यापीठ और माँ शारदा के लिए जानेवाला रास्ता कृष्णगंगा घाटी से होकर जाता था, वह मंदिर कोई बहुत घने जंगल के भीतर नहीं था। कोई भी मीलों पहले से ही वहाँ से आती वैदिक ऋचाओं की आवाज सुन सकता था और साथ ही हवनकुंड की अग्नि से आती इसबंद और कैंथगन की खुशबू को दूर से ही सूँघ सकता था, जो आत्मा में एक प्रकार की शुद्धता एवं शांति भर देती थी। कृष्णगंगा का पूरा इलाका चमत्कार से भरा हुआ था। उस मंदिर में देवी शारदा की काष्ठ प्रतिमा के नीचे रखे गए अमृत कलश के उस प्रांगण में मौजूद होने के कारण उन दो छोटी नदियों के मुहाने पर बनी कृष्णगंगा घाटी, बहुत सारे लाइलाज रोगों को ठीक कर देती है, ऐसी मान्यता है।

वल्जा दिद्दा को कृष्णगंगा नदी के बहुत ठंडे पानी में स्नान कराने ले गई और उसे आशीर्वाद दिया। यह बहुत ही कम होता था कि दिद्दा कभी शिकायत करती थी, पर अभी पानी बहुत ठंडा था। दिद्दा अपने आसपास की दुनिया के मजे ले रही थी। सिम्हराज और रानी ने भी कहीं बगल में ही स्नान किया था, उनके लिए विशेष रूप से पानी कहीं गरम किया गया था।

मंदिर के भीतर सारी विधियाँ हो जाने के बाद, अब समय था कि माता शारदा के दर्शन किए जाएँ। सिम्हराज और रानी ने सबसे पहले माता को पुष्प भेंट किए और फिर मूर्ति की आवश्यक प्रदक्षिणा करके वे बाहर निकल गए। दिद्दा एवं वल्जा उनके पीछे हो लिये। हालाँकि, दिद्दा देवी की मनमोहक आँखों से अपनी नजरें हटा नहीं पाई। ऐसा लग रहा था कि वे उससे कुछ बात कह रही हों। ऐसा

पहली बार हो रहा था कि दिद्दा को मंदिर में कुछ अलग सा अनुभव हुआ और उसने स्वयं को माता के पास पाया।

उसके कानों में वल्जा के शब्द गूँज रहे थे कि 'यह परिवर्तन का समय है।' दिद्दा मूर्ति के सामने कुछ देर के लिए खड़ी रही और जल्दी से अपनी मन्नत माँगी, क्योंकि परेशान वल्जा उसकी ओर देख रही थी।

सिम्हराज और उनकी रानी अपने शिविर में आ गए और उन्होंने वल्जा को बुलाया। जाने से पहले रानी ने बच्चों को हिदायत दी कि वे एक साथ रहें और जंगल में न घूमें। हालाँकि दिद्दा अपने भाई-बहनों के साथ शिविर से बाहर झाँक रही थी और वे लोग बगल की गणेश घाटी में भी चले गए। वह एक बहुत छोटी सी घाटी थी और उसके ऊपर छोटी सी पहाड़ी थी, जो घाटी को ढक रही थी। पहाड़ी का आगे का भाग समतल नहीं था, पहाड़ी के आगे का भाग भगवान् गणेश के चेहरे की तरह था। ऐसा माना जाता है कि जब वहाँ माँ शारदा की मूर्ति स्थापित हुई थी, तब स्वयं भगवान् गणेश उस मंदिर के पुजारी बन गए। वे देवी माँ को देखकर इतने अभिभूत हो गए थे कि उन्होंने स्वयं कृष्णगंगा में रहना चाहा, जो उस पहाड़ी के भीतर स्थित है, इसलिए प्राकृतिक रूप से उस पहाड़ का मुख भगवान् गणेश की तरह हो गया और इस कारण भी उसे गणेश घाटी कहा जाता है।

किसी बात की चिंता किए बिना बच्चे बगल के जंगल में भीतर की ओर चले गए, उन्हें पता ही नहीं चला कि कोई चमकती हुई आँखवाला जीव उन झाड़ियों के बीच छिपा हुआ है। जल्द ही दिद्दा को इस बात का आभास हुआ कि कोई तो ऐसी चीज है, जो उनका पीछा कर रही है और उसका दिमाग दौड़ने लगा। उसे कुछ करना था। खतरे को भाँपते हुए, उसने चिल्लाते हुए सभी भाइयों को कहा कि वे पेड़ पर चढ़ जाएँ। जैसे ही बच्चे पेड़ पर चढ़ गए, तभी एक विशाल शेर झाड़ियों से निकल आया। वह बिना हिले-डुले दिद्दा को घूरने लगा। दिद्दा को यह महसूस हो गया कि शेर अपना शिकार ढूँढ़ रहा है। उसने शेर की आँखों में आँखें डालकर देखा और साथ ही उसे यह भी समझ आ गया कि शेर उसपर आक्रमण करनेवाला है।

दिद्दा को यह लगा कि उसके पास खुद को बचाने के लिए कोई तरकीब नहीं है, क्योंकि वह पेड़ पर नहीं चढ़ सकती। तभी उसने देखा कि उसका छोटा भाई भी जमीन पर ही है और डर के मारे पेड़ के पीछे छिपा हुआ है। दिद्दा धीरे से पीछे की ओर अपने भाई की ओर गई पर वह उस शेर की आँखों में आँखें डाले रही। वह

शेर के दिमाग के साथ खेल रही थी, जिससे उसका ध्यान न बँटे। जिस समय वह अपने भाई के हाथ को कसकर पकड़ने में सक्षम हो गई, शेर जोरों से दहाड़ा और दिद्दा को डराने लगा।

दिद्दा ने यह महसूस किया कि अब वह अपने भाई को पेड़ के भरोसे और जमीन पर सुरक्षित नहीं रख पाएगी। उसका दिमाग दौड़ ही रहा था कि तभी उसने जमीन पर पड़ी एक चीज देखी, जिससे वह थोड़ी और आश्वस्त हो गई। शेर धीरे-धीरे दिद्दा की ओर आने लगा और दिद्दा को भी लग गया कि अब असली मौका आ चुका है। उसे बहुत तेज पसीना आने लगा, क्योंकि वह सीधे-सीधे उस दुर्दांत पशु से भिड़नेवाली थी। शेर की दहाड़ ने सैनिकों को भी सचेत कर दिया था और विक्रमसेन उन सैनिकों का नेतृत्व कर रहे थे। जब शेर दिद्दा से कुछ ही कदम दूर था, तभी विक्रमसेन वहाँ पहुँच गए। उन्होंने अपना शरीर थोड़ा झुका लिया और देखा कि शेर की आँखें दिद्दा की आँखों को लगातार देखे जा रही थीं। ऐसा लगा जैसे डर के मारे विक्रमसेन के शरीर को लकवा मार गया हो, और यह सब उनकी आँखों के सामने हो रहा था। वे स्वयं एक सफल योद्धा थे, उन्होंने अपनी तलवार म्यान से बाहर खींची, वह ऐसा मंजर था, जिसे देख कितने ही दुर्दांत दुश्मनों की सिट्टी-पिट्टी गुम हो जाती, पर यह दुश्मन कोई आम दुश्मन नहीं था। फिर क्या कुछ ही पल में बहुत सारी घटनाएँ एक के बाद एक होती गईं। वह जंगली शिकारी दिद्दा की ओर लपका और दिद्दा ने नीचे झुककर जमीन से कुछ उठाया, वहीं विक्रमसेन ने शेर की तरफ तलवार चलाई। दिद्दा द्वारा चलाई गई वह तेज धारवाली वस्तु शेर के शरीर में अटक गई और वह राक्षसरूपी जानवर दहाड़ते हुए जमीन पर गिर पड़ा। सारे सैनिक भी तभी वहाँ पहुँच गए और इस अद्भुत नजारे के साक्षी बने। गणेश घाटी शेर की इस कँपकँपाती आवाज से गूँज उठी और इसके साथ ही बच्चों की रोने की आवाज और सैनिकों का विजयघोष सुनाई देने लगा।

शेर जमीन पर बिना किसी हलचल के गिरा हुआ था। इस बीच दिद्दा ने विक्रमसेन से कहा, 'गुरुजी, आपने आने में थोड़ी देर कर दी।' विक्रमसेन यह शब्द सुनकर हतप्रभ हो गए, उन्होंने स्वयं को सँभाला ही था, क्योंकि शेर उन्हें मार भी डाल सकता था। उन्होंने तुरंत ही आसपास देखा कि किसने उनसे ऐसे उपहासजनक शब्द बोलने की हिम्मत की।

जैसे ही वे मुड़े, उन्होंने देखा कि दिद्दा बेफिक्री से वहाँ खड़ी थी। ऐसा लगा

कि वह विक्रमसेन का मजाक उड़ा रही है। दिद्दा ने अभी जो भी बोला उसे सुन विक्रमसेन को असल में विश्वास ही नहीं हुआ। सैनिक बच्चों को सुरक्षित स्थान पर ले गए और जल्द ही वल्जा भी वहाँ पहुँच गई और उसने दिद्दा को बाँहों में भर लिया। उन्होंने जल्द ही देखा कि दिद्दा को कहीं कोई चोट तो नहीं आई है और फिर कुछ न दिखने पर उसने चैन की साँस ली कि दिद्दा को कोई चोट नहीं पहुँची है।

जैसे ही वल्जा उस जगह पर पहुँची, उसकी चिंता ने गुस्से का रूप ले लिया।

वल्जा ने गुस्साते हुए अन्य बच्चों से कहा, 'क्या मैंने तुम लोगों को शिविर के अंदर रहने को नहीं कहा था?'

दिद्दा विक्रमसेन की ओर देखकर लगातार उपहासपूर्वक कहती रही, 'आपने आने में थोड़ी देर कर दी।' और वह वल्जा के गुस्से की परवाह किए बिना लगातार विक्रमसेन की ओर देखे ही जा रही थी।

'तुम कहना क्या चाहती हो?' यह सुन परेशान होकर विक्रमसेन ने दिद्दा से पूछा।

दिद्दा ने कुटिलता से मुसकराते हुए कहा, 'मैंने आपके आने से पहले ही शेर को मार दिया था।'

विक्रमसेन पूरी तरह से अचंभित थे। उन्हें इस बात का विश्वास ही नहीं हो रहा था कि एक युवती जो स्वयं लँगड़ाकर चलती है और जो खुद को उस जानवर के हमले से बचा नहीं सकती है, वह उनसे यह बात कह रही है। वल्जा ने दिद्दा को उसकी कोहनी से पकड़ा, उसे वहाँ से ले जाने से पहले वल्जा ने स्वयं विक्रमसेन से दिद्दा के बदले माफी माँगी। दिद्दा ने विक्रमसेन को फिर घूरा और उसके चेहरे पर विजयी मुसकान थी।

विक्रमसेन को तब अपनी आँखों पर विश्वास नहीं हुआ, जब एक सैनिक ने विक्रमसेन की तलवार ली। विक्रमसेन शेर की तरफ बढ़े तो देखा कि वह शेर तो अभी भी जिंदा है। शेर दर्द से कराह रहा था और उसके जबड़े दर्द के कारण खुले हुए थे, जिसके भीतर उसके नुकीले दाँत दिख रहे थे, जो किसी भी मानव शरीर को नोचकर खा जाएँ। विक्रमसेन उसके मुँह के भीतर लकड़ी का तना देखकर स्तब्ध रह गए। उनकी आँखों के सामने अभी-अभी गुजरा वह सारा नजारा एक बार फिर से सामने आ गया। उन्हें इस बात का एहसास हो गया था कि उनकी तलवार के पहुँचने के

ठीक पहले दिद्दा ने जमीन से पैनी टहनी उठाई और उसे शेर के मुख में घुसेड़ दिया। विक्रमसेन तुरंत ही दिद्दा के शिविर की ओर मुड़े। उन्हें समझ नहीं आ रहा था कि वे क्या कहें, पर उन्होंने दिद्दा से पूछा कि क्या वह उस खतरनाक जानवर से डरी नहीं?

दिद्दा ने सहजता से जवाब दिया, 'मैं उस जानवर से एकदम भी नहीं डरी। मैंने उस शेर की आँखों में झाँककर उसे काबू कर लिया था और अगर आपकी तलवार नहीं आती तो मैंने जमीन से उठाई उस तीखी टहनी से शेर को मार गिराया होता।' एक क्षण के बाद उसने पछताते हुए जताया, 'मुझे तो तलवार का इस्तेमाल करना नहीं आता। काश! मुझे यह तलवार चलानी आती।' उसके शब्दों से एक सच्चे योद्धा की तरह आत्मविश्वास झलक रहा था।

दिद्दा ने उनसे कहा, 'मैंने आपसे कई बार कहा है और आज फिर आपसे कह रही हूँ कि आप मुझे प्रशिक्षित कीजिए।'

विक्रमसेन ने यह जानने की कोशिश की कि वह युद्धकला का कौशल क्यों सीखना चाहती है? दिद्दा ने तुरंत जवाब दिया, 'मैं अपने सगे और चचेरे भाइयों की रक्षा करना चाहती हूँ। मैं चाहती हूँ कि मुसीबत के समय मैं उनकी रक्षा कर सकूँ।' खासकर अपने छोटे भाई को, जिस स्थिति से होकर वह अभी गुजरा था, उसके बाद तो दिद्दा अपने उस भाई के लिए चिंतित थी।

विक्रमसेन इस बात से बहुत प्रभावित थे और साथ में सचेत भी कि वे भावुकता प्रदर्शित नहीं कर सकते।

विक्रमसेन ने कहा, 'आज भाग्य ने तुम्हारा साथ दे दिया पर यह जरूरी नहीं कि हर बार किस्मत तुम्हारा साथ दे।'

दिद्दा इस बात से सहमत थी और उसने कहा, 'मैं भाग्यशाली थी कि मुझे अपने साहस के प्रदर्शन का मौका मिला, क्योंकि वीरता तलवार में नहीं, योद्धा के मस्तिष्क एवं हृदय में होती है। मेरी इच्छा है कि मैं इसे अच्छे से समझ सकूँ।' उसने विक्रमसेन की ओर इशारा कर याद दिलाया कि उन्होंने कई बार उसकी इस विनती को अस्वीकृत कर दिया है, पर वह चाहती है कि वह उनकी शिष्या बनकर उनके सान्निध्य में तलवारबाजी सीखे।

विक्रमसेन को अभी तक कोई भी ऐसा विद्यार्थी नहीं मिला था, जिसने इतनी कम उम्र में अपना लोहा मनवाया हो। हालाँकि, उन्हें लगा कि दिद्दा के भीतर एक प्रकार का अहं है, जो किसी भी सच्चे योद्धा के भीतर नहीं होना चाहिए। इसलिए

उन्होंने बहुत विन्रम भाव से उससे कहा, 'अपने भीतर इतना आत्मविश्वास होने के कारण तुमने तो शेर को पकड़कर मार देना चाहिए था, ऐसे में तुम्हें मुझसे सहयोग की अपेक्षा क्यों है, तुम योद्धाओंवाले कौशल मुझसे क्यों सीखना चाहती हो ?'

दिद्दा ने नम्रता से जवाब दिया, 'गुरुजी, आपका नाम हर जगह विख्यात है। लोहारिन के सारे दुश्मन आक्रमण करने के बारे में सोचकर सिर्फ आपके नाम से ही डर जाते हैं।'

उन्होंने तुरंत ही उसे बीच में रोककर कहा, 'पर तुमने तो उसी विक्रमसेन से प्रश्न किया है।'

दिद्दा ने भी उसी समय जवाब दिया, 'नहीं, मैंने सिर्फ यह बताने की कोशिश की कि आपके लिए यह सुअवसर है, जब आप स्वयं को सही साबित करने के लिए मुझे सिखा सकते हैं।'

दिद्दा के इन जवाबों से विक्रमसेन खुश हो गए। उन्हें एहसास हुआ कि दिद्दा न सिर्फ साहसी है, बल्कि उसे अपनी ताकत एवं क्षमताओं के बारे में भी पता है। हालाँकि, आगे उसकी लगन को परखने हेतु उन्होंने उसके पैरों की ओर देखकर कहा, 'तुम्हें दिया गया कोई भी प्रशिक्षण और ज्ञान व्यर्थ ही जाएगा। तुम्हें इस प्रशिक्षण से कोई फायदा नहीं मिलेगा, क्योंकि अगले दो-चार साल में तुम्हारा ब्याह हो जाएगा। मैं तुम पर अपना समय बरबाद नहीं कर सकता।'

'क्या मुझे नहीं सिखाने का सिर्फ यही एक कारण है कि मैं एक लड़की हूँ और अपाहिज भी हूँ। आपको क्या लगता है कि इससे मुझे कुछ हो जाएगा ?' दिद्दा ने अपना यह तर्क बहुत कड़े शब्दों में दृढ़ता से रखा।

'तुम ऐसा भी सोच सकती हो।' विक्रमसेन ने बहुत सावधानी से अपने शब्दों का प्रयोग किया।

'अभी तक आपने जितने भी शिष्यों को प्रशिक्षित किया होगा, वह सारे लड़के होंगे और अपाहिज नहीं होंगे। आपको खुद पता है कि आपने अब तक उन्हें प्रशिक्षित कर अपना समय ही बरबाद किया है, आपने स्वयं भी देखा था कि जंगल में उस समय वे सब डर के मारे पेड़ के ऊपर बैठे हुए थे। इस बार मुझे प्रशिक्षित कर अपने भाग्य को आजमाइए, क्या पता आपकी इस शिष्या की उपलब्धियों से इतिहास में आपका नाम अमर हो जाए।' उसने अपने कटु वचनों से विक्रमसेन पर शाब्दिक हमला जारी रखा।

विक्रमसेन इतनी छोटी सी बच्ची द्वारा दी गई चुनौती को सुन आश्चर्यचकित थे, पर वे खुश भी थे कि वह लड़की सही है। दिद्दा ने कहा कि वह जब भी उन्हें देखती है, तो उसे लगता है कि 'जैसे कोई शिक्षक, एक प्रखर शिष्य की तलाश में है, उसी तरह हर विद्यार्थी भी हमेशा एक आदर्श शिक्षक की तलाश में रहता है। इस युद्ध में लड़ने और शेर को मारने के बाद मैंने अपनी योग्यता सिद्ध कर दी है।' दिद्दा के विचार एवं उसकी समझ उसकी छोटी सी उम्र से कहीं ज्यादा आगे थे।

विक्रमसेन उसे टटोलते रहे, उन्होंने दिद्दा से कहा, 'तुम तो दो दिनों में ही भाग जाओगी।'

'आप पहले से ही मेरे बारे में यह क्यों सोच रहे हैं?' वह विक्रमसेन के इस बेकार से वक्तव्य से चिढ़ गई।

उन्होंने उससे फिर पूछा, 'क्या तुम तैरना जानती हो?'

दिद्दा ने तत्परता से जवाब दिया, 'नहीं।' उसे इस बात का पता ही नहीं था कि ये सारी बातें उसे किस ओर ले जा रही हैं।

विक्रमसेन फिर मुड़कर जाने को तैयार हुए। दिद्दा का फिर से दिल टूट गया। उसे लगा कि विक्रमसेन अब उसे कभी नहीं सिखाएँगे, वे अब तक सिर्फ उसका उपहास कर रहे हैं। विक्रमसेन शिविर के प्रवेशद्वार में रुक गए और फिर बाहर जाने से पहले उन्होंने दिद्दा से कहा, 'अगले दिन हम श्रीनगरम् के लिए प्रस्थान करेंगे।'

दिद्दा वहाँ खड़ी रही और विक्रमसेन के शब्दों के बारे में सोचती रही। उसे विश्वास नहीं हो रहा था कि आदरणीय योद्धा विक्रमसेनजी ने उसे अपनी शिष्या के रूप में स्वीकार कर लिया है।

उसके कानों में वल्जा के शब्द गूँज रहे थे कि 'अब परिवर्तन का समय आ चुका है।'

दो दिनों के बाद जब सूरज पूर्वी पहाड़ों की चोटियों से निकल रहा था, तब विक्रमसेन नदी के किनारे खड़े होकर उस अपाहिज लड़की की ओर देखकर यह सोच रहे थे, अगर इसमें साहस नहीं होता तो यह लड़की अब तक जिंदा नहीं होती। उस दिन से दिद्दा का प्रशिक्षण शुरू हो गया था। उन्होंने दिद्दा को उसके दाँए पैर पर खड़े होने के लिए कहा था। उसने बहुत बार अपना संतुलन खोया, पर विक्रमसेन ने अपना कठिन निर्देश जारी रखा।

दिद्दा पानी में गिरने से डरती थी, हर बार वह गिरती पर अपना संतुलन सँभाल

लेती थी। यह 'प्रशिक्षण' दूसरे एवं तीसरे दिन भी जारी रहा। दिद्दा विक्रमसेन से बहुत रुष्ट थी, पर फिर भी वह उनका आदेश मानती रही। चौथे दिन जब विक्रमसेन ने उसे फिर से एक पैर पर खड़े होने को कहा, तब उसे महसूस हुआ कि वह न सिर्फ अपने दाएँ पैर पर खड़े होकर संतुलन बना पा रही है, अपितु वह उसी स्थिति में अपना शरीर हिला-डुला भी पा रही है।

पाँचवें दिन दिद्दा को फिर से वही निर्देश मिला। ऊब जाने के कारण वह अपने आसपास देखने लगी। उसने यह गौर किया कि बहुत सारे हंस पानी में एक पैर पर खड़े हैं और उनकी आँखें बंद हैं और वे अपने दूसरे पैर का प्रयोग मछली पकड़ने के लिए कर रहे हैं।

दिद्दा उसी प्रक्रिया की नकल करने लगी और पूरे दिन उसी का अभ्यास किया।

आठवें दिन दिद्दा ने यह महसूस किया कि वह इतने सालों से अपने अपंग पैर का कोई इस्तेमाल नहीं कर पा रही थी, पर प्रशिक्षण के इन दिनों के दौरान, वह अंततः अपने दोनों पैरों का इस्तेमाल करने लगी है।

उसे यह महसूस हुआ कि वह अब अपने दोनों पैरों का बखूबी इस्तेमाल कर पा रही है, वह अपना संतुलन बनाए रख अब अपने दोनों पैर अपने अनुसार इस्तेमाल कर रही है।

अब वह वितस्ता के फिसलन एवं कठिन इलाकों में मजबूती से खड़ी हो पा रही है। उसके पैरों की क्षमता ने उसकी ताकत को और बढ़ा दिया है, और उसे लगने लगा था कि विक्रमसेन के लिए उसके मन में जो गुस्सा था, वह अब काफूर हो गया है।

हालाँकि विक्रमसेन यह नहीं चाहते थे कि वह अपने नए मनोबल को किसी भी कारण से थोड़ा भी कम करे। अगले आठ दिनों के लिए उन्होंने उसे नाव में खड़े रहने को कहा, और तीन सैनिक उस नाव को किनारे से हिलाते रहते थे।

उन्होंने दिद्दा को तब तक जाने के लिए नहीं कहा, जब तक वह अस्थिर नाव में अपना संतुलन बनाए रखने में सफल नहीं हुई।

इसके साथ ही, विक्रमसेन उसे नदी के पानी में भी खड़ा रखते और उसे आदेश देते कि वह नदी के किनारे स्थित पेड़ की शाखा को पकड़कर रखे। दिद्दा एक हाथ से तो पेड़ पर लटक ही जाती, और दूसरे हाथ को आराम देती थी। बहुत

जल्दी, इस लगातार प्रयास से उसके दोनों हाथों में मजबूती आ गई।

दिद्दा ऊबने से बचने के लिए अब एक शाखा से दूसरी शाखा में लपककर छलाँग लगाती और बंदरों की तरह लटकती रहती। उसने जल्दी ही कलाबाजी के सारे गुर सीख लिये और उसका शरीर और लचीला होता गया।

विक्रमसेन को भी दिद्दा से यही उम्मीदें थीं। उन्हें पता था कि अगर उसे सही तरह से प्रशिक्षण मिलता रहे तो वह उस रास्ते में आगे बढ़कर सही तरह से सीखती रहेगी।

अब विक्रमसेन ने उसे तीसरे स्तर का प्रशिक्षण कराना शुरू किया। अब उसे पर्वत पर चढ़ना था। विकलांगता के साथ इस विद्या को सीखना एक कठिन काम था, पर इस पाठ ने भी उसकी ताकत को आगे बढ़ाया और उसके निश्चय को और सुदृढ़ किया।

बहुत बार, वह नियत समय पर पहाड़ पर चढ़ नहीं पाती थी, तब उसे फिसलकर आने के लिए मजबूर किया जाता। यह दर्दनाक और समय खानेवाला अभ्यास दिद्दा को थकाने लगा और दिद्दा आशाएँ खोने लगी। उसे महसूस हुआ कि विक्रमसेन उसके साथ बहुत बुरा व्यवहार कर रहे हैं और फिर उनके विरुद्ध उसके मन में गुस्सा पनपने लगा।

अब वह प्रशिक्षण की कठिनाई के दौरान होनेवाली लगातार चोटों की वजह से बहुत जल्दी-जल्दी बहाने बनाने लगती। उसे इस अभ्यास के पीछे का मकसद समझ नहीं आ रहा था।

जब दिद्दा प्रशिक्षण के लिए नहीं आई तो विक्रमसेन ने न ही उसे बुलाया न ही उसे इसके लिए डाँटा। इस कारण गुरु एवं शिष्य के बीच अहं का टकराव होने लगा। जब दिद्दा ने प्रशिक्षण छोड़ दिया, तो उसका दिमाग विक्रमसेन के विरुद्ध हो गया। उसने अपने आप यह अंदाजा लगा लिया कि विक्रमसेन ने जान-बूझकर उसे यातना देनी चाही है और ऐसा करके उन्होंने पूर्व में दिए जवाब का बदला लिया है। दिद्दा ने सोचा कि ऐसा कठिन परिश्रम कराना उनकी एक चाल थी, जिससे कि वह एक योद्धा बनने का स्वप्न छोड़ दे।

इस प्रकार दिद्दा को अपना प्रशिक्षण छोड़े कई दिन हो गए, पर वह भीतर से बेचैन हो गई। उसे यह समझ नहीं आ रहा था कि उसे क्या चीज ज्यादा खाए जा रही है—यह तथ्य कि वह प्रशिक्षण पूरा करने में अनुत्तीर्ण हो गई या विक्रमसेन का उसके प्रति सही व्यवहार नहीं है? वह प्रशिक्षण की इतनी अभ्यस्त हो गई थी कि

उसके लिए महल में खाली बैठना बहुत मुश्किल हो गया था। वह अंततः उस जगह चली गई, जहाँ विक्रमसेन प्रशिक्षण दिया करते थे। उसे वहाँ देखकर विक्रमसेन ने न तो कोई खुशी दिखाई और न ही किसी प्रकार का गुस्सा। उन्होंने उसकी अनदेखी कर दी।

दिद्दा गुस्से में भुनभुना रही थी। हालाँकि, वह कुछ नहीं कर सकती थी, उसे अपने सख्त गुरु विक्रमसेन के सान्निध्य में प्रशिक्षण करना ही था। एक समय ऐसा भी था, जब दिद्दा की आँखों में आँसू आ जाते पर विक्रमसेन उसकी भावनाओं को नजरअंदाज कर उसे मुश्किल भरे प्रशिक्षण कराते रहते।

एक दिन वह अपने सारे विद्यार्थियों को पहाड़ी की चोटी पर ले गए, और उनसे आपस में ही तलवारबाजी करने को कहा। दिद्दा भी उनके साथ गई।

जब प्रशिक्षु अभ्यास कर रहे थे, तो एक प्रशिक्षु उससे टकरा गया। उस टकराव का प्रभाव यह हुआ कि दिद्दा अपना संतुलन खो बैठी और पहाड़ी से लुढ़ककर आने लगी। उस दौरान दिद्दा ने अपने स्वाभाविक ज्ञान से स्वयं को बचा लिया और उन तरीकों का इस्तेमाल किया, जो विक्रमसेन ने उसे प्रारंभिक दिनों के गहन अभ्यास के दौरान सिखाए थे। उसे जल्दी ही अपनी गलती का एहसास हो गया और वह अपने गुरु के साथ मिलकर उसमें सुधार करना चाहती थी। उसने सोचा कि 'अब मैं अपने गुरु के साथ किस प्रकार वार्त्तालाप शुरू करूँ?' यह एक बड़ा प्रश्न था, जो उसके दिमाग में घूम रहा था।

अगले दिन से दिद्दा ने अपना प्रशिक्षण फिर से उसी लगन से शुरू कर दिया। वह अपनी जाँघों पर बैठने का अभ्यास करती, पहाड़ियों पर चढ़ती और फिर नीचे आने का अभ्यास करती। विक्रमसेन उसे कहीं दूर से देखते पर कभी कुछ नहीं कहते। इस एकल अभ्यास के दौरान दिद्दा को यह बात समझ आ गई कि उसका पर्वतीय साम्राज्य चारों ओर से जंगलों से घिरा हुआ है। उसे जल्द ही यह समझ आ गया कि इस तरह के इलाकों के लिए ऐसा प्रशिक्षण ही सबसे अच्छा रहेगा।

दिन के अपने प्रशिक्षण के दौरान वह वितस्ता नदी से बातें करती। अब वह नदी पर जब एक पैर पर खड़ी होने लगी, तो उसने नदी एवं उसके आसपास के संबंध में हर बात महसूस की, जैसे–उसकी प्रकृति, पानी की गति, नदी का किनारा, वहाँ की वनस्पति एवं जीवों के बारे में, दिन के अलग–अलग समय में हवा की दिशा एवं बहुत अन्य चीजों के बारे में नजदीकी से यह देखकर उस संबंध में ज्ञान हासिल करने लगी। हर बार वह पेड़ की एक शाखा पर लटक जाती और सोचती

कि जरूरत पड़ने पर पेड़ की शाखाएँ किस प्रकार उसे मदद कर सकती हैं। वह उन विशाल पर्वतों के बारे में भी सोचती थी। अगर कोई दुश्मन पहाड़ की ऊँचाई पर हो तो उसे भी छुपकर आगे बढ़ना चाहिए। उसे समझ आ गया कि किसी संकटपूर्ण परिस्थिति में पर्वत से फिसलकर आना, नीचे उतरकर आने से कहीं ज्यादा बेहतर है।

इस प्रकार एक सप्ताह बीत गया। हर दिन दिद्दा विक्रमसेन के पास अपना प्रशिक्षण समाप्त कर आती और चुपचाप खड़ी हो जाती। विक्रमसेन को पता था कि दिद्दा को अपनी गलती का एहसास हो चुका है और धीरे-धीरे उसकी गलती मानने के ढंग को भी उन्होंने स्वीकार कर लिया। फिर उन्होंने दिद्दा को 15 किलोग्राम की एक तलवार दी और उसे निर्देश दिया कि वह उसे हमेशा अपने साथ रखे। दिद्दा ने सोचा कि विक्रमसेन उसके कठिन परिश्रम को देख रहे हैं और इसीलिए अब इस प्रशिक्षण में उसके साथ आराम से पेश आ रहे हैं, पर उसकी उम्मीद के विपरीत, यह प्रशिक्षण इतना कठिन एवं भयंकर था कि उसे लगने लगा कि वह मर जाएगी। पहले की गलतियों को ध्यान में रख उसने विचारा कि अब वह अपने गुरु के प्रशिक्षण के तरीकों के बीच में नहीं आएगी। उसने अपने गुरु पर विश्वास किया और उनके तरीकों को अपनाया, पर मन में क्रोध तो था ही।

उसने अपनी 15 किलो की तलवार तो पकड़ ली, पर उसे पूरे दिन अपने साथ रखना उसके लिए लगातार मुश्किल होता जा रहा था। हालाँकि, दो महीने बाद, दिद्दा तलवार को पूरे दिन अपने साथ रखने में सफल हो गई। फिर एक समय के बाद, तो वह तलवार को साथ लेकर चलने की इतनी अभ्यस्त हो गई कि उसके बिना उसे खाली और अधूरा लगने लगता।

तलवार को अपने पास रखने के प्रशिक्षण के बाद उसने घोड़े पर चढ़कर तीरों एवं तलवार को साथ में पकड़कर रखने का प्रशिक्षण लिया। यह दिद्दा के लिए कोई कठिन काम नहीं था।

विक्रमसेन ने उसे निर्देश दिया था कि वह हमेशा अपने कमजोर पैर का सहारा लेकर घोड़े पर चढ़ेगी। उसे यह भी निर्देश मिले थे कि वह घोड़ों के साथ खेतों पर भी रहेगी, जिससे वह उन्हें बेहतर तरीके से समझ सके। उसकी जिम्मेदारी थी कि वह उन्हें खाना खिलाए और उनका ध्यान भी रखे। साथ ही उसके पुराने प्रशिक्षण भी चालू रहे। इतना सब करने के बाद दिद्दा को पता ही नहीं चलता कि कब दिन खत्म हो गया और रात शुरू हो गई। अभी इतना ही नहीं था, विक्रमसेन ने उसे आदेश दिया था कि वह रात में ध्यान करना भी शुरू कर दे।

दिद्दा को यह सब समझने में मुश्किल हो रही थी कि उससे यह सब चीजें क्यों कराई जा रही हैं। अब लगभग पाँच महीने हो गए हैं, तब से वह तलवार भी अपने साथ रख रही है। अब वह उसके साथ अभ्यास करने के लिए लालायित थी, पर उसे कहीं भी यह लग नहीं रहा था कि विक्रमसेन उसके साथ कभी तलवार का प्रशिक्षण शुरू भी करेंगे। दिद्दा के मन में अपने गुरु के प्रति सम्मान एवं गुस्सा दोनों था। अगर विक्रमसेन उसे 100 बार दौड़ लगाकर आने को कहेंगे, तो वह 101 बार दौड़कर आएगी। यह एक अतिरिक्त दौड़ उसके मन में विक्रमसेन के विरुद्ध गुस्सा था, पर विक्रमसेन हमेशा बेफिक्र दिखे। दिद्दा अपने खयालों में ही उलझी रहती थी।

दिद्दा विक्रमसेन से परेशान हो गई थी, क्योंकि उन्होंने उसे ध्यान करने का अभ्यास करने को कहा था। उसे अब यह गलतफहमी थी कि जो लोग धार्मिक कार्यों से जुड़े होते हैं, वे ही ध्यान का अभ्यास करते हैं, उस जैसे योद्धा तो नहीं। वह पूर्णरूपेण इस अभ्यास के विरुद्ध थी और इस बारे में उसने विक्रमसेन के समक्ष अपनी राय भी रखी थी और उन्होंने इसे छोड़ देने की भी अनुमति भी दी। विक्रमसेन ने दिद्दा से कहा, 'अब हम कल से तीरंदाजी का अभ्यास शुरू कर देंगे।'

दिद्दा को अपने एक हाथ में तलवार पकड़नी होती और दूसरे हाथ से तीर भी चलाने होते थे, साथ ही उसे घोड़े की सवारी भी करनी होती थी, कभी घोड़े पर से नीचे जमीन पर एक पैर का सहारा लिये कूदना भी होता था, जो अपने में एक बहुत मुश्किल काम था। इस प्रशिक्षण के आठ चरणों में दिद्दा सिर्फ एक या दो बार ही सही से इसे कर पाई। इसके अलावा, उसे आसपास की आवाजें परेशान करती थीं और वह अपना निशाना चूक जाती। लगातार अभ्यास करने के बावजूद, वह आशानुसार प्रदर्शन नहीं कर पाती, जिस कारण वह हमेशा उदास रहती थी।

अब दिद्दा बहुत जल्दी गुस्सा हो जाती और बिना किसी कारण के चिढ़ती थी। विक्रमसेन बहुत अच्छे से जानते थे कि पिछले कुछ महीनों से लंबे और थका देनेवाले प्रशिक्षण के कारण दिद्दा का व्यवहार बदला-बदला सा है। अगर इससे ज्यादा कुछ और हुआ तो वह गिर जाएगी।

इसलिए अब विक्रमसेन ने उसे जिम्मेदारी दी कि वह अपने तीर स्वयं बनाए। उन्होंने उसे कठिन शारीरिक अभ्यास के प्रशिक्षण में नहीं डाला और इसके बदले उसे विभिन्न प्रकार के तीर बनाने की क्रिया में लगा दिया, जैसे कि किस तीर में कितना वजन होना चाहिए, उसे कितनी दूर जाना चाहिए, अलग-अलग निशानों के लिए हर एक तीर किस प्रकार भिन्न होना चाहिए, उसे किस प्रकार तेज किया जाना चाहिए

और उसे किस प्रकार अपने सिरे से चिपका होना चाहिए। यह सब सीखने के बाद, उसे इन सारी तकनीकों को सीखना चाहिए, पर इस दौरान विक्रमसेन ध्यान करते।

पहले तो दिद्दा अपने गुरु को ध्यान करते देखती तो उसे यह बहुत उबाऊ लगता, पर एक समय के बाद वह उनके चेहरे में एक अजीब सी शांति देखती, जिस कारण वह ध्यान की ओर आकर्षित होने लगी।

वह विक्रमसेन के बगल में बैठ ध्यान करने लगी और इस कारण उसका शरीर थका हुआ महसूस नहीं करता था।

धीरे-धीरे उसे यह अच्छा लगने लगा। एक दिन विक्रमसेन ने उसे तीर-धनुष उठाने को कहा और फिर से सारी चीजों का अभ्यास करने को कहा।

ध्यान करने से दिद्दा को एकाग्रचित्तता में मदद मिली। इससे उसके मन में विक्रमसेन के प्रति गुस्सा भी खत्म हो गया।

उसके इस प्रशिक्षण के दौरान वह विक्रमसेन से प्रश्न पूछती पर वह कभी भी उन सब प्रश्नों का जवाब नहीं देते। इसके बदले वे उससे कहते कि वह अपने जवाब खुद तलाश करे। ध्यान करने के साथ-साथ उन्होंने तलवारबाजी प्रशिक्षण भी शुरू कर दिया और वह बड़े दिनों से इस बात का इंतजार भी कर रही थी।

तलवारबाजी के अभ्यास में ध्यान करना बहुत काम आया, क्योंकि इस प्रशिक्षण में दुश्मन के ऊपर एकाग्रचित्तता बहुत जरूरी होती है, क्योंकि उसके हाथ में भी यही हथियार होता है। एक छोटी सी गलती भी प्राणघातक हो सकती है। उसपर प्रशिक्षण अब बहुत भारी हो रहा था और वह हर सत्र के बाद बहुत बुरी तरीके से थक जाती थी। दिद्दा एकदम रो ही देती और उसे छोड़ने के लिए सोचने लगती, पर उसके गुरु विक्रमसेन उसे यह छोड़ने नहीं देते। क्योंकि एक असल जौहरी को ही हीरे की परख होती है, सिर्फ विक्रमसेन को ही दिद्दा की ताकत का पता था। धीरे-धीरे ही सही, तलवारबाजी के सत्र से दिद्दा का आंतरिक बल बढ़ने लगा।

ऐसा पहले कभी भी नहीं हुआ था कि विक्रमसेन ने कभी किसी लड़की को युद्धकला सिखाई हो और उसे आगे बढ़ने में इतनी मदद की हो, दिद्दा के मामले में उन्होंने थोड़ा अलग किया, क्योंकि इस मामले में उन्होंने अपने दिल की सुनी। उन्होंने दिद्दा के दादा श्री भीमशाह से भी इस बारे में बात की थी। भीमशाह ने ही विक्रमसेन के समक्ष दिद्दा के विवाह के बारे में अपने विचार रखे थे कि 'मुझे ऐसा लगता है कि कोई भी दिद्दा से विवाह करेगा, इसलिए दिद्दा को अपने जीवन का उद्देश्य पता होना चाहिए। हो सकता है कि यह महादेव का ही एक छुपा हुआ वरदान हो,

जिसके कारण दिद्दा युद्धकौशल सीखे।' जब भीमशाह ने यह बात विक्रमसेन से कही, तब से विक्रमसेन ने यह ठान लिया कि वह दिद्दा को एक अलग तरीके से प्रशिक्षण देंगे।

उन्हें पूरी तरह से यह पता था कि दिद्दा एक सफल लड़ाकू योद्धा एवं नेता बन सकती है। यहाँ तक कि राजकुमारों में भी दिद्दा की तरह शक्ति नहीं थी। कोई भी लड़ाई सिर्फ ताकत से नहीं जीती जाती, उसके लिए बुद्धिमानी, चपलता और तत्पर निर्णय लेने की क्षमता होनी चाहिए, जिससे कि युद्ध जीता जा सके और दिद्दा में यह सब मौजूद था।

बहुत पहले से ही विक्रमसेन जानते थे कि दिद्दा थक जाएगी, पर वह अड़ी रहेगी और वह तब तक नहीं रुकेगी, जब तक वह सफल एवं सक्षम योद्धा नहीं बन जाती। सिर्फ जिस चीज की कमी थी, वह था उद्देश्य और विक्रमसेन ने यह भी उसे लगभग दे ही दिया था।

एक दिन एक विशेष प्रशिक्षण के दौरान वह कुछ विद्यार्थियों का चयन कर रहे थे, उन्होंने उनमें दिद्दा का चयन नहीं किया। उसे बुरा लगा कि गुरुजी के सर्वश्रेष्ठ शिष्यों में एक होने के बावजूद उसे छोड़ दिया गया। जब दिद्दा ने विरोध किया तो विक्रमसेन ने उससे कहा कि वह अपना अच्छा प्रदर्शन नहीं दे पाएगी। दिद्दा ने इसे एक चुनौती के रूप में लिया और उन्हें मजबूर किया कि वे उसका चयन करें पर विक्रमसेन ने उसपर दया नहीं की। उन्होंने दिद्दा से कहा कि इस कला को सीखने के लिए उसे पहले महल छोड़ना होगा।

दिद्दा ने सोचा कि पता नहीं वह कौन सी ऐसी चुनौती है, जिसके लिए उसे सक्षम नहीं समझा जा रहा? विक्रमसेन ने उससे कहा कि इस चुनौती का सामना करने के लिए उसे अपना आहार, व्यवहार और विचार बदलना होगा। दिद्दा ने फिर से जिद करके इस बारे में जानने की कोशिश की, तब विक्रमसेन ने बतलाया कि योग एवं तंत्र की इस कला के जरिए कोई भी व्यक्ति अपने शरीर को एक शस्त्र की तरह बना सकता है। उन्होंने समझाया कि इस कला के द्वारा कोई भी व्यक्ति बिना किसी शस्त्र प्रयोग के अपने दुश्मनों को परास्त कर सकता है। इस नियुद्ध तंत्र को कुछ ही लोग समझ पाए और कुछ ही लोगों ने इसमें प्रवीणता हासिल की।

एक हथियार के रूप में अपने शरीर के उपयोग करने की कला दिद्दा को बहुत जोरदार लगी। उसका उत्साह देखने लायक था और वह इस तकनीक के बारे में कुछ और जानना चाहती थी, पर विक्रमसेन ने कुछ और बताने से मना कर

दिया। इस नई कला ने दिद्दा की और जानने की ललक एवं उनकी उत्कंठा को और बढ़ाया। उसने अपने गुरु से कहा कि इस दुनिया में ऐसी कोई चीज नहीं है, जो वह नहीं कर सकती है।

जिस क्षण उसने यह कहा, उसी क्षण उसने इस कला को सीखने के लिए पहला कदम उठा लिया, क्योंकि नियुद्ध का पहला नियम यही है कि 'सबकुछ संभव है।' उसके जोर डालने पर विक्रमसेन ने उससे पूर्णतः निष्ठा और समर्पण देने को कहा, क्योंकि यही चीज उसकी गुरुदक्षिणा भी होगी। दिद्दा ने उसी दिन यह प्रतिज्ञा की कि अब वह कभी भी शिकायत नहीं करेगी और विक्रमसेन के द्वारा दिए गए किसी भी काम को करने के पीछे का कारण नहीं पूछेगी। उसका सिर्फ एक उद्देश्य था कि वह उनके निर्देशों का पालन करे, अगर वह उसे खौलते पानी के बरतन में कूदने के लिए भी कहेंगे, तो वह कूद जाएगी।

पूर्णरूपेण समर्पण दिद्दा के लिए एक चुनौती थी, क्योंकि उसे तो हमेशा कारण पूछने और उस संबंध में बहस करने और उसके पीछे के तर्क को समझना होता है। पर अब वह अपनी सामान्य हरकतों के विरुद्ध जाकर बिना किसी कारण के नियुद्ध कला सीखने लगी। उसकी असली परीक्षा अब शुरू हो चुकी थी। विक्रमसेन पर एक पल का अविश्वास उसे अपने ध्येय से काफी दूर ले जाता और वह इस जादुई कला का इस्तेमाल कर शरीर को एक हथियार बनाना चाहती थी।

अब दिद्दा विक्रमसेन के साथ गुफाओं में रहने लगी। वह सुबह के तीन बजे उठ जांती और फिर अष्टांग योग के सारे नियम करती। उसके बाद शरीर के विभिन्न भागों से कड़ी मेहनत एवं अभ्यास कर उसका वैज्ञानिक तौर पर इस्तेमाल करती। अपनी असली शक्ति बढ़ाने के लिए वह विभिन्न प्रकार के अभ्यास करती। उसने अपने आपको प्रशिक्षण में झोंक दिया था और उसने गुफाएँ भी तभी छोड़ीं, जब वह एक नियुद्ध योद्धा बन गई।

अपनी ताकत को सिद्ध करने के लिए विक्रमसेन ने अपने योद्धाओं को दिद्दा के साथ लड़ने के लिए आमंत्रित किया था, पर दिद्दा ने सभी को पराजित कर दिया। विक्रमसेन अपनी शिष्या से बहुत प्रसन्न थे। इस प्रशिक्षण के अंत में विक्रमसेन ने दिद्दा को आशीर्वाद दिया और उसे कानमंत्र दिया, 'एक योद्धा के लिए यह जरूरी होता है कि वह अपने दिल एवं दिमाग पर नियंत्रण रखे, क्योंकि इन दोनों की महत्त्वपूर्ण निर्णय लेते समय बहुत जरूरत होती है, जैसे कि युद्ध कब खत्म करना है। हर युद्ध जीतना जरूरी नहीं होता, यह समझना जरूरी होता है कि जिस समय

सबसे ज्यादा जरूरत हो उस समय क्या चीज जरूरी है। किसी को तो इस प्रश्न का उत्तर देना चाहिए कि हमें युद्ध की जरूरत है अथवा नहीं। अगर आपसी बातचीत से कोई समाधान निकल सकता है, तो हर किसी को यही रास्ता अपनाना चाहिए, न कि हर समय युद्ध के लिए तैयार रहना चाहिए। इससे बहुत सारी ऊर्जा और स्रोतों की बचत होती है, अन्यथा हर छोटी लड़ाई में यह सारे बरबाद हो जाते हैं। एक योद्धा के लिए एक शांत एवं सुनियत मस्तिष्क की बहुत आवश्यकता होती है, जो विजय के सही पथ पर हमें ले जाने में मदद करे।'

इस कानमंत्र को सुनने के बाद दिद्दा ने अपने गुरु के शब्दों को दिमाग में बिठा लिया।

विक्रमसेन को यह पता था कि अगर दिद्दा अपने दोनों पैरों के बीच संतुलन स्थापित कर ले, तभी वह एक महान् योद्धा बन सकती है। इसलिए, विक्रमसेन ने उसके पैर के लिए एक कामचलाऊ जुगाड़ बनाया। इस जुगाड़ के द्वारा वह अपनी असली शक्ति को बाहर ला सकती थी। जल्द ही दिद्दा के माता-पिता को उसकी उपलब्धियों का पता चला और वे अपनी इस छोटी सी लड़की को देख हैरान थे, क्योंकि जिसे उन्होंने अपने दिल से निकाल दिया था, अब वह इतनी बड़ी योद्धा बन गई थी। सिम्हराज इन घटनाओं से बहुत गहरी सोच में पड़ गए। वे विचार करने लगे कि क्या इससे भगवान् ने उनको किसी प्रकार का संदेश दिया है। इसके ठीक बाद, सिम्हराज ने एक घोषणा की, जिससे पूरा लोहार साम्राज्य आश्चर्यचकित हो गया। उन्होंने सारे आभूषित योद्धाओं को बुलाया और कहा कि अगर उनमें से कोई भी दिद्दा को हराएगा, उसे वे लोहार का एक भाग वसीयत के रूप में दे देंगे। उन्हें ऐसा विश्वास था कि ऐसा करके वे दिद्दा की शादी कराने में भी सफल हो जाएँगे।

प्रतियोगिता के दौरान सिम्हराज एवं रानी और सारा लोहार साम्राज्य दिद्दा की प्रतिभा को देखकर हैरान थे, क्योंकि वह विकलांग एवं छोड़ी गई बालिका एक के बाद एक हर एक योद्धा को पराजित करती जा रही थी। हालाँकि, अभी बहुत कुछ देखने को शेष था। एक बार फिर सिम्हराज यह उद्घोषणा करने के लिए खड़े हुए पर इस बार हर कोई इससे स्तब्ध हो गया। इस बार अंतिम मुकाबला विक्रमसेन व दिद्दा के बीच था—एक गुरु एवं एक शिष्या दोनों ही बड़े बलशाली योद्धा युद्ध में भिड़ गए। पूरी दर्शकदीर्घा उन्हें चुप्पी लगाकर एवं बड़े उत्साह से देख रही थी, क्योंकि चारों ओर तलवारों के टकराने की आवाजें गूँज रही थीं और एक समय तो वहाँ घटाटोप चुप्पी छा गई। हर कोई वहीं जम गया, फिर जो हुआ, वह असंभव-सा

था और फिर लगा कि एक बड़े से तूफान में सब समावेशित हो गए हैं और उसकी लहरें आकाश को छू गई हों, क्योंकि दिद्दा ने विक्रमसेन को परास्त कर दिया। सिम्हराज के लिए अभिमान का क्षण था, पर विक्रमसेन के लिए वह क्षण गर्व से भरा हुआ था।

लोहार साम्राज्य के आकाश पर बादलों की गड़गड़ाहट की आवाज गूँज रही थी। ऐसा लगा कि बादलों की चमक एवं गरज ने क्षेमगुप्त को पूर्व की किसी कहानी से जगाया हो, फिर उसने चैन की साँस ली। एक समय के लिए ऐसा लगा कि वह कोई विस्मयकारी स्वप्न देख रहा हो। सिम्हराज उनकी ओर मुड़ा और कहने लगा, 'आपके स्वर्गीय पिता स्व. पर्वगुप्त के लिए मेरे मन में बहुत सम्मान है। वे एक महान् व्यक्ति थे और महान् दोस्त भी। इसीलिए, मुझे आपको इस कहानी के बारे में बताना जरूरी था। चूँकि अब, आप सबकुछ जानते हैं, तो मैं चाहता हूँ कि आप इस बारे में सोचें और अपने निर्णय से अवगत कराएँ। सिर्फ एक पिता के रूप में ही नहीं, एक राजा के रूप में भी मैं आपसे अपनी बेटी का विवाह कराकर बहुत ज्यादा प्रसन्न होऊँगा।'

इसके बाद सिम्हराज क्षेमगुप्त को गहरी सोच में छोड़ आराम करने के लिए अपने कक्ष में चले गए, पर अंत में उन्होंने क्षेमगुप्त को सलाह दी कि वे विवाह के लिए तैयार हो जाएँ। सिम्हराज की तरह वे भी सोचने लगे कि लोहार के साथ यह गठजोड़ पूरी तरह से कश्मीर के साथ एक बंधन में बँध जाएगा, जिससे दोनों क्षेत्रों को व्यापार एवं वाणिज्य के क्षेत्र में महती सहायता होती रहेगी। इसके साथ ही साम्राज्य में छाई उदासी भी इस आशा एवं खुशी के साथ खत्म हो जाएगी और सबको खुश होने का अवसर मिलेगा।

अपने महल की प्राचीर से राज्य की अनदेखी करते हुए क्षेमगुप्त विचारों में कहीं खो गए थे। उन्हें यह भी लगा कि दिद्दा उनकी गद्दी को एक योग्य उत्तराधिकारी भी देंगी।

नरवाहन ने बेपरवाह होकर कहा, 'तब तो स्थिति बहुत बुरी होगी। वह आपके हरम में सिर्फ एक नई स्त्री बनकर रह जाएगी।'

□

दिद्दा-क्षेमगुप्त का मिलन एवं भविष्यवाणी का सच होना

लोहार के राजदरबार में गुपचुप कुछ बातें चल रही थीं। सिम्हराज राजगद्दी पर बैठे कुछ चिंताग्रस्त लग रहे थे और तभी उनके प्रधान मंत्री राजभूषण आ गए और श्रीलेखा भी उन्हें घूरने लग गईं। राजपरिवार को कुछ बातें सुनाकर बतानी थीं और राजा की आँखें किसी सोच में खो गईं। सिम्हराज उस बात पर खुश होने के लिए अभी अनिश्चित थे। राजपरिवार दिद्दा की दुर्बलता को लेकर कोई पहली बार आशंकित नहीं था। सिम्हराज ने अकेले में कई बार प्रार्थना की है, श्रापा है और यहाँ तक कि अकेले में वे रोए भी हैं, यहाँ तक कि वे भगवानों की ओर देखकर पछताते हुए चिल्लाए भी हैं, क्योंकि हर बार उन्हें इनकार का ही मुख देखने को मिला है। एक पिता के रूप में उनका हृदय हमेशा कुछ सुनना चाहता है, पर एक राजा के रूप में उनमें सहनशीलता आ जाती है। सिम्हराज को ऐसा लग रहा था कि वे किसी चीज के बीच में फँस गए हैं और उन्हें उनका पुराना इतिहास फिर से सामने दिख रहा था।

राजभूषण ने सोच में डूबे राजा को टोकते हुए कहा, 'हे राजन्, आपको निर्णय लेना होगा, क्योंकि नरवाहनजी आपका इंतजार कर रहे हैं।'

सिम्हराज अपनी राजगद्दी से उठ गए और साथ ही अन्य सभी लोग भी उठ खड़े हुए। यहाँ तक कि लज्जावश नरवाहन भी खड़े हो गए। उसके चेहरे पर भी एक अनजाना सा डर बना हुआ था, क्योंकि सिम्हराज अपने प्रधान मंत्री राजभूषण के साथ राजदरबार से बाहर निकलकर आ रहे थे। नरवाहन सीधे खड़े हो गए, क्योंकि वे वहाँ के नवाचार से अनभिज्ञ थे। रानी श्रीलेखा भी अपने सिंहासन से नीचे

उतर आईं और नरवाहन की ओर बढ़ने लगीं।

रानी ने उनसे कहा, 'आप राजा को माफ कर दें, क्योंकि पूर्व में इस तरह के कई घटनाक्रमों ने हमारे दिलों में गहरे घाव दिए हैं।'

नरवाहन ने रानी के समक्ष सम्मान में सिर झुकाया और कहा, 'रानी, मैं आपका दर्द समझ सकता हूँ। उसने विनम्रतापूर्वक अपने शब्दों को तौलते हुए रखा और कहा कि आप दोनों के लिए यह काफी तकलीफदेह रहा होगा, पर मैं आपको आश्वस्त करता हूँ, कि राजकुमारीजी को पूरे साम्राज्य से बहुत प्यार मिलेगा और हमारे राजा भी अपनी दुलहन का बेसब्री से इंतजार कर रहे हैं।'

सिम्हराज सीधे भगवान् के समक्ष गए जो लोहार साम्राज्य के साथ-साथ इस पूरे विश्व को चलाते हैं। उन्होंने सीधे स्वयंभू शिवलिंग की ओर देखा और करामाती नीलमणि की ओर देखने लगे, जिसका भार करीब 6,000 तंदुल था, जो उनकी तीसरी आँख पर सुशोभित था (यहाँ एक तंदुल का भार करीब चावल के एक दाने के बराबर है)। ऐसा कहा जाता है कि इसकी शक्ति अपरंपार है। सारा संसार नीलमणि के भीतर समाहित है, जो सूरज की पहली किरण की आभा से ही चमकने लगता है। हालाँकि, नीलमणि को देखना अच्छा नहीं माना जाता और सिम्हराज के अलावा सिर्फ मुख्य पुजारी शिवेंद्र ही शिवलिंग की देखरेख कर सकते हैं। पूर्व के लोगों का कहना है कि भगवान् कृष्ण ने स्वयं यह नीलमणि अपने भतीजे अभिमन्यु को संपूर्ण उत्तरी सीमा के राजा बनने के राज्याभिषेक के दौरान उपहारस्वरूप दी थी।

राजपुरोहित ने सिम्हराज से बहुत ही विनम्रतापूर्वक यह बात कही, 'सिम्हराज, आपको पता है कि नीलमणि को तब तक इस तरह से घूरना मना है, जब तक आप स्वयं यह नहीं चाहते कि आपके शरीर के भीतर भगवान् का वास हो।'

सिम्हराज ने कहा, 'कुलगुरु, मैं क्या करूँ? वे हमेशा मेरे साथ खेल खेलते हैं, मेरा मजाक उड़ाते हैं, मेरा दिल हमेशा तोड़ते हैं…।' सिम्हराज नीलमणि को अपनी आँख के एक कोने से लगातार देखे जा रहे थे।

शिवेंद्र ने राजा के समक्ष कड़े शब्दों में कहा, 'सिम्हराज, तुमने उनसे यही तो माँगा था; तुमने उनसे जो भी माँगा है, उन्होंने तुम्हें वही दिया है, और वे आगे भी देते रहेंगे। तुमने अपनी जिंदगी 25 साल इसी शक में बिता दिए, तुमने उसके समक्ष हमेशा यही सवाल पूछने की हिम्मत की है और आज भगवान् ने तुम्हें वह

अपने अनुरूप दे दिया है, तो उसे वैसे ही स्वीकारो, जैसे वह तुम्हारी नादानियों को स्वीकार करता है।'

रानी श्रीलेखा ने मौजूदगी का एहसास कराते हुए कहा, 'अब हम कब तक 'हाँ' को टालने का दिखावा करते रहेंगे।'

सिम्हराज पीछे मुड़े और श्रीलेखा की ओर बढ़े और उन्हें गले लगा लिया।

सिम्हराज ने कहा, 'हम कभी भी दिद्दा के लिए अच्छे माँ-बाप नहीं बने, हमने कभी भी उसके बारे में नहीं सोचा। अब मैं यह सोचकर डर रहा हूँ कि कहीं हम आगे भी उसे चोट न पहुँचाएँ।'

जैसे ही शिवेंद्र राजा-रानी के समक्ष आए, उन दोनों ने एक-दूसरे को अलग कर लिया।

शिवेंद्र ने राजा के कंधे पर हाथ रखकर उन्हें इस बात के लिए आश्वस्त करते हुए कहा, 'उसकी इच्छा पूरी होने दीजिए, उस भविष्यवाणी को याद कीजिए।'

'भविष्यवाणी?' अरे हाँ, मुझे याद है, पर मुझे विश्वास नहीं होता और तुम्हें पता है कि मुझे इन बातों पर विश्वास भी नहीं है।'

शिवेंद्र ने तेज आवाज में कहा और वह ही इस तरह से बात कर सकता था, 'सिम्हराज, आपको देव ऋषि कश्यप पर शक नहीं करना चाहिए। उन्होंने सतीसर को सुखाने के लिए पहाड़ तोड़ दिया था और देवी उमा की कृपा से इस भू-भाग की स्थापना की थी, आपको उनके शब्दों पर विश्वास नहीं है।'

राजा ने चुप्पी तोड़ते हुए कहा, 'मेरा संदेश पहुँचा दीजिए।' और राजा ने झुककर राजपुरोहित के चरण छुए।

शिवेंद्र ने राजा के कंधे को सादरपूर्वक छूते हुए उनका चेहरा शिवलिंग की ओर मोड़ते हुए कहा, 'सिम्हराज, इसमें मेरा कुछ भी नहीं, उन्हीं का योगदान है।' नीलमणि बहुत ज्यादा चमक रही थी। भाग्य ने अपने पासे पलट दिए थे।

सात रातें बीतने के बाद क्षेमगुप्त लोहारिन में एक अनूठा ब्याह रचाने आए। पूरे लोहार साम्राज्य को उस राजकुमारी की शादी में शामिल होने के लिए आमंत्रित किया गया था, जिसे वे कभी अपने प्यार के लायक भी नहीं समझते थे। वह उनके लिए सिर्फ एक देखने की चीज थी।

हालाँकि वल्जा को पहले इस जोड़े को अपनाने में दिक्कत हो रही थी, पर फिर वह शादी के समय मान गई। दिद्दा ने भी वल्जा को शादी की पूरी रस्मों के

दौरान एक माँ का ही दर्जा दिया। वल्जा के हृदय में भी एक प्रकार का गहरा प्यार उमड़ रहा था, जो वह शब्दों में बयाँ नहीं कर सकती थी। वल्जा को भी यह पता था कि उसे इस प्रकार का मातृत्व मिलना उस भगवान् की ही मर्जी थी, क्योंकि दिद्दा के मिलते ही उसके स्तनों में दूध उतर आया था।

वल्जा ने जब दिद्दा को देखा तो वह सबसे ज्यादा खुश थी। एक वही थी, जिसने दिद्दा के गुस्से को, अपने माँ–बाप और परिवार से प्यार पाने की उसकी छटपटाहट को इतने करीब से देखा था। वल्जा को अभी भी वह शाम बहुत अच्छे से याद थी जब राजा सिम्हराज ने उसके जन्म की खुशियाँ ऐसे मनाई थीं जैसे किसी देवी का जन्म हुआ हो। फिर उसी रात्रि जब उन्हें यह पता चला कि उनकी बेटी तो विकलांग है तो वह भौचक्के रह गए। सभी ने उस बच्ची का तिरस्कार कर दिया, क्योंकि वह अपंग थी और उसे शापित। सिम्हराज ने सभी को आदेश दिए कि सब उस बच्ची से दूर रहें। वल्जा के अलावा किसी को भी इस बात का एहसास नहीं हुआ कि इस नन्ही सी जान को प्यार, दुलार एवं ध्यान की जरूरत है।

वल्जा के ही प्यार एवं ध्यान देने के कारण यह असंभव बात संभव हो पाई कि दिद्दा उनके बिना रह सकी। जब सारी बहनें उसे हल्दी लगा रही थीं, एक ऐसा रिवाज, जिसमें दुलहन के हाथों एवं पैरों में हल्दी लगाई जाती है, तब दिद्दा को अपना बचपन याद आ रहा था, जब वे सब उसे नीचा दिखाने की कोई कसर नहीं छोड़ती थीं। हालाँकि, दिद्दा इस बात से खुश थी कि जब सारी दुनिया ने उसे ठुकरा दिया था, तब क्षेमगुप्त ने उसे अपना लिया। इतनी सारी कमियों के बावजूद क्षेमगुप्त का उसको अपना लेना इस बात से दिद्दा के मन में क्षेमगुप्त के प्रति एक अपनापन बढ़ने लगा। शादी से पहले की रस्मों में ही उसका चेहरा खुशी के मारे चमकने लगा था, क्योंकि अंततः अब उसकी जिंदगी में कोई तो है, जो उसे प्यार करेगा और कोई तो सिर्फ उसके लिए सारी दुनिया के विरुद्ध खड़ा होगा।

साम्राज्य में चारों ओर खुशी छाई हुई थी। वे भाई, जिन्होंने आज तक दिद्दा से एक शब्द बात भी नहीं की होगी, वे शादी की रस्मों को निभाने में पूरी तरह से जुड़े हुए थे।

क्षेमगुप्त के स्वागत की तैयारियाँ शुरू हो गई थीं। दिद्दा दुलहन के रूप में सजी थी और वह गौरी पूजा कर रही थी। वल्जा उसे इस दौरान मदद कर रही थी। हालाँकि, वह क्षेमगुप्त की तरफ से भी होनेवाली पूजा को देखने के लिए व्यग्र थी।

दिद्दा ने वल्जा को देखा और तुरंत समझ गई कि उनके दिमाग में क्या चल रहा है। निस्संदेह, बचपन से ही वे दोनों एक-दूसरे के लिए हमेशा खड़ी रहती थीं, और वह भी उतना जितना कोई कल्पना कर सकता है, किसी का मकसद पूरा करने के लिए कोई अपनी जिंदगी में कितना भी बड़ा त्याग कर सकता था।

दिद्दा ने अपनी सहायिकाओं के कानों में कुछ कहा, जिससे वे कहकहाने लगीं और महल के उस स्थान पर चली गईं जहाँ क्षेमगुप्त ठहरे हुए थे।

विवाह शुरू ही होनेवाला था। उनमें से एक सहायिका वापस आई और उसने वल्जा को वह सब बातें बताईं, जो क्षेमगुप्त के साथ हो रही थीं। उनमें से एक ने कहा कि क्षेमगुप्त बहुत ही प्रतापी दिख रहे हैं और सिम्हराज और रानी ने उनका भव्य स्वागत किया। हाथ में पूजा का मटका लिये रानी बहुत ही सुंदर लग रही हैं। दूसरे कक्ष से निकलकर एक सहायिका आई और उसने बताया कि किस प्रकार दोनों भाइयों ने क्षेमगुप्त का मंगलाचरण रीति के समय स्वागत किया, जो एक इज्जत देने की बात थी।

सिम्हराज ने बाकी बचे सारे रिवाजों को पूरा किया, जिसमें तिलक, कलावा, कलश पूजन, गुरु वंदना, गौरी-गणेश पूजन, दर्वदेव नमस्कार और स्वस्तिवाचनन सभी शामिल थे।

वल्जा यह सब सुनकर बहुत ही प्रसन्न थी। अंततः मुख्य कक्ष में से एक सहायिका दौड़कर आई और यह समाचार दिया कि क्षेमगुप्त ने सारे रीति-रिवाज पूरे कर लिए हैं और अब वे अपनी दुलहन का इंतजार कर रहे हैं। उसने साथ में बतलाया कि वे टीका लगाकर बहुत ही सुंदर लग रहे हैं।

जैसे ही दुलहन को बुलाया गया, दिद्दा को अपने भीतर वह खुशी महसूस हो रही थी। उसने माता पार्वती की पूजा की और वल्जा का हाथ पकड़ मंडप की ओर बढ़ने लगी, जहाँ सारा समारोह होनेवाला था।

दिद्दा शादी के मंडप में पहुँची, उसके रिश्ते के भाई-बहन और सेविकाओं से वह स्थल घिरा हुआ था। वह इतनी सुंदर लग रही थीं कि क्षेमगुप्त उसे देखते ही रह गए।

आसन, मंगलाचरण, कलश पूजन, अर्घ्य और मधुपाक रस्मों के बीच क्षेमगुप्त का मन था कि दिद्दा उसकी तरफ कम-से-कम एक बार तो अवश्य देखे, पर वह काफी शरमा रही थी। वह एक के बाद एक रस्मों को पूरा कर रही थी

और अपना सिर झुकाए हुई थी। क्षेमगुप्त बहुत अधीर हो रहे थे। वे चाह रहे थे कि दिद्दा कम से कम उन्हें एक बार तो देखे। उन्हें जयमाला के समय यह मौका मिल गया। उन्होंने अचानक दिद्दा से कहा, 'तुम मेरी दिद्दा नहीं हो।' ऐसा सुनकर उसने सिर उठाकर ऊपर देखा और सोचा कि उन्होंने ऐसा क्यों कहा। पर वह तो वही दिद्दा है। दिद्दा का आश्चर्य से भरा वह चेहरा क्षेमगुप्त का बहुत खास बन गया। सिर्फ एक ऐसे वक्तव्य ने उस बहादुर योद्धा राजकुमारी को भी हिला दिया। क्षेमगुप्त दिद्दा के चेहरे पर बदलते हुए भाव देख सकते थे और उन्होंने जो भी देखा वह उन्हें पसंद आया। वे दिद्दा की आँखों में स्वयं के लिए प्यार देख सकते थे। दिद्दा के भीतर के डर को कम करने के लिए क्षेमगुप्त ने मजाक में कहा, 'आखिरकार, तुम मेरी बहन नहीं हो न, मैं तुम्हें क्या कहकर बुलाऊँ?'

दिद्दा क्षेमगुप्त के मजाक पर हँस पड़ी। उस समय वल्जा समझ गई कि उनकी बेटी इस आदमी के साथ हमेशा खुश रहेगी। बाकी बचे सारे रीति-रिवाज जैसे विवाह घोषणा, मंगलाष्टक, उपहार, हल्दी कार्यक्रम, कन्यादान, गोदान, गुप्तदान, पाणिग्रहण, शिलारोहण, लजोहम, सप्तपदी आदि अच्छे से हो गए। एक साथ यह सारी रीत निभाते हुए, दिद्दा एवं क्षेमगुप्त के बीच प्रेम पनपने लगा।

जिस समय क्षेमगुप्त ने शादी की विधियों के पूरे होने की घोषणा की, उस समय दिद्दा का हृदय गर्व से भर गया। अब उसके मन में क्षेमगुप्त के लिए प्यार बढ़ गया।

जब ऋचाएँ गाई जा रही थीं तो दिद्दा ने सुना कि क्षेमगुप्त उसे उसी प्रकार अच्छे से गा रहे थे। ऐसा लग रहा था कि उन्होंने दिद्दा के लिए सारे उपहार बहुत सावधानी से चुने हैं।

ऐसा भी पहली बार हो रहा था कि वह अपने पिताजी के इतने पास बैठी थी। जब क्षेमगुप्त ने उसकी तरफ देख उसे आश्वस्त किया कि वे हर समय उसके साथ हैं तो वह इस बात पर द्रवित हो गई। जैसे ही विवाह संपन्न हुआ, दिद्दा को क्षेमगुप्त के साथ अपना एक पारलौकिक संबंध समझ आने लगा।

उसे अब अपने पिता से कोई शिकायत नहीं थी। क्षेमगुप्त एवं दिद्दा ने अपने फेरे पूरे किये (वर और वधू द्वारा जलते हुए अग्निकुंड के समक्ष सात बार प्रदक्षिणा लेना) और अब वे एक हो गए थे। नवविवाहित दंपती बहुत खुश लग रहे थे।

दिद्दा की विदाई (दुलहन को वर के घर भेजना) का समय नजदीक था।

दिद्दा की माँ कहीं दिखाई नहीं दे रही थीं। उसके दोनों भाई अपनी माँ को खोज रहे थे, जबकि वह कमरे में अकेले बैठी थीं, दुख में डूबी हुई थी और उन्हें इस बात का बेहद अफसोस था कि वे अपनी बच्ची को उतना भी प्यार नहीं दे पाईं, जिसकी वह हकदार थी। उनके पास अपनी बेटी को देने के लिए किसी भी प्रकार की कोई सलाह भी नहीं थी, क्योंकि वे उसे अच्छे से जानती ही नहीं थीं। जैसे ही बेटों ने अपनी माँ के उदास चेहरे को देखा, तो वे उनके लिए चिंतित होने लगे कि इस मौके पर उन्हें अचानक क्या हो गया है। माँ ने अपने बेटों के साथ अपने मन का दुःख बाँटा। जो भाई अभी तक शादी की तैयारियों में खुश होकर भाग ले रहे थे, उन्होंने अपनी माँ से कहा, 'माँ, तुम किसके लिए रो रही हो? जबकि तुम्हें तो खुश होना चाहिए कि हमें इस श्राप से मुक्ति मिल रही है। आखिरकार कोई तो इससे शादी करने के लिए राजी हो गया है। अगर क्षेमगुप्त इससे शादी करने के लिए राजी नहीं होते, तो हमारे पिताजी नरक का जीवन जी रहे होते, क्योंकि वे अपने हाथ से कन्यादान ही नहीं दे पाते। जो भी होता है वह अच्छे के लिए ही होता है, अब हमारा भार लगभग उठ चुका है। जितनी जल्दी हो सकता है, इस श्राप को विदा करो।'

हालाँकि बेटे जो भी कह रहे थे, माँ को वह सारी बातें अच्छी नहीं लग रही थीं, पर उन्होंने एक शब्द भी नहीं बोला। जैसे ही रानी एवं उनके पुत्र कक्ष से बाहर निकलकर आए, उसी समय उन्होंने दिद्दा को देखा जो अपनी माँ से आशीर्वाद लेने आई थी। दिद्दा का मन जो अभी तक खुशियों से भरा हुआ था, उसे अचानक अपने भीतर से वह आनंद जाता हुआ लगा। अब वह अपनी माँ से बिना मिले ही जानेवाली थी, पर वल्जा ने उसे ऐसा करने से रोका। दिद्दा अपनी माँ के पैर छूने के लिए नीचे झुकी। रानी को ऐसा लगने लगा कि दिद्दा के आँसू उनके पाँवों को गीला कर सकते हैं। जैसे ही माँ ने दिद्दा को आशीर्वाद देने के लिए अपना हाथ उठाया, दिद्दा ने वल्जा का हाथ पकड़ा और कमरे से चली गई।

दोनों ही भाइयों के चेहरे पर दुःख झलक रहा था, इसलिए नहीं कि उन्होंने दिद्दा को दुःख पहुँचाया था, पर इसलिए कि दिद्दा ने उनकी बातें सुन ली थीं। उन्हें लगा कि वह अब किसी प्रकार का नाटक करेगी। वहीं दूसरी ओर दिद्दा की माँ दुःख में डूब गईं।

दिद्दा अपने राजमहल की दहलीज पर खड़ी थी। वह उस घर से जानेवाली थी, जो अब उसका नहीं रहा। उसने जोर से वल्जा का हाथ पकड़ लिया। एक

वल्जा ही थी, जो दिद्दा के अलगाव के दर्द को समझ सकती थी। उसने दिद्दा की एक माँ की तरह देखभाल की थी, वहाँ क्षेमगुप्त दिद्दा के आने का इंतजार कर रहे थे, पर वल्जा दिद्दा को छोड़ना नहीं चाहती थी।

जिस समय दिद्दा राजमहल छोड़ने ही वाली थी, वल्जा तभी सिम्हराज की ओर मुड़ी और उनसे कहा, 'हे राजन्, मैंने अपनी पूरी जिंदगी दिद्दा की देखभाल का वादा किया था। आज से मैं फिर सुनिश्चित करती हूँ कि मैं बचपन की तरह आगे भी उनकी देखभाल करती रहूँगी, अब आप मुझे उसके साथ जाने की अनुमति दीजिए।'

दिद्दा ने राजा को घूरा और अपनी जिंदगी में पहली बार उसने देखा कि उसके पिता भी उसकी ओर देख रहे हैं। वह उनके चेहरे पर वह खुशी देख सकती थी। उन्होंने वल्जा को दिद्दा के साथ जाने की अनुमति दे दी। दिद्दा ने झुककर उनका आशीर्वाद लिया और पिता ने अपनी बेटी के सिर पर अपना हाथ रखा। दिद्दा को ऐसे लगा जैसे कि उसे दुनिया का सबसे बड़ा उपहार मिल गया है, जिसकी उसको हमेशा से चाहत थी और वह था उसके पिता का आशीर्वाद। शहनाई की ध्वनि हवा में घुल गई और दिद्दा ने अपना वह घर हमेशा के लिए छोड़ दिया, जो उसका कभी था ही नहीं।

रानी चंद्रलेखा और राजमाता दोनों ही महल के द्वार पर बरात का स्वागत करने के लिए खड़ी थी। चंद्रलेखा ने दिद्दा की विकलांगता के बारे में सुन रखा था। उसे पूरा विश्वास था कि क्षेमगुप्त जल्द ही दिद्दा से ऊब जाएँगे और वह भी महल के किसी कोने में बैठी मिलेगी। पर जैसे ही रानी ने दिद्दा को देखा, वह उसकी विकलांगता के बावजूद दिद्दा की खूबसूरती और संतुलन को देखकर अभिभूत हो गईं। चंद्रलेखा का विश्वास डगमगाने लगा।

राजमाता ने दिद्दा की आरती उतारते एवं तिलक लगाते हुए उससे कहा, 'मुझे विश्वास है कि तुम अपनी जिम्मेदारियों को बखूबी निभाओगी और अन्य लोगों की तरह बहाने नहीं बनाओगी।'

दिद्दा ने यह सारी बातें अपनी जिंदगी में पहले भी सुनी थीं। वह वही थी और अन्य लोगों जैसे फाल्गुन एवं चंद्रलेखा के आशानुरूप उसे कुछ फर्क नहीं पड़ा। दिद्दा ने सभी को मुसकराकर जवाब दिया और वह अपनी सास के पैर छूने के लिए नीचे झुकी।

राजमाता ने उसे पैर छूने से मना कर दिया और उसे बहुत सख्ती से देखा,

क्योंकि उन्हें उसकी मुसकराहट का अर्थ ही नहीं पता था। दिद्‌दा उनके आचरण से अभिभूत थी। महारानी चंद्रलेखा यह देखकर जल-भुन गईं। जब राजमाता ने आरती की थाल आगे बढ़ाई तो चंद्रलेखा ने वह थाल ले ली। आरती के बाद चंद्रलेखा ने भी अपने हिस्से का जहर उगला।

उन्होंने दिद्‌दा को गले लगा लिया, उसे बाँहों से जोर से पकड़कर जैसे कि उसे निचोड़ रही हों, फिर कान में फुसफुसाकर उसने कहा, 'मैं आशा करती हूँ कि तुम इस राजगद्‌दी को एक चमत्कार दोगी, नहीं तो अगले नौ महीनों के बाद मैं इस हरम में तुम्हारा स्वागत करूँगी।'

फाल्गुन ने हवा में फैलते इस गुस्से को भाँपते हुए चंद्रलेखा से कहा, 'तुम अपनी बहन को उसके कक्ष में क्यों नहीं ले जाती?' उसे लगने लगा कि चंद्रलेखा के लिए किसी और का स्वागत करना कितना मुश्किल होगा और अगर इसने राजगद्‌दी को वारिस दे दिया तो इसकी भूमिका शयनकक्ष में दासी की तरह होकर रह जाएगी।

दिद्‌दा को लगने लगा कि वह बुरे लोगों के बीच में घिर गई है, जो बहुत ही परेशानी की बात थी। उसके कक्ष की ओर जाने का रास्ता बहुत ही मुश्किल एवं दमघोंटू था। उसे लगने लगा कि उसके भीतर गुस्सा पनप रहा है।

उसने बचपन से ही लोहार में अपने लोगों की जलालत एवं हिकारत सह रखी थी, पर यहाँ कश्मीर में यह जलालत मनोवैज्ञानिक रूप से बहुत ही बुरी थी और चोट पहुँचानेवाली भी थी, क्योंकि उसे आशा थी कि नए साम्राज्य में उसका रानी बनने के बाद बहुत जोर-शोर से स्वागत होगा। दिद्‌दा को इस प्रकार अप्रत्यक्ष रूप से भावनात्मक घात सहने की आदत नहीं थी।

उसे लगा कि उसने जितनी भी सुंदर चीजें पहनी हैं, उन सबको उठाकर फेंक दे, पर तभी ऐसा लगा कि कोई उसे देख रहा है। वह रुकी और उसने पीछे मुड़कर देखा। वह वल्जा ही थी, जिसे उसकी जिंदगी की सारी मुसीबतें समझ आ रही थीं और उसने आगे आकर अपनी बच्ची को अपनी बाँहों के बीच समेट लिया। वे दोनों उसके कक्ष के समीप गईं, और उसी रास्ते सेविकाएँ भी साथ-साथ गईं।

जल्द ही क्षेमगुप्त नरवाहन के साथ उसी कक्ष में आए।

क्षेमगुप्त ने दिद्‌दा की प्रतिक्रियाओं को जाने बिना ही उससे कहा, 'मैं आशा करता हूँ कि दिद्‌दा तुम यहाँ आराम से होगी। चलो, मैं तुम्हें अपने दोस्त एवं

विश्वासपात्र मंत्री नरवाहन से मिलवाता हूँ।' उसे इस बात की आशा ही नहीं थी कि शादी की पहली रात में किसी से अचानक इस प्रकार से परिचय कराया जाएगा।

'मैं तुम्हारे पास नरवाहन को छोड़ जाता हूँ कि वह तुम्हें इस राजपाठ के बारे में सबकुछ बताए।'

क्षेमगुप्त थोड़ी दूर आगे गया और फिर रुका, उसने फिर कहा, 'मैं तुमसे जल्दी मिलता हूँ।'

दिद्दा उन्हें रोकना चाहती थी, पर झिझक गई।

नरवाहन को दिद्दा की यह स्थिति समझ आ गई और उसने फिर से अपना परिचय दिया। उन्होंने दिद्दा से कहा, 'मुझे समझ आता है कि आप किस हालत से होकर गुजर रही हैं। यह बात पक्की है कि सिर्फ आप ही नहीं यह पूरा साम्राज्य परेशानी के दौर से गुजर रहा है। मुझे यह पक्के तौर पर नहीं पता कि इस समय आपका रानी बनना सही था अथवा गलत।'

दिद्दा ने बाहर निकलकर उस वृहत् आँगन को देखा, जहाँ से पूरा श्रीनगरम् दिखाई दे रहा था। ऐसा लग रहा था कि उसपर कोई घटाटोप छाया हुआ है और उस कक्ष के भीतर की हवा में भी विद्रोह छा गया है और सुनहरे दिन चले गए हैं।

'मुख्यतया युद्धों के कारण कश्मीर बहुत बुरे दौर से गुजर रहा है और इस कारण साम्राज्य पर भी इसका बुरा असर पड़ा है। सेनाओं ने भी बगावत कर दी है, और कई सारे सेनापतियों ने भी हमें छोड़ दिया है।'

जब नरवाहन कश्मीर की स्थिति के बारे में शब्द-दर-शब्द बता रहा था, तो उसकी आँखें नम हो गई थीं। दिद्दा को उसकी बातों में दर्द दिख रहा था और उसे यह एहसास हुआ कि नरवाहन असल में इस माटी का ही बेटा है। दर्द ने दिद्दा को इतना तो सिखा ही दिया था कि मानव प्रवृत्ति को समझे, क्योंकि उसने अभी तक सिर्फ दर्द ही तो देखा था। दिद्दा ने अपनी आँखें बंद कर उस मंत्री की बात को समझने की कोशिश की और साथ ही नरवाहन इस बरबाद होते कश्मीर की दुखद बातें बताता रहा।

सेना में विद्रोह के बाद, साम्राज्य ने फिर से सैनिकों को भरती करना शुरू किया, जो बहुत जल्दी अपना रुख बदल लेते थे और वे बहुत जल्द ही साम्राज्य के विरुद्ध खड़े भी हो जाते थे। पूरा साम्राज्य अव्यवस्थित था और जनता भ्रष्ट अधिकारियों की दया एवं अन्याय व्यवस्था पर आधारित थी।

उसने भारत की उत्तरी सीमा का इतिहास दिद्दा को बताया और कहा कि यह महाभारत युद्धकाल के समय जितना पुराना है। राजा गोनंद उस युद्ध के समय में कश्मीर के राजा थे और वह मुख्य उत्तरी सीमा का अंश था। इसके साथ ही, करकोटा साम्राज्य ने उत्तरी सीमा को एक महान् शासक दिया था, जिनका नाम लालित्यादित्य था। जीतने की प्यास लेकर, उन्होंने एशिया के बहुत सारे देशों को जीता। पंजाब, कन्नौज, तिब्बत, लद्दाख, बड़कशन, ईरान, बिहार, गौडा (बंगाल), कलिंग (ओडिशा), दक्षिण भारत, गुजरात, मालवा, मारवाड़ और सिंध इन सारे क्षेत्रों को इन्होंने जीत लिया था। ये वही थे, जिन्होंने अरबों की शक्ति को सिंध में रोक लिया था। इन सारी विजय से देश में चारों ओर गर्व की भावना भर गई। आठवीं सदी आते-आते राजा लालित्यादित्य ने पूरे भारत में साम्राज्य स्थापित कर लिया, इसके साथ ही उन्होंने उत्तर-पश्चिम में अफगानिस्तान एवं सिंध, उत्तर-पूर्व में असम, उत्तर में तिब्बत, मध्य-पश्चिम में विंध्य और पश्चिम में गुजरात में राज किया।

लालित्यादित्य ने श्रीनगरम् के बाहरी इलाके में एक शहर बनाया, जिसका नाम परिहासपुर रखा। उनके राजमहल के अलावा इस क्षेत्र में कृष्णगंगा नदी इसकी शोभा बढ़ा रही थी। राजदरबार में नीलम की खूबसूरती एक सुंदर ही एहसास कराती थी। लालित्यादित्य ने चार मुख्य मंदिर बनाए, जिसमें एक भगवान् विष्णु (मुक्तकेशव) को समर्पित था, जहाँ राजा ने करीब 84,000 तोले सोने का प्रयोग भगवान् की मूर्ति बनाने के लिए किया। ऐसा माना जाता है कि मूर्ति की प्राण-प्रतिष्ठावाले दिन भगवान् वहाँ स्वयं उपस्थित हुए थे। परिहस्कसेना नामक मंदिर में राजा ललितादित्य ने करीब 20,000 तोले चाँदी का उपयोग परिहस्कसेना की मूर्ति बनाने के लिए किया। उस समय तक कश्मीर में बौद्ध धर्म का प्रभाव बढ़ने लगा था। इसलिए उन्होंने अपने उम्दा कारीगरों द्वारा शुद्ध ताँबे की भगवान् बुद्ध की मूर्ति बनवाई। जिस दिन जमीन से वह मूर्ति उठाई गई थी, लालित्यादित्य उस समारोह में स्वयं मौजूद थे। वह माघ का महीना था और अचानक बारिश शुरू हो गई। जैसे ही मूर्ति को उठाया जा रहा था, गरजते हुए आकाश में वह मूर्ति कुछ क्षणों के लिए गायब हो गई। पूरा शहर उसे देखकर मंत्रमुग्ध हो गया और जैसे ही सूरज बादलों को चीरकर भगवान् बुद्ध के पीछे से निकला, किरणें भगवान् बुद्ध पर उज्ज्वल रूप से चमकने लगीं और ऐसा लगा कि वह शहर में बाकी चीजों से ऊपर जा रहे हैं। इस तरह 760 ईसवी में सम्राट् ललितादित्य 37 साल 7 महीने एवं 11 दिन के अपने

सुनहरे कार्यकाल के बाद काल को प्राप्त हुए। उनकी मृत्यु के बाद परिहासपुर ने राजधानी के रूप में अपना दर्जा खो दिया। उसके बाद की राजधानी श्रीनगरम्, वितस्ता नदी के किनारे उनके बाद के राजाओं द्वारा बनाई गई, हालाँकि वह भी साम्राज्य की धूमिल होती छवि को रोक नहीं पाए।

900 ई. तक यह विशाल साम्राज्य, जो कभी संभ्रांत हुआ करता था, ने अपना पुराना गौरव खो दिया। जिस समय राजा शंकर वर्मन गद्दी पर बैठे, उस समय तक कश्मीर के पास अपना गौरव लाने का कोई मौका नहीं था।

शंकर वर्मन का शासनकाल कश्मीर का सबसे बुरा काल कहा जाता है, जो कश्मीर ने झेला था। उस समय अकाल पड़ा और बाढ़ आई, साथ ही प्रशासन भी राजा की तरह भ्रष्ट था।

लोगों को खाने के लाले पड़ गए और उन्होंने कश्मीर के अब तक के सबसे दुर्दांत राजा शंकर वर्मन के विरुद्ध विद्रोह शुरू कर दिया। लोग उसके खून के प्यासे थे, पर वह सत्ता पर बैठा रहा और वह सत्ता और सोम के नशे में चूर था। पूरा साम्राज्य बिखरने के कगार पर था। पर इससे शंकर वर्मन को कुछ फर्क नहीं पड़नेवाला था। वह वहाँ बिना किसी से कोई मतलब रखे बैठा था और ऐसा लग रहा था कि वह एक के बाद एक करके कुछ ऐसी घटनाओं के इंतजार में बैठा था, जो कि इतिहास बदल दें।

कश्मीर साम्राज्य के सेनीपति पर्वगुप्त ने राजा से यह विनती की कि वह इस उत्पीड़न को बंद करें या कम-से-कम, लगातार हो रहे दुर्भिक्ष और बाढ़ के कारण कमजोर जनता पर इतने भारी कर न लगाएँ।

इस पर राजा ने कहा, 'मैं कश्मीर का भगवान् हूँ और यह कर तो लगेंगे ही।'

मंत्रिमंडल के अधिकांश मंत्रियों ने पर्वगुप्त से कहा कि अब समय आ गया है कि कश्मीर को एक योग्य राजा मिले।

कुछ मंत्रियों के सहयोग से पर्वगुप्त ने दुष्ट राजा शंकर वर्मन के विरुद्ध बगावत का बिगुल फूँक दिया। अमावस की रात को पर्वगुप्त ने विद्रोह किया और उन्होंने राजमहल पर कब्जा कर लिया। महल के भीतर के अधिकांश सैनिकों ने आत्मसमर्पण कर दिया और कुछ जिन्होंने ऐसा करने में आनाकानी की, उनकी हत्या कर दी गई। इससे पहले कि शंकर वर्मन इस संबंध में कुछ कर पाता, पर्वगुप्त ने अपनी तलवार उसकी गरदन पर रख दी।

वह नाव में सवार था और वितस्ता नदी में गायब हो गया। पर्वगुप्त और उसके सिपाहियों ने शंकर वर्मन को लोहे की भारी चेन से एक बड़े से पत्थर बाँधा। फिर उसे नाव के किनारे तक खींचा गया। अपनी इस अप्रत्याशित मृत्यु को देखकर उसने वितस्ता के गहरे पानी में अपनी आँखें बंद कर लीं और सहसा पर्वगुप्त की ओर पलटकर बोला, 'पर्वगुप्त, मैं जा रहा हूँ, पर याद रखना, मेरी आत्मा बदला लेने के लिए जरूर आएगी। तुम और तुम्हारा नाम कोई भी याद नहीं रखेगा, तुम्हारा अपना खून ही जिंदगी और राजकाज से दूर शांति में समाप्त हो जाएगा।' इसके साथ ही वह वितस्ता नदी में कूद गया, जैसे ही पत्थर नीचे गया, वह भी डूब गया। जब पर्वगुप्त को कश्मीर का नया राजा बनाया गया, शंकर वर्मन के शब्द पर्वगुप्त के कानों में गूँजते रहे।

जिस दिन पर्वगुप्त राजा बना, वह बहुत ही खुशी का दिन था, क्योंकि उनकी पत्नी ने उसी दिन एक सुंदर राजकुमार को जन्म दिया। कश्मीर को उसी दिन एक नए राजा और उनका नन्हा राजकुमार मिला। उत्सव में शामिल होने के लिए पड़ोसी राजघरानों में भी निमंत्रण भेजा गया—सिम्हराज और उनकी पत्नी व राजकुमारी दिद्दा वहाँ पहुँचे। पर्वगुप्त एवं सिम्हराज बहुत अच्छे दोस्त थे और वे जब मिले, पर्वगुप्त ने एक बात हमेशा ध्यान दी कि कोई ऐसी बात थी, जो सिम्हराज को परेशान किए जा रही थी।

माना जाता है कि उस समय एक संन्यासी को ऐसा लगा कि चारमीनारी में एक जादुई शक्ति आ गई है, उन्हें जादुई सतीसर झील में स्थित एक बहते हुए शहर में चार चिनार के पेड़ दिखे। यह बात उन तक पहुँचाई गई और राजाओं ने संन्यासी से मिलने की सोची, पर्वगुप्त से ज्यादा सिम्हराज अपनी बेटी के कारण, संन्यासी से मिलने के लिए बेताब थे। दिद्दा और अपने पुत्र के साथ दोनों राजाओं ने एक नाव में बैठकर उस द्वीप तक पहुँचने के लिए सतीसार झील पार की और उस संन्यासी का आशीर्वाद लेने पहुँचे। नन्हा राजकुमार उस छोटी सी लड़की की मुसकराहट पर आकृष्ट था और सिम्हराज झील के अलौकिक पानी को देखकर अभिभूत थे। बहुत सारे जीव-जंतु और विभिन्न प्रकार के इंद्रधनुष पानी में अपनी छटा बिखेर रहे थे, साथ ही पानी भी इतना साफ था कि सिम्हराज को लगा कि वह झील की तलहटी को छू लेंगे। जैसे ही नाव हिलने लगी, उसके विचार भी भंग हो गए। संन्यासी बहुत गहन साधना में थे और दोनों राजा उनके आँख खोलने का

इंतजार कर रहे थे। कुछ समय के बाद संन्यासी ने आँखें खोलीं और राजा सिम्हराज से कहा, 'तुम्हारी बेटी को वितस्ता के पवित्र पानी ने छुआ है। वह अपना भाग्य खुद बनाएगी।'

संन्यासी के शब्दों से प्रसन्न होकर राजा सिम्हराज बस कुछ कहना चाह ही रहे थे, 'पर, मेरी बेटी तो···' संन्यासी ने उन्हें बीच ही में रोका और कहा, 'सबकुछ भाग्य पर छोड़ दो।' इस तरह संन्यासी ने अपनी आँखें फिर से बंद कर लीं, फिर दोनों राजाओं ने नतमस्तक होकर उनके सामने अपना सिर झुकाया और जाने के लिए मुड़ गए। नाव अपने गंतव्य के लिए जाने को चली ही थी, तभी संन्यासी ने आँखें खोलीं और चिल्लाकर कहा, 'पर राजा पर्वगुप्त, तुम्हारी बहू ही तुम्हारे साम्राज्य का भविष्य बदलेगी न कि तुम्हारा बेटा, तुम्हारा बेटा नहीं बदलेगा···' इस भविष्यवाणी से पर्वगुप्त आश्चर्य में पड़ गए, और उन्हें मरते हुए राजा शंकर वर्मन का दिया हुआ श्राप याद आया। इन घटनाओं से परेशान होकर पर्वगुप्त ने नाव को आगे चलने का आदेश दिया।

'दिद्दा ने पूछा···और उसके बाद ?'

नरवाहन ने आगे कहा, 'राजा सिम्हराज तुरंत ही लोहार वापस लौट गए और उसके बाद से वहाँ से कोई खबर नहीं आई। राजा पर्वगुप्त ने कई बार राजा सिम्हराज को आमंत्रित किया, पर हर बार उन्होंने विनम्रतापूर्वक उन्हें मना कर दिया।'

क्षणभर को रुकने के बाद, नरवाहन ने कहा, 'आप दोनों के जन्म के साथ ही राजा क्षेमगुप्त और आपकी जोड़ी एक-दूसरे के लिए बनी थी। यह साम्राज्य इसी भविष्यवाणी के सत्य होने की प्रतीक्षा कर रहा था। हालाँकि, क्षेमगुप्त ऐसी बेकार बातों पर विश्वास नहीं करते।'

दिद्दा ने नरवाहन से पूछा, 'क्या आप विश्वास करते हैं?' पर वह सिर्फ मुसकराया, क्योंकि उसे पता था कि क्या बोलना है। नरवाहन ने कहा, 'हे रानी, भविष्यवाणी से कहीं ज्यादा आपको फाल्गुन को लेकर चिंता करनी चाहिए। उसने बहुत सारे विद्रोह दबाए हैं और साम्राज्य की बहुत अच्छी सेवा की है। उसने साम्राज्य को अपनी सेवाएँ देने के बदले राजा से उपहारस्वरूप अपनी बेटी की उनसे शादी करा उसे साम्राज्य की रानी बनाया। आप उनसे मिली होंगी, रानी चंद्रलेखा···'

दिद्दा ने कहा, 'इसका मतलब उन्हें भविष्यवाणी के बारे में पता था···'

नरवाहन उनके त्वरित जवाब से अचंभित हो गया। उसने कहा, 'हाँ, फाल्गुन

को इस भविष्यवाणी के बारे में पता था, और हाँ, आपको भी यह बात याद रखनी चाहिए कि चंद्रलेखा बहुत ही खूबसूरत हैं।'

दिद्दा ने उसे रोककर पूछा, 'क्या मुझसे भी ज्यादा सुंदर?'

उलझन में पड़े नरवाहन ने कहा, 'राजा ऐसा ही सोचते हैं।'

दिद्दा ने फिर टोका, 'आप क्या सोचते हैं?'

इस प्रकार नरवाहन ने पहली बार दिद्दा को देखा और देखता ही रह गया, वह उसकी खूबसूरती और व्यवहार पर अभिभूत हो गया। वह अपने दिल को जोर से धड़कते हुए सुन सकता था। उसके माथे से ठंडे पसीने छूटने लगे; उसे ऐसा लगा कि उसके साथ कुछ अप्रत्याशित सा घटनेवाला है। महल के गलियारों में एक युद्ध शुरू होनेवाला है।

नई महारानी दिद्दा को नजरअंदाज करके फाल्गुन बहुत बड़ी गलती करनेवाला था। वह इस बात से अनभिज्ञ था कि रानी 52 विभिन्न कलाओं में प्रवीण थीं। हालाँकि, उसे पहले तीन दिनों में ही इसका अनुभव हो गया।

दिद्दा ने यह महसूस किया कि हर कोई राजदरबार में फाल्गुन की बात मानता है और चंद्रलेखा महल को चलाती हैं। उसने यह भी देखा कि दोनों बाप-बेटी क्षेमगुप्त को उससे दूर करने की पूरी कोशिश कर रहे हैं। राजा को पूरे दिन व्यस्त रखा जाता और शाम को जब वे महल में आते, तो वे मादक पदार्थ का सेवन कर नशे में चूर रहते। दिद्दा अपने पति से मिलने और उसे बात करने के लिए बेताब थी।

वह पूरे महल में घूमना चाहती थी, पर चंद्रलेखा और फाल्गुन दोनों ही उसकी स्वतंत्रता पर अंकुश लगाने की भरपूर कोशिश कर रहे थे। उन्होंने यह महसूस ही नहीं किया कि दिद्दा वह इनसान नहीं है, जिसे किसी तरह जकड़ा जा सके।

क्षेमगुप्त भी दिद्दा के साथ समय बिताने के लिए लालायित थे, पर फाल्गुन उसे बातों में उलझाए रखते और उसकी कमजोरी को जानते हुए उसे शराब पिलाते रहते थे।

दोनों ही तरफ से बराबर की बेताबी थी और कोई बीच का रास्ता निकल नहीं रहा था।

दिद्दा बहुत खूबसूरत थी, देखने में भी और बुद्धिमानी में भी। एक दिन वह एक जरूरतमंद औरत का भेस धरकर राजदरबार में आ गई और वहाँ अपने गुम

हुए पति की कहानी कहने लगी। उसने राजा को बताया कि वह पति को ढूँढ़ने के लिए उनकी मदद माँगने आई है, जो जंगल में कहीं खो गए हैं। उसने कहा कि वह उसकी खोज में जा रही है और अगर वह शाही दरबारियों को पहले मिल जाए, तो वह उन्हें कह दें कि वह उससे जंगल में उसी जगह आकर मिलें, जहाँ वे दोनों पहली बार मिले थे।

क्षेमगुप्त के अलावा कोई भी रानी को पहचान नहीं पाया। वे स्वयं भी दिद्दा से मिलने के लिए आतुर थे और रानी की इस चालाकी से वे बहुत खुश हुए। वे तुरंत ही जंगल के लिए निकल लिये। इस तरह से वे दोनों कुछ दिन जंगल में ही रहे। जब तक फाल्गुन एवं चंद्रलेखा को यह बात समझ आई कि उन्हें उल्लू बनाया गया है, तो वे और गहरे षड्यंत्र रचने लगे। चंद्रलेखा राजा के जीवन के साथ–साथ उस महल में अपनी जगह पाने के लिए संघर्ष करने लगी, वहीं फाल्गुन सिंहासन के बारे में सोचकर पूर्णतः परेशान होने लगा।

□

राजकुमार का जन्म और राजा की मृत्यु

साम्राज्य में यह बात फैल चुकी थी कि इस राज्य को अब अपना संरक्षक मिलनेवाला है और रानी ही उस राजकुमार की माँ हैं, और वह जल्द ही इस दुनिया में आएगा। इस प्रकार जल्द ही एक नई प्रेम कहानी लोगों के बीच आई और कौतूहल का विषय बन गई। ऐसा लगने लगा कि क्षेमगुप्त अपनी नई रानी के पूर्ण प्रभाव में आ गए हैं। जनता ने उस प्रेमी युगल को एक नया नाम भी दे दिया, 'दिद्दाक्षेमा।'

हालाँकि दिद्दा का दिमाग शांत नहीं बैठा था। चंद्रलेखा के शब्द उसके दिमाग में गूँज रहे थे। 'तुम्हें नौ महीनों के बाद हरम जाना पड़ जाएगा', दिद्दा ने अपनी जिंदगी का सारा समय उपहास में ही काटा था, जहाँ उसे प्यार करनेवाला, इज्जत देनेवाला, किसी प्रकार का कोई अवसर देनेवाला कोई नहीं था।

अब, जब उसे क्षेमगुप्त का प्यार और लोगों से इज्जत मिलने लगी, तब वह उसे अपने हाथ से निकलने देना नहीं चाहती थी। उन्हें अपने दादा भीमशाह के शब्द हमेशा याद रहते थे कि कश्मीर में अवसरों के लिए अपरिमित अवसर हैं। उनके भीतर वह ज्ञान व वह क्षमता थी, जो किसी विद्वान् में होनी चाहिए। व्यापार, वाणिज्य, आधारिक संरचना, कानून, युद्ध एवं राजनीति की कला में दिद्दा का कोई तोड़ नहीं था। उसे पता था कि अगर यह अवसर उसके हाथ से चला गया, तो वह कहीं नहीं जा पाएगी और उसके बाद आगे देखने के लिए कुछ नहीं बचेगा।

क्षेमगुप्त दिद्दा से बहुत ज्यादा प्यार करते थे और ऐसा कोई-न-कोई कारण था, जिस कारण ऐसा लगता था कि जैसे मछली को पानी से अलग नहीं किया जा सकता, उसी तरह वे दोनों भी अलग नहीं किए जा सकते थे। दिद्दा भी उन्हें उतनी ही शिद्दत से प्यार करती थी कि वह क्षेमगुप्त की एक आदत बन गई थी।

साम्राज्य के गलियारों में उनकी जिंदगी एवं प्यार के बारे में बातें की जाती थीं। यहाँ तो लोग यह बात कहने लग गए थे कि कैसे एक अपंग से इस ठरकी राजा को संतुष्टि मिल रही है? क्षेमगुप्त को दिद्दा से इतना प्यार हो गया कि उन्होंने अपनी पत्नी के नाम पर सिक्के तक गढ़वा दिए, जिसमें उन्होंने नाम खुदवाया, 'दिद्दा क्षेमगुप्तदेव'।

किस्मत देख रही थी कि कैसे एक ठरकी राजा का अपनी अपंग पत्नी के लिए दिनोदिन प्यार बढ़ता जा रहा था। ऐसा बिरले ही देखा गया था कि कैसे एक पति अपनी पत्नी का नाम अपने साथ जोड़ रहा था, यह सब देखकर फाल्गुन एवं चंद्रलेखा के दिलों पर साँप लोट रहे थे।

एक महीने से महल में दूसरी ही तरह की खबरें छाई हुई थीं। लोग यह जानने के लिए बेताब थे कि क्या नई रानी गर्भवती हो चुकी हैं? उनका मानना था कि भविष्यवाणी के सच होने का समय आ चुका है। वल्जा और दिद्दा दोनों ही इस बात से परेशान थीं, क्योंकि उन्हें पता था कि रानी अभी गर्भवती नहीं हुई हैं। वल्जा को दिद्दा की स्थिति समझ में आ रही थी। गर्भ नहीं धारण करने की खबर दिद्दा की जिंदगी में पिछले कुछ समय से आए सारे अच्छे मौकों को उससे छीन सकती थी, यहाँ तक कि अगर वह जल्दी गर्भवती नहीं हुई, तो वह जल्द ही लोहार भेज दी जाएगी।

वल्जा ने दिद्दा को सलाह दी कि अब समय आ गया है कि चंद्रलेखा की सुरक्षा को तोड़कर यह देखे कि अब और क्या किया जा सकता है।

दिद्दा चंद्रलेखा के कक्ष में उनसे मिलने गई। ऐसा स्पष्ट था कि चंद्रलेखा नशे में चूर थी और जैसे ही उन्होंने कमरे में प्रवेश करते हुए दिद्दा की छाया देखी, तो उन्होंने सामने के शीशे में देखकर दीवार में जोर से मारा। चंद्रलेखा ने एक गहरी साँस ली और उनकी भौंहें गुस्से से टेढ़ी हो गईं क्योंकि आभूषणों से सुसज्जित सुंदर दिद्दा की छाया शीशे से उसे दिखाई दी। चंद्रलेखा को अचानक बहुत गुस्सा आ गया और उन्होंने शराब का प्याला उस शीशे में दे मारा। कक्ष में बैठी दासियाँ यह देखकर चकित हो गईं और उन्होंने तुरंत ही फर्श में फैले टूटे काँच के टुकड़े हटाने शुरू कर दिए।

दिद्दा निश्चिंत दिखी, और उन्होंने एक अलग ही शांत स्वभाव एवं संतुलन के साथ चंद्रलेखा के दिल में जल रहे कोयले में एक और चिनगारी डालकर उस आग को और भड़का दिया।

दिद्दा ने कहा, 'आपका निशाना बहुत अच्छा था, आप मुझे बहुत प्यार करती हैं चंद्रलेखा जी।'

रानी चंद्रलेखा ने अपना संतुलन सँभालने की कोशिश करते हुए तुरंत कहा, 'रानीजी, अपने पैरों का ध्यान रखिएगा, माफ कीजिए, पैरों का नहीं, अपने पैर का। यह शीशे के टुकड़े आपको नुकसान भी पहुँचा सकते हैं।'

दिद्दा ने तुरंत ही जवाब दिया, 'शीशे के टुकड़ों में चलने की मुझे हमेशा से ही आदत रही है। अगर यह एक मुलायम फर्श होता, तो जरूर मेरे पैर फिसल जाते।'

उसने आगे हाथ जोड़ते हुए विनम्रता से कहा, 'मैं यहाँ न तो आपको नाखुश करने या आपकी उपेक्षा करने आई हूँ और न ही मैं आपको इस महल में आपके खोए हुए स्थान के बारे में याद दिलाने आई हूँ। एक औरत होने के नाते मैं आपको अपनी दोस्त बनाने की आशा से आई हूँ।' दिद्दा बहुत शांत थी और वह अपने विषय के संदर्भ में बहुत स्पष्ट थी।

दिद्दा का शांत एवं संतुलित स्वभाव चंद्रलेखा पर भी धीरे-धीरे अपना प्रभाव डाल रहा था। उसकी साँसें शांत होने लगीं, और उसकी भौंहें फिर सुंदर अर्द्धगोल आकृति के रूप में वापस आने लग गईं। उसकी आँखें शराब के कारण नम हो गईं, जो उसकी सुंदरता में चार-चाँद लगा रही थीं।

दिद्दा ने चंद्रलेखा की आँखों को देखकर कहा, 'ये दुनिया की सबसे खूबसूरत आँखें होंगी।' चंद्रलेखा के चेहरे से गुस्से की वह झीनी सी रेखा गायब हो गई और उनकी स्मित मुसकान चमक उठी; वे उठीं और हाथी के दाँतवाली मेज की ओर आगे बढ़ीं, जो हंगुल के चमड़े से तैयार की गई थी।

अपने हाथों से हलका इशारा करते हुए चंद्रलेखा ने अपनी परिचारिकाओं को कमरे से जाने को कहा। चंद्रलेखा ने दो गिलासों में सोमरस डाला।

उन्होंने एक गिलास दिद्दा के हाथ में थमाते हुए कहा, 'मैं बहुत खुदगर्ज होऊँगी, तुम समझ ही गई होगी कि मैं ऐसा क्यों कह रही हूँ।'

दिद्दा ने इससे पहले कभी भी सोमरस चखा नहीं था, क्योंकि उनके गुरु विक्रमसेन ने उसे किसी भी प्रकार के मादक पदार्थ को पीने से मना किया था। यह एक सच्चे योद्धा के लिए एक धर्मनिष्ठ शिष्य के रूप में निभाना जरूरी था। उसने इसे अच्छे से निभाया भी था और दिद्दा हमेशा एक अतुलनीय योद्धा के रूप में रहना चाहती थी और जो वह थीं भी।

दिद्दा जहाँ अपने विचारों में खोई हुई थी, वहीं चंद्रलेखा उनके सामने खड़ी हो गई और उससे कहा, 'लो, ना।' दिद्दा को जल्द ही इस संबंध में निर्णय भी लेना था।

क्या उसे सोम पीने के प्रस्ताव को ठुकरा देना चाहिए और एक अनुशासनप्रिय शिष्या बनकर रहना चाहिए या उसे नए आयामों की ओर भी देखना चाहिए? एक योद्धा बनकर रहना ही उसके लिए सबकुछ था, और नशीले पदार्थों से दूर रहने की पवित्र कसम उसे कभी नहीं तोड़नी चाहिए। योद्धा होने का अर्थ क्रूर शक्तियों से नहीं अपितु उनकी और उनके पिता की तरह प्यार करने जैसा था।

एक बच्चे के रूप में दिद्दा हमेशा यह सोचती थी कि उसे प्यार से क्यों मरहूम रखा जाता है, उसे अपने माँ–बाप की गोद में वह दुलार एवं वह सुरक्षा क्यों नहीं मिल पाती, जो महल में अन्य बच्चों को भरपूर रूप से मिलती है। जब उसने अपने पिता को विक्रमसेन व लोहार की सेना के अन्य सरदारों के साथ खुश देखा तो उसे लगता था, ऐसा इसलिए तो नहीं, क्योंकि वह एक योद्धा नहीं है; हो सकता है, इसीलिए उसके पिता उसे प्यार नहीं करते। उससे इतनी घृणा करने का कोई और कारण क्या हो सकता था?

"दिद्दा, तुम सोमरस क्यों नहीं पी रही हो?"

कुछ देर हुए चंद्रलेखा दिद्दा के लिए गिलास लेकर खड़ी थी, पर दिद्दा अपने ही खयालों में खोई हुई थी, ऐसा लग रहा था कि वह किसी अनंत में चली गई हो। सोमरस के एक गिलास ने उसे उसके पूरे जीवन की याद दिला दी।

'चंद्रलेखाज़ी, मुझे माफ करें, मुझे इसका स्वाद लिये कुछ समय हो गया है, इसलिए मैं सोच रही थी कि आप मुझे सोमरस के बारे में कुछ बातें बता दें।'

दिद्दा ने यह इतने प्यार से कहा कि चंद्रलेखा अपनी हँसी रोक ही नहीं पाई।

ऐसी परिस्थितियों में लोग वहाँ से निकलने की जुगत करते हैं, पर दिद्दा जैसे लोग अपना भाग्य खुद लिखते हैं।

जल्द ही, वह खिलखिलाहट रानी के कक्ष से बाहर गूँजने लग गई, पहले तो वे दोनों औरतों की तरह बातें करने लगीं और फिर दोस्तों की तरह। श्रीनगरम् में एक युग की शुरुआत होनेवाली थी और रनिवास से दोनों रानियों की हँसी की गूँज के बारे में फुसफुसाहट सुरक्षा सैनिक कर रहे थे।

क्या कश्मीर अपने पुराने रूप में वापस लौट रहा है? क्या सच में, कश्यप

ऋषि की भविष्यवाणी गलत नहीं हो सकती है!

कक्ष में रानियों ने महल और राजा, अर्थात् उनके पति के बारे में बात की।

'क्या राजकुमार आनेवाले हैं?' अचानक ही चंद्रलेखा ने विषय बदला और दिद्दा के अनुरूप बात की। बेकार की गप्पबाजी तो दिद्दा को कभी पसंद ही नहीं थी।

दिद्दा ने सीधा-साधा चेहरा बनाकर झूठ कहा, 'हाँ।' चंद्रलेखा ने कहा, 'यह सच नहीं हो सकता। उन्हें श्राप मिला हुआ है। वे बाप नहीं बन सकते, वे एक बच्चे को भी पाल नहीं सकते, एक वारिस की तो बात ही अलग है।' चंद्रलेखा के भीतर एक तरह से जहर भर गया और वह अपने आसपास के वातावरण को भूल गई।

दिद्दा का दिमाग दौड़ रहा था, पर उसने अपने चेहरे को भावशून्य रखा। उसका दिल जोरों से धड़कने लगा और चंद्रलेखा लड़खड़ाकर बोल रही थी। वह बहुत बुरी तरह से तप रही थी, दिद्दा ने कक्ष से बाहर जाने की अनुमति ली। उसे ऐसा लगने लगा कि उसके चारों ओर की दुनिया घूम रही है, वह इस इस बारे में आश्वस्त नहीं थी कि वह कक्ष तक भी पहुँच पाएगी।

दिद्दा के दिमाग में दबाव था, और उसने यह कानाफूसी भी सुनी कि अगर वह साम्राज्य को उसका उत्तराधिकारी नहीं दे पाई तो उसके साथ क्या होगा। उसके सामने कई बातें आने लग गईं, जिसमें उसे बैरंग ही लोहार लौटना पड़ सकता है, या वह हरम के किसी कोने में अकेले बैठी होगी...वह जब तक बैठी नहीं, तब तक उसके दिमाग में ऐसे विचार आते रहे। उसने अपना नियंत्रण खो दिया और वह गिरने लगी। वल्जा ने तुरंत ही दिद्दा को अपनी बाँहों में भर लिया और उसे उसके जादुई बिस्तर में आराम करने के लिए डाल दिया।

अगली सुबह, जब दिद्दा ने अपनी आँखें खोलीं तो वह तुरंत घबराकर उठ गई। उसे पिछली रात की सारी बातें याद आ गईं और जीवन की अनिश्चितता उसकी आँखों के सामने घूमने लग गई। वल्जा बिस्तर में बैठ गई और दिद्दा ने उसे अपनी मजबूत बाँहों में पकड़ लिया। उसी समय उनके कक्ष के बाहर यह घोषणा की गई कि राजमाता पधारी हैं।

राजमाता ने कहा, 'दिद्दा, जब से तुम आई हो, तब से हमने 32 सुबहें देख लीं हैं और अभी तक मैंने तुम्हें अँधेरे में ही देखा है।' वे लगातार दिद्दा की स्थिति के बारे में जानना चाह रही थीं, 'तुम्हारे विवाह को करीब एक महीना हो गया है

और पूरा साम्राज्य तुमसे खुशखबरी का इंतजार कर रहा है।'

दिद्दा बहुत ज्यादा परेशान हो गई, वहीं चंद्रलेखा को अपनी सही स्थिति बनाने का अवसर मिल रहा था। उसे पता था कि वह वापस आएगी, क्योंकि राजमाता ने यह घोषणा की कि वह राजवैद्य को बुलाकर अगले दिन दिद्दा की जाँच के आदेश दिए।

दिद्दा राजमाता की इस घोषणा के बाद बहुत परेशान हो गई और उसने वल्जा की सलाह ली। ऐसी परिस्थितियों में वल्जा भी कुछ सलाह दे पाने में असमर्थ थी, क्योंकि इससे दिद्दा को और मानसिक परेशानी होती। उसने स्वयं को अपने कक्ष में बंद कर लिया और दुनिया से कट गई।

नरवाहन को इस नई बात का पता चला। वह तुरंत ही उसके कमरे में आया। यद्यपि दिद्दा को यह बात पता थी कि नरवाहन पर विश्वास किया जा सकता है और इसीलिए वल्जा ने उनके लिए कक्ष के द्वार खोल दिए। जैसे ही दिद्दा ने उसे देखा, वह आश्चर्यवश बोल उठी, 'मुझे लगता है कि मेरा भाग्य पलटनेवाला है, क्योंकि मैं अभी तक गर्भवती नहीं हुई हूँ।'

नरवाहन ने तुरंत ही जवाब भी दिया, 'हो सकता है आप कभी गर्भवती न हों।'

दिद्दा गुस्से में लाल हो गईं और नरवाहन को पता था कि अब किस प्रकार चीजें अपना रूप ले लेंगी। नरवाहन ने आगे कहा, 'हे रानी, मुझे पता है कि बहुत ज्यादा विषैले एवं नशीले पदार्थों के उपयोग के कारण राजा क्षेमगुप्त उसी नशे में घिरे रहते हैं।'

वल्जा ने नरवाहन से ऐसे कहा, जैसे वह उन्हें खा जाएँगी, 'नरवाहनजी, आप मेरी बेटी के साथ यह कैसे कर सकते हैं? मुझे अपने पूरे जीवन में यह समझने में एक वक्त लगा कि उनकी जिंदगी के साथ भी कुछ अच्छा हो सकता है। अब यहाँ तक पहुँचने के बाद, यह कह रहे हैं कि अब कुछ नहीं हो सकता है? क्या आपको इस बात का अंदाजा भी है कि इससे मेरी बेटी की जिंदगी हमेशा के लिए बरबाद हो जाएगी? वह माँ के रूप में वल्जा के भीतर उमड़ते हुए दर्द को समझ सकते थे। यह नरवाहन के लिए कोई सामान्य स्थिति नहीं थी, क्योंकि वह भी इससे विचारों में खो गए और दिद्दा के लिए कोई समाधान ढूँढ़ने लग गए।

नरवाहन भी दिद्दा को पसंद करने लगा था, सिर्फ इसलिए नहीं कि वह उसके दोस्त की पत्नी थी, इसलिए भी कि वह एक औरत के रूप में वे उनकी

इज्जत करने लगा था। ऐसा लगने लगा था कि दिद्दा के करिश्मे से प्रभावित होना नामुमकिन था और नरवाहन इससे अछूता नहीं था। अचानक उसे ऐसा एहसास हुआ, जिससे नरवाहन प्रसन्नचित्त हो गया और उत्साह में अपनी उँगलियाँ बजाने लगा। दिद्दा एवं वल्जा दोनों ही उलझन में पड़ उसे देखने लग गए।

नरवाहन ने कहा, 'अभिनवगुप्त।'

दिद्दा ने भी दोहराया, 'अभिनवगुप्त?'

'नरवाहनजी, क्या आपको ऐसा लगता है कि वह मेरी मदद करेंगे? ऐसा ही था तो उन्होंने चंद्रलेखा की मदद क्यों नहीं की?' हालाँकि वह भी उनसे प्रार्थना कर सकती थी, यहाँ तक कि एक रानी होने की हैसियत से उन्हें आज्ञा भी दे सकती थी और तो और यहाँ तक कि राजा भी उनसे यह कह सकते थे। अभिनवगुप्त राजा को तो कभी न नहीं कहेंगे या वह कह देंगे?' दिद्दा ने नरवाहन की आँखों में आशा की एक किरण देखी।

नरवाहन ने उनसे कहा, 'हाँ, वह चंद्रलेखा को 'न' कह सकते हैं और राजा को भी। ऐसा कोई भी नहीं है, जो उनसे उनकी इच्छा के विरुद्ध कुछ भी करा सकता है। यहाँ तक कि फाल्गुन ने भी ऐसा करने की कोशिश की, पर वह सब नाकामयाब रहे।'

'उन्होंने कोशिश की और वह असफल हो गए! तब तो मैं जरूर प्रयास करूँगी।'

दिद्दा अपनी जगह से उठी और वह उत्साह में खो गई। वह नरवाहन की ओर तेजी से गई और उत्साहवश उसका हाथ पकड़ लिया और उससे कहा कि वह उसे अभिनवगुप्त के पास ले चलें। नरवाहन दिद्दा के इस अतिउत्साह एवं मासूमियत को देखकर आश्चर्य में पड़ गया।

नरवाहन ने दिद्दा से कहा, 'कोई भी ऐसे ही बिना आज्ञा लिए अभिनवगुप्त की कुटिया में नहीं जा सकता। फाल्गुन एवं चंद्रलेखा ने पूर्व में ऐसा किया था, पर हमें वैसा नहीं करना चाहिए, नहीं तो हम भी उनके क्रोध के भागी हो जाएँगे।'

दिद्दा समझ गई थी कि नरवाहन क्या कहना चाह रहे थे। अभिनवगुप्त कोई सामान्य व्यक्ति नहीं थे। पर वल्जा को अभिनवगुप्त के बारे में कुछ पता नहीं था। वल्जा यह समझ नहीं पा रही थी कि अभिनवगुप्त इस असंभव को कैसे संभव कर पाएँगे।

नरवाहन की बातों से परेशान होकर उन्होंने पूछा, 'अभिनवगुप्त कौन हैं और वे इन सबमें हमारी मदद कैसे कर सकते हैं?'

यह सुनकर नरवाहन आश्चर्य में पड़ गए, 'क्या आप मुझसे यह पूछ रही हैं कि अभिनवगुप्त कौन हैं? वे इतने महान् व्यक्ति हैं कि उनके बारे में बताने के लिए मेरे पास शब्द ही नहीं हैं।'

दिद्दा ने उन्हें समझाया, 'इस धरती पर जनमे वे सबसे महान् संत हैं। वे एक योगी हैं। वे स्वयं योगिनीभू हैं, अर्थात् वे स्वयं एक योगिनी के गर्भ से पैदा हुए हैं। वे भैरव के आशीर्वाद हैं, वे विशिष्ट आध्यात्मिक एवं बौद्धिक शक्तियों के साथ पैदा हुए हैं।'

वल्जा ने पूछा, 'पर वे हमारी मदद कैसे कर सकते हैं?'

नरवाहन ने उनकी प्रशंसा में कहा, 'उन्होंने सालों की भक्ति एवं ध्यान के कारण इन महान् क्षमताओं को प्राप्त किया है। वे कौल के बहुत बड़े अनुयायियों में से एक हैं। सिर्फ एक नहीं, अपितु पंद्रह से भी ज्यादा गुरुओं ने उन्हें अपने ज्ञान एवं शक्तियों का आशीर्वाद दिया है।'

दिद्दा ने फिर कहा, 'उन्होंने अपने सबसे बड़े गुरु शंभुनाथ के आशीर्वाद से कौल अभ्यास के जरिए आध्यात्मिक मुक्ति पा ली है। शंभुनाथ ने उन्हें पाँचों तत्त्वों (अर्द्ध त्र्यंबक) के ऊपर अधिकार करना सिखाया है, हालाँकि यह विद्यालय त्र्यंबक की बेटी ने शुरू किया था। उन्होंने सिद्धि की आठों शक्तियों में प्रवीणता हासिल कर लीं। ये शक्तियाँ हैं—अणिमा—अपने को परमाणु में समाहित कर लेने की शक्ति; महिमा—स्वयं को अंतरिक्ष में विस्तारित करने की शक्ति; लघिमा—रुई के फाहे की तरह हलका हो जाने की शक्ति; गरिमा—संसार की सबसे भारी चीज की तरह स्वयं भारी हो जाना; प्राप्ति—संसार में किसी भी जगह घूमना; प्राकाम्य—सभी इच्छाओं की पूर्ति करनेवाली शक्ति; ईशित्व—किसी भी चीज को बनाने की शक्ति; वशित्व—सभी को आदेश देने की शक्ति।'

नरवाहन एवं वल्जा दोनों ही अपलक उसे देखते रहे। वे दोनों न सिर्फ अभिनवगुप्त के व्यक्तित्व से अपितु दिद्दा के अथाह ज्ञान भंडार से भी विस्मित थे। दिद्दा ने कहा, 'इतना ही नहीं, वह सिर्फ सिद्धि ही नहीं, अपितु छहों शानदार आध्यात्मिक शक्तियों को भी प्रदर्शित करता है।'

'आध्यात्मिक शक्तियाँ?'

'शिव के लिए अटूट भक्ति; मंत्र सिद्धि प्राप्त करना, पाँचों तत्त्वों पर अपना नियंत्रण रखना; कुछ भी चीज प्राप्त करने की शक्ति; सभी प्रकार के विज्ञान एवं कलाओं का संपूर्ण ज्ञान एवं उनपर पूर्ण अधिकार; और सभी प्रकार के दार्शनिक ज्ञान की सहज प्राप्ति।'

दिद्दा जब अभिनवगुप्त के बारे में बता रही थी तब वह अपने आसपास के वातावरण को भूल गई। वह आँखें मूँदकर अंतरिक्ष एवं समय की शून्यता को देख रही थी और ऐसा लगा कि वह अभिनवगुप्त एवं उनकी असीम आभा की ओर अपने आप खिंची चली जा रही है।

अभिनवगुप्त के बारे में सुनकर वल्जा आश्वस्त हो गई थी कि नरवाहन ने उन्हें सन्मार्ग पर जाने की सलाह दी है। वल्जा ने दिद्दा पर परोक्ष रूप से दबाव डालते हुए पूछा, 'पर तुम किस तरह से उनके पास पहुँचोगी?'

दिद्दा ने उत्तर दिया, 'जहर ही जहर को काटता है, अँधेरा ही अँधेरे को काटता है और ज्ञान ही ज्ञान का उत्तर है।' दिद्दा का अपने विचारों पर नियंत्रण था और वल्जा को भी समझ आ गया कि दिद्दा के पास कोई–न–कोई योजना जरूर है।

दिद्दा ने कहा, 'शास्त्रार्थ।'

नरवाहन आश्चर्य में पड़ गए और कहा, 'आप होश में तो हैं?आप कैसे उस व्यक्ति को चुनौती दे सकती हैं, जिनके पास स्वयं ज्ञान का भंडार है, आध्यात्मिक प्राप्ति और शक्ति है? अगर आपने ऐसा किया भी, तो भी आप अपनी सारी आशाओं का दोनों हाथों से गला घोंट देंगी।'

दिद्दा ने कहा, 'मैं जानती हूँ नरवाहनजी, यह आसान नहीं होगा, पर मेरे पास अब ये ही एक रास्ता बचता है। मैं अपनी पूरी कोशिश करूँगी।'

नरवाहन ने अभिनवगुप्त तक यह संदेश पहुँचा दिया कि रानी दिद्दा उनसे मिलकर शास्त्रार्थ करना चाहती हैं। चौदह प्रमुख गुरुओं का ज्ञान पाकर भी अभिनवगुप्त में अभी भी ज्ञान पाने की इच्छा में कोई कमी नहीं थी। वे और ज्ञान पाने के पिपासु थे। उन्होंने भी तुरंत इस चुनौती को स्वीकार कर लिया और दिद्दा को मिलने के लिए बुलाया।

नरवाहन ने चैन की साँस ली कि अभिनवगुप्त ने कम–से–कम दिद्दा को मिलने के लिए बुलाया तो सही। अभिनवगुप्त दिद्दा की सुंदरता एवं उनकी चुनौती देने की हिम्मत को देखकर हतप्रभ थे। जब वे दोनों आपस में मिले, तो अभिनवगुप्त

ने दिद्दा से कहा, 'आप तीन साधारण से सवालों का जवाब दें, अगर आपने उन सवालों का सही से जवाब दे दिया तो मैं मान लूँगा कि तुम शास्त्रार्थ के लायक हो।'

दिद्दा ने कहा, 'मैं तैयार हूँ, गुरु।'

अभिनवगुप्त ने अपना पहला प्रश्न किया, 'जीवन क्या है?'

दिद्दा ने जवाब दिया, 'मोक्ष प्राप्त करने के लिए किया जानेवाला संघर्ष और यात्रा।'

उन्होंने अपना दूसरा प्रश्न किया, 'मोक्ष कौन प्राप्त करता है?'

दिद्दा ने कहा, 'जो स्वयं को समझ जाता है और मोक्ष प्राप्त करने के लिए अपनी आत्मा से मिल लेता है।'

फिर अभिनवगुप्त का अंतिम प्रश्न था, 'कोई स्वयं को कैसे जान सकता है?'

दिद्दा ने जवाब दिया, 'स्वयं को इच्छाओं से मुक्त करके, कर्म एवं कर्मफल की बेड़ियों से मुक्त होने पर ही कोई स्वयं को जान सकता है।'

अभिनवगुप्त उसके उत्तर से प्रभावित हुए और कहा, 'दिद्दा, मैं तुम्हारे ज्ञान से प्रभावित हूँ। मुझे पता है कि तुम यहाँ एक उद्देश्य से आई हो। तुमने स्वयं को इस हेतु साबित किया है, इसलिए मैं तुमसे अब शास्त्रार्थ नहीं करूँगा। तुम जिस भी हेतु यहाँ आई हो, मैं तुम्हें उसकी प्राप्ति का आशीर्वाद देता हूँ, भगवान् शिव उसका ध्यान रखें।'

दिद्दा उनसे बस यही चाहती थी। उसकी आँखें खुशी के मारे चमकने लगीं और वह अभिनवगुप्त से आशीर्वाद लेने के लिए आगे झुकी। फिर वह संतुष्ट होकर अपने महल में वापस चली गई।

इसी बीच राजवैद्य सुषेन वहाँ दिद्दा की जाँच करने के लिए पहुँचे। जब वे राजमाता के साथ कक्ष से बाहर निकले, तो वहाँ चंद्रलेखा एवं फाल्गुन दोनों ही यह पूर्वाभास लिये बैठे थे कि दिद्दा की सत्ता का अब अंत होनेवाला है। राजवैद्य बहुत ही प्रसन्न थे। ऐसा कुछ तो नहीं था और अपनी दाढ़ी को हलके-हलके हाथों से सहला रहे थे। फाल्गुन उनके पास पहुँचे और उनका विचार जानना चाहा। फाल्गुन के चेहरे पर एक अजीब सी मुसकान थी, और वह कयास लगा रहा था कि उनके जीवन की काली अँधेरी रात अब जाने ही वाली है।

जब राजवैद्य ने यह घोषणा की कि दिद्दा सच में गर्भवती हैं, तो ऐसा लगा

कि चंद्रलेखा एवं फाल्गुन के पैरों के नीचे से जमीन खिसक गई हो और उनके पैर काँपने लगे। राजमाता की खुशियों का ठिकाना न रहा और उन्होंने खुशी के मारे अपने गले का हार निकालकर राजवैद्य को उपहारस्वरूप दे दिया। उन्होंने नाचते हुए सेवकों को आदेश दिया कि मिठाई लाई जाए और पूरे साम्राज्य में बाँट दी जाए। यह खबर जंगल में आग की तरह फैल गई कि कश्मीर के साम्राज्य को उसका उत्तराधिकारी मिलनेवाला है।

राजमाता ने चंद्रलेखा को आदेश दिया, 'महल में सब तरफ घी के दीये जलाए जाएँ, कश्मीर को एक नई तरह की रोशनी में नहाने दो, क्योंकि साम्राज्य को उसका उत्तराधिकारी मिलनेवाला है।' इस मौके पर, फाल्गुन को ऐसा लगा कि अब राजगद्दी उसके हाथों से फिसलनेवाली है। उसके जीवनभर का सपना कि वह कश्मीर की राजगद्दी पर बैठकर राज करेगा, उसकी आँखों के सामने से गायब हो गया। चंद्रलेखा की आँखों से भी आँसू रुकने का नाम नहीं ले रहे थे और वह गालों से होकर लगातार गिरे जा रहे थे। अपने को तिरस्कृत मान वह अपने कक्ष की ओर भागती हुई चली गई।

जब क्षेमगुप्त को यह समाचार मिला तो वे खुशी के मारे फूले न समाए। वे दिद्दा के कमरे में तेजी से गए, उसे गले लगाया और यह वादा किया कि वे दिद्दा की इच्छानुसार उसे सबकुछ देंगे, क्योंकि वह राजा एवं साम्राज्य को बहुत कुछ देने जा रही है।

शीघ्र ही दिद्दा राजमाता की दुलारी हो गई और राजा क्षेमगुप्त अब सातवें आसमान पर रहने लगे, हों भी क्यों न, क्योंकि दिद्दा ने उनके सपने को पूरा किया है। राजमाता ने अपनी बहू के आराम के लिए सारे इंतजाम कर दिए। अब वह स्वयं दिद्दा की हर इच्छाओं एवं जरूरतों का पूरा खयाल रखती थीं।

क्षेमगुप्त ने आदेश दिया कि रानी को एक पल के लिए भी अकेले नहीं रखा जाए; उनकी सेवा में हर समय पाँच-छह सेवक-सेविकाएँ हमेशा मौजूद रहें। उनके कक्ष को बहुत खूबसूरती से सजाया जाए और उसमें भगवान् श्रीकृष्ण एवं भगवान् शिव के सुंदर चित्र लगाए जाएँ। राजपंडित से प्रार्थना की गई कि वे हर दिन उनके पास जाकर उन्हें वेद, उपनिषद् व अन्य कहानियाँ सुनाएँ, जिससे गर्भ में पल रहे बच्चे के जीवन पर अच्छा गुणकारी प्रभाव पड़े। दिन-पर-दिन दिद्दा के प्रति उनके मन में प्यार बढ़ता गया।

पूरे साम्राज्य ने नई रानी के गोद-भराई कार्यक्रम का जश्न मनाया। पूरे साम्राज्य को रंगीन दीयों से सजाया गया और साम्राज्य के लोगों को इस कार्यक्रम में आमंत्रित किया गया। हर कोई इस समय का इंतजार कर रहा था। अब वह दिन आ गया था और जल्द ही कश्मीर को अपना राजकुमार मिल जाएगा। राजमाता ने इस अवसर के लिए विशेष इंतजाम किए थे। उन्होंने विभिन्न साम्राज्यों से विभिन्न संत-महात्माओं को आमंत्रित किया कि वे उनकी बहू को अपना आशीर्वाद दें। उन्होंने हजारों गायें भेंट में दीं और यह प्रतिज्ञा की कि साम्राज्य के उत्तराधिकारी के जन्म के पश्चात् वे महायज्ञ करेंगी।

साम्राज्य में हर कोई मृदंग की धुन पर नाच रहा था। संगीतज्ञों ने सुंदर-सुंदर राग बजाए और औरतों ने नए बालक के स्वागत में पारंपरिक गीत गाए। सारी तैयारियों के बीच, क्षेमगुप्त दिद्दा की ओर प्यार भरी नजरों से देख रहे थे। उन्होंने दिद्दा का हाथ पकड़ा और उससे पूछा कि उसे और क्या चाहिए। दिद्दा ने अपना दूसरा हाथ उनके हाथ के ऊपर रखा और कहा, 'हे राजन, आपने मुझे इतना प्यार एवं खुशियाँ दी हैं। मैं आपसे और क्या माँग सकती हूँ, पर एक चीज है, जो मैं आपसे आपकी जनता के हेतु माँगना चाहती हूँ।'

'क्यों नहीं दिद्दा, तुम जो चाहो, मैं तुम्हें वह सबकुछ दे सकता हूँ।'

दिद्दा ने कहा, 'अब मैं चाहती हूँ कि आपको ज्यादा गंभीरता से अपनी जनता का ध्यान रखना चाहिए। राजा सिर्फ अपनी जनता के लिए होता है। मैं चाहती हूँ कि आप उनके अच्छे राजा बनें, जैसे राजा राम और राजा विक्रमादित्य।'

राजा ने कहा, 'दिद्दा, तुम चिंता मत करो और राजकाज का सारा भार मुझपर छोड़ दो, तुम अपने भीतर पल रहे बच्चे की देखभाल करो।'

'अगर मैंने कुछ गलत कहा हो, तो मुझे माफ करें, पर मैं तो साम्राज्य की भलाई खासकर आपकी ही भलाई के बारे में कह रही थी। अगर आप इतना वादा नहीं कर सकते हैं, तो मुझे आज्ञा दीजिए कि मैं भी कभी-कभार साम्राज्य में घूमकर आऊँ, जिससे मैं जनता के सुख-दुःख में उनके साथ रहूँ।'

राजा ने कहा, 'दिद्दा, भगवान् बहुत दयालु हैं कि उन्होंने तुम्हें मेरे लिए भेजा। अपने गर्भ में बच्चे को पालते हुए, तुम अपनी जनता को नहीं भूली हो। एक रानी के साथ-साथ एक माँ के रूप में भी तुम्हारी क्षमताओं की मैं बहुत प्रशंसा करता हूँ। मैं वादा करता हूँ कि मैं तुम्हें ऐसा करने से कभी नहीं रोकूँगा।'

राजा ने शपथ ली। दिद्दा को जो चाहिए था, वह उन्हें मिल गया। हालाँकि, दिद्दा के मन में थोड़ी भी शांति नहीं थी। वे लगातार सोचे जा रही थीं, उनके दिमाग के घोड़े दौड़ रहे थे। उनके मन के भीतर यह चल रहा था कि वह ऐसे ही चीजों को हलके में नहीं ले सकतीं। दिद्दा साम्राज्य में एक पकड़ बनाना चाहती थीं, जल्द ही वे साम्राज्य के विभिन्न भागों में जाने लग गईं और नरवाहन उनके साथ होता था।

एक दिन जब वे शहर के भ्रमण पर निकली थीं तो उन्होंने देखा कि पूरा शहर खाली हो गया है। किसी ने भी उनका अभिवादन नहीं किया। किसी ने उनका नाम भी नहीं लिया। जब रानी ने नगर की इस स्थिति के पीछे का कारण जानना चाहा तो उन्हें पता चला कि राजा का एक पुराना सैनिक डाकू बन गया है। वह स्वयं को दुर्जन कहता है। वह और उसके आदमी लोगों को लूटते हैं, औरतों की इज्जत से खेलते हैं और जो भी उन्हें रोकने की कोशिश करता है, उन्हें मार डालते हैं। वह इतना खतरनाक था कि राजा के अपने आदमी भी उसे पकड़ नहीं पा रहे थे।

दिद्दा ने नरवाहन को बुलाया और कहा, 'शहर के चौराहे पर लिख दो कि अगर दुर्जन फिर से यहाँ आया तो वह उसकी जिंदगी का अंतिम दिन होगा। यह रानी का अपनी प्रजा से एक वादा है।'

नरवाहन ने जवाब दिया, 'पर रानी, आपको पता नहीं है कि वह कितना खतरनाक हो सकता है। मुझे लगता है कि आपको अपने फैसले पर पुनर्विचार करना चाहिए।' पर दिद्दा ने अपना फैसला बदलने से मना कर दिया और वह सूचना चौराहे पर चस्पाँ कर दी गई।

दुर्जन ने एक स्त्री खासकर रानी के द्वारा दी गई इस अपमान भरी चुनौती को स्वीकार किया। उसने जैसे ही यह सुना, वह तुरंत ही अपने दो-चार बदमाशों के साथ अगली शाम को वहाँ पहुँच गया। दिद्दा, नरवाहन एवं अपने दल के साथ पहले से ही उसका इंतजार कर रही थीं।

दिद्दा एवं दुर्जन के बीच युद्ध छिड़ गया। वह हार गया और उसे तुरंत ही हिरासत में ले लिया गया और राजा के समक्ष तुरंत ही पेश किया गया। साम्राज्य में हर जगह 'रानी दिद्दा की जय' के नारे लग रहे थे। लोग अब डर एवं दुर्जन के अत्याचारों से मुक्त थे।

राज्य की औरतें दिद्दा को धन्यवाद देने के लिए आईं। वे रानी के चारों ओर जमा हो गईं और रानी की सिर्फ एक झलक पाने के लिए खड़ी रहीं, क्योंकि रानी

उनके लिए एक तारणहार एवं प्रेरणा बनकर आई थीं। साम्राज्य अपनी रानी की और ज्यादा इज्जत करने लगा। वे उनके लिए देवी बन गई थीं, जिसमें दुर्गा देवी के सारे गुण थे। उनका विश्वास था कि माता पार्वती ने उनके लिए धरती पर दिद्दा के रूप में जन्म लिया है, क्योंकि उनमें भी देवी जैसे ही सारे गुण हैं, जैसे—उन जैसी ही सुंदरता, साहस एवं बुद्धि। दिद्दा भी लोगों से जुड़ गई थीं और उन्हें त्वरित न्याय देने का वादा किया और अगर जरूरत पड़ी तो दोषी का सिर भी धड़ से अलग करने की शपथ ली।

उनका डर इतना खतरनाक हो गया कि अधिकारी भी दिद्दा की बात करने के डर से काँपने लगते थे। धीरे-धीरे उनके बहुत सारे दुश्मन हो गए और न सिर्फ उन्हें अपितु राजा को भी मारने की कई कोशिशें की गईं। वे तो बचीं ही, साथ ही अपनी चतुराई एवं बुद्धिमत्ता से उन्होंने राजा की भी जान बचाई।

वहीं दूसरी ओर फाल्गुन बुरी तरह से परेशान था। उसने यह महसूस किया कि इस तरह धीरे-धीरे दिद्दा उसे पूरी तरह से बिना काम का कर देगी। फाल्गुन ने क्षेमगुप्त एवं अन्य वरिष्ठ मंत्रियों के समक्ष इसका विरोध भी किया और यह बात सामने रखने की कोशिश की जो काम दिद्दा कर रही हैं, वह मंजूर नहीं होगा। मंत्रियों के दल ने इस बात की पुष्टि की कि दिद्दा के कामकाज से मंत्रियों का अपमान हो रहा है और ऐसे में कोई भी इन मंत्रियों का सम्मान नहीं करेगा।

क्षेमगुप्त, जो आसानी से अपने पक्ष में किए जा सकते थे, वे इस बात से गुस्सा हो गए और उन्होंने दिद्दा को यह आदेश दिया कि वे अब से सार्वजनिक कामकाज के मामले में दखल नहीं देंगी। वे चाहते थे कि दिद्दा अपने आनेवाले बालक के भविष्य के बारे में सोचें। नरवाहन भी सही समय का इंतजार कर रहे थे और क्षेमगुप्त भी इस बात के लिए मान गए कि वे भेस बदलकर राजधानी का भ्रमण करके आएँगे। इतने सालों में यह पहली बार हुआ कि राजा अपनी राजधानी में घूमने के लिए गए, क्योंकि उन्होंने अपने राजकाज और अपने शासन के बारे में कभी कोई अच्छी चीज पहले कभी नहीं सुनी थी। हालाँकि, उन्हें पता था कि उनकी जनता एक राजा के रूप में कभी भी उनकी इज्जत नहीं करती।

क्षेमगुप्त को अपने कानों पर विश्वास नहीं हुआ, जब उन्होंने लोगों के मुँह से अपने लिए बातें सुनीं। राजा बनने के बाद पहली बार उनकी आँखें गर्व से चमक रही थीं। क्षेमगुप्त ने सुना कि लोग उसके शासन की तारीफ कर रहे हैं और साथ ही

यह भी सुना कि कैसे दिद्दा ने उनकी जिंदगी में अनूठा परिवर्तन किया है। उन्होंने इस बात का भी जिक्र किया कि दिद्दा ने न सिर्फ राजा के दिल में, अपितु लोगों के दिल में भी जगह बनाई है।

हालाँकि दिद्दा के बढ़ते प्रभाव से उनके दुश्मन एवं बुरा चाहनेवाले बढ़ते जा रहे थे, जिसमें जाना-पहचाना नाम था प्रधान मंत्री फाल्गुन। हालाँकि, प्रधान मंत्री फाल्गुन ने यह सोच लिया था कि वे इतनी जल्दी हार नहीं मानेंगे।

एक दिन चंद्रलेखा ने उनसे पूछा, 'पिताजी, अब हम क्या करेंगे?' पिता फाल्गुन के जवाब से वह चकित रह गई। फाल्गुन ने कहा, 'नहीं, अब मैं कुछ नहीं कर सकता। दिद्दा ने सारे खेल की बाजी अपने हक में पलट ली है। साम्राज्य का चक्कर लगाकर तो वह क्षेमगुप्त के और करीब आ गई है। अब यही हमारी किस्मत है। हमें अब इसे स्वीकार कर लेना चाहिए और इसी के साथ जीना पड़ेगा कि अब वो तुम नहीं हो जो राजा के दिल में रहती हो। दिद्दा ही असली रानी है और हमें उसे वही स्थान देना चाहिए। मुझे लगता है कि अब समय आ गया है कि हमने उनके साथ जो भी किया है, उन सब चीजों के लिए उनसे माफी माँग लें। चलो, थोड़ी मिठाइयाँ ले जाएँ और राजा और रानी दोनों से माफी माँगें।'

चंद्रलेखा को यह विश्वास ही नहीं हुआ कि उसके पिता इतनी जल्दी हार मान लेंगे, पर उसने अपने पिता के निर्णय को मान लिया और दिद्दा के सामने माफी माँगने के लिए तैयार हो गई।

जब फाल्गुन एवं चंद्रलेखा दिद्दा के कक्ष में गए तो उन्होंने देखा कि दिद्दा क्षेमगुप्त के पास बैठी थी और क्षेमगुप्त दिद्दा के पेट पर हलकी-हलकी मालिश कर रहे थे। जब राजा ने उन्हें आते देखा तो वे सीधे बैठ गए और पूछा, 'फाल्गुन, अब तुम दिद्दा की क्या शिकायत लेकर आए हो? इतना क्या जरूरी था कि तुम राजदरबार में मेरा इंतजार नहीं कर सकते थे?'

'हे राजन, मुझे माफ करें। आज मैं किसी शिकायत के साथ नहीं आया हूँ, हाँ! आज से पहले तक मैंने जो भी किया है, मैं आज आपसे उसकी माफी माँगने आया हूँ। अपनी बेटी के प्यार में मैं अंधा हो गया था, और मैंने दिद्दा को इस महल में स्वीकारा ही नहीं था। मैंने कभी भी उसकी इज्जत नहीं की, मैंने उसकी गोद-भराई के समय में भी उसे आशीर्वाद नहीं दिया था। मैं हमेशा अपनी बेटी के लिए आपका ध्यान आकर्षित करना चाहता था जिसके लिए मैं आज स्वयं को दोषी मानता हूँ।

मुझे इस बात का एहसास हो चुका है कि रानी दिद्दा कितनी दयालु एवं सहज प्रकृति की हैं। वे बहुत ही सुंदर हैं और उनमें साम्राज्य की देखभाल करने का साहस है और वे आपकी रानी बनी रहने का भी सारा हक है। यह मेरी गलती है कि मैंने उनके साथ ऐसा दुर्व्यवहार किया।'

वह अचानक क्षेमगुप्त के चरणों में गिर गया और माफी माँगने लग गया, 'हे राजन्, मैं यहाँ आपसे एवं रानीजी से क्षमा माँगने आया हूँ। मैं समझ गया हूँ कि दिद्दा चंद्रलेखा की ही तरह है। अब मैं समझ गया हूँ कि मुझे दूसरी बेटी भी मिल गई है। मुझे माफ करके आशीर्वाद दें और मुझे आज्ञा दें कि मैं आप दोनों को इस साम्राज्य को एक उत्तराधिकारी देने की खुशी में मिठाई खिलाऊँ, और हम लोग एक नई शुरुआत कर सकें।'

जैसे ही राजा मिठाई के समीप आए, दिद्दा को यह महसूस हो गया कि कुछ तो गड़बड़ है। वे आगे बढ़ीं और दिखावा करती हुई फाल्गुन के पैर पर चढ़ गईं और फाल्गुन के हाथों से सारी मिठाई नीचे गिर गई।

उसने मुसकराते हुए कहा, 'राजन्, मुझे माफ करें, लगता है मेरा पैर दरी में फँस गया।'

फाल्गुन को बहुत गुस्सा आया; क्योंकि दिद्दा अपना काम कर गईं और उसके इरादों पर पानी फेर दिया। वह गुस्से में कमरे से बाहर चला गया।

चंद्रलेखा कुछ भी नहीं समझ पाई, 'पिताजी, आप तो उनके पास इतनी विनम्रता के साथ गए थे, अचानक आपको इतना गुस्सा क्यों आ गया?'

'वह दिद्दा ही मेरे सारे दर्द का कारण है। मैंने कितनी अच्छी तरह से योजना बनाई थी, जिसमें राजा और दिद्दा दोनों ही उस जाल में फँस जाते। अगर उन्होंने मेरी दी हुई मिठाई खा ली होती, तो जहर खाकर दोनों मर गए होते। फिर उस गद्दी और मेरे बीच कोई नहीं होता। दिद्दा ने फिर से मुझे मात दे दी, अब मैं उसे छोड़ूँगा नहीं।'

फाल्गुन ने दिद्दा और उसके अजनमे बच्चे को कोख में ही मारने की कई बार कोशिश की, पर दिद्दा ने हर बार अपनी तत्परता और दिमाग का सही समय पर इस्तेमाल करते हुए दोनों की जान बचाई। उसने न सिर्फ फाल्गुन की हर योजना को मिट्टी में मिलाया, बल्कि क्षेमगुप्त की आँखों में अपने लिए और इज्जत कमाई।

जब यह खबर साम्राज्य में चारों ओर फैल गई कि रानी दिद्दा ने एक लड़के को जन्म दिया है, तो चारों ओर खुशी की लहर दौड़ पड़ी। दिद्दा ने अपना वादा

निभा दिया और क्षेमगुप्त का भी सपना पूरा हो गया और उन्हें राजगद्दी के लिए अपना असली उत्तराधिकारी मिल गया है। कश्मीर और पूरा शाही साम्राज्य राजसी आयोजनों में डूब गया। इन सारे इंतजामों को करने के लिए करीब एक लाख घोड़े एवं करीब एक हजार हाथियों को अलग-अलग साम्राज्यों से मँगाया गया। पड़ोस के सारे साम्राज्यों से सभी शाही परिवारों को इस उत्सव का हिस्सा बनने के लिए आमंत्रित किया गया। आयोजित होनेवाले भोज के लिए साम्राज्य के विभिन्न भागों से सुस्वादु पकवान बनाने के आदेश दिए गए। विश्व के विभिन्न भागों से विशिष्ट प्रकार के फूलों से साम्राज्य को सजाया गया। रानी को नहलाने के लिए उत्तर, दक्षिण, पश्चिम व पूर्व की विभिन्न सात पवित्र नदियों से जल लाया गया। उत्सव वाले दिन दिद्दा को सोने में तोला गया और वह सोना सारी प्रजा में बँटवा दिया गया। जच्चा-बच्चा को आशीर्वाद देने के लिए सारे प्रमुख पुजारियों को आमंत्रित किया गया। अभिनवगुप्त को विशेष रूप से आमंत्रित किया गया, जो नवजात शिशु को अपना आशीर्वाद देने के लिए आए। साथ ही इस अवसर पर संपूर्ण विश्व से कलाकारों, गायकों, नृतकों को शाही दरबार में अपनी पेशकश देने के लिए बुलाया गया। महायज्ञ आयोजित करने के लिए एक हजार आठ यज्ञकुंडों का निर्माण किया गया। बच्चे के नाना सिम्हराज भीमशाह के साथ अपने नवजात नाती को देखने के लिए कश्मीर आए।

सिम्हराज और श्रीलेखा अपनी बेटी का वहाँ इतना नाम देख-सुनकर बहुत ही खुश हुए। अपने नाती को देखते ही सिम्हराज को लोहार साम्राज्य की वह रात याद आ गई, जब वह अपनी बेटी को मारने जा रहे थे। माता-पिता दोनों ने ही अपनी बेटी दिद्दा को गले लगा लिया और बहुत देर तक गले मिल रोते रहे। सालों से दिद्दा के मन में बैठे गुस्से को माँ-बाप और दिद्दा के आँसुओं ने मिल यों ही बहा दिया। मातृत्व ने दिद्दा के व्यक्तित्व को एक नया रूप दिया।

शाही राजा ने मार्तंड के पास नए राजकुमार के जन्म के उपलक्ष्य में भीमाकेशव नामक मंदिर बनाया और उस बालक का नाम अभिमन्यु रखा। प्रसिद्ध वीर योद्धा अर्जुन के पुत्र का नाम भी अभिमन्यु था।

पता नहीं नियति में क्या लिखा था, क्योंकि जिस पुत्र का नाम अभिमन्यु रखा गया था, वह कश्मीर साम्राज्य को इस विषम परिस्थिति में आगे ले जा पाएगा अन्यथा नहीं या वह अपनी माँ के जीवन में कुछ नवीन कर पाएगा या नहीं, इस बारे

में अभी कुछ कहा नहीं जा सकता। किस्मत ने अभी दिद्दा के साथ आँखमिचौली करना नहीं छोड़ा था।

दिद्दा पूरी तरह से राजकुमार के लालन–पालन में खो गई थीं। तभी जिंदगी ने एक नया पासा फेंका। क्षेमगुप्त का फिर से मन किया कि वह आखेट पर निकले, वह बहुत साल से शिकार करने नहीं गया था। दिद्दा एवं बालक अभिमन्यु दोनों ही इस विचार के विपरीत थे, पर उसे लग रहा था कि उसे चले जाना चाहिए, अपने आखेट दल के साथ वह उत्तर में अल्पाइन के जंगलों के लिए निकल पड़ा। एक दिन अचानक एक बड़ी सी शेरनी ने राजा की ओर झपट्टा मारा। हर कोई सकते में था। इतने विशाल जानवर को मारने के लिए उस समय कोई भी तैयार नहीं था। क्षेमगुप्त अकेले ही शेर से लड़ता रहा और कुछ ही देर में उसने उसे मार गिराया।

राजा बुरी तरह से घायल हो गया और उसकी हालत दिन–प्रतिदिन बिगड़ती गई। उसे श्रीनगरम् से 50 किमी. पश्चिम की ओर बारामूला में क्षेममठ में रखा गया, जहाँ राजवैद्य उसकी देखभाल कर रहे थे। पर राजा की हालत दिन–प्रतिदिन बिगड़ती गई। राजा के सुरक्षाकर्मियों ने रानी के पास राजा की स्थिति बताने के लिए एक संदेशवाहक भेजा।

दिद्दा नरवाहन के साथ क्षेममठ में तुरंत आ गईं, जहाँ राजा का इलाज चल रहा था। शिविर के पास पहुँचकर अंदर जाना रानी के लिए बहुत कष्टप्रद था। रानी ने अपने पुत्र को छोड़ा और सीधे अंदर क्षेमगुप्त को देखने गईं, जो दुर्भाग्यवश अपनी अंतिम साँसें गिन रहे थे। शिविर में घुसते हुए जो कदम थे, उससे रानी की पूरी जिंदगी बदल जानेवाली थी और फिर उनके जीवन का हर क्षण दुखों से भरा था।

अपने पति को बुरी तरह से क्षतिग्रस्त देख दिद्दा के हृदय में अजीब सा दर्द उठ रहा था। अपने दर्द से जूझते क्षेमगुप्त ने दिद्दा को देखा और उनके चेहरे पर एक अनमनी सी मुसकान फैल गई। वे दिद्दा को देखते रहे और दिद्दा के बगल में बैठने की कोशिश करने लगे। दिद्दा को समझ नहीं आया कि वह कैसे क्या करे, उसे यह समझ ही नहीं आया कि उसका दर्द राजा के दर्द से अधिक है अथवा नहीं? दिद्दा को बहुत ज्यादा चिल्लाने का मन किया, क्योंकि क्षेमगुप्त ही एकमात्र ऐसा पुरुष था, जो उस वक्त खून से लथपथ होने के बावजूद उसे बहुत प्रेम करता था।

क्षेमगुप्त ने ऐसा कभी भी नहीं सोचा होगा कि दिद्दा ऐसे टूट जाएगी। उस क्षण क्षेमगुप्त को वह सारे पल फिर से आँखों के सामने धुँधले से घूमने लगे कि

कैसे वह दिद्दा से मिले, लोहारिन साम्राज्य में उसने कैसे समय बिताया, फिर उनकी शादी और वह सारी चीजें जो पिछले कुछ साल से वे साथ-साथ कर रहे थे। दिद्दा के साथ उन्होंने जिंदगी के सबसे अच्छे साल देखे।

क्षेमगुप्त दिद्दा के पास पहुँचना चाहते थे, पर पहुँच ही नहीं पाए और बीच में ही उनकी साँसों की लय टूट गई। दिद्दा का दिल बैठ गया और वह उस दर्द से व्याकुल हो गई, जब उसने देखा कि क्षेमगुप्त के हाथों से मांस गायब है। दिद्दा का चेहरा फक पड़ गया, उसने बहुत मजबूती के साथ अपने दाँत पीस लिये और उसकी आँखें खुली-की-खुली रह गईं और उनमें से आँसू लुढ़ककर उसके गालों पर गिरते रहे। उन क्षणों में उसने यह महसूस किया कि क्षेमगुप्त अपनी अंतिम साँसें ले रहे हैं। कुछ ही क्षणों में वह अपने हाथों से वह सब खो देगी, जो भगवान् ने उसे दिया था।

दिद्दा क्षेमगुप्त के पास गई और उनके हाथों में अपना हाथ रखा। दिद्दा के हाथ काँपने लगे, उनके रिसते गरम खून को छू दिद्दा का शरीर काँपने लगा। नरवाहन भी बहुत देर तक बाहर नहीं रुक पाया। उसने निर्णय लिया कि वह अभिमन्यु के साथ भीतर आएगा। एक मजबूत दिल होने के बावजूद नरवाहन वह दृश्य नहीं देख पाया और उसने अभिमन्यु को गले से लगा लिया।

क्षेमगुप्त ने बहुत ही कमजोर आवाज में दिद्दा से पूछा, 'क्या तुम मुझे बचा नहीं सकती?' यह उसका एक सीधा वाक्य भर नहीं था, बल्कि वह दिद्दा से जीवन की अभिलाषा लिये यह पूछ रहा था। दिद्दा को यह बात जल्दी समझ आ गई।

वह स्वयं को रोने से रोक नहीं पाई और उस दर्द को ज्यादा बरदाश्त भी नहीं कर पाई। उसे अपने पति को खोने का अपार दर्द था और वह दर्द चरम पर था। दिद्दा ने अपना सिर उठाकर भगवान् की ओर देखा, और अपनी मुट्ठी बाँधकर वह जोरों से चिल्लाई। वह इस तरह से पहले कभी नहीं रोई थी, उसे यह समझ ही नहीं आ रहा था कि वह इस बार किस प्रकार रोए, इसलिए वह विलाप करने लगी।

क्षेमगुप्त ने फिर कहा, 'क्या तुम मुझे बचा नहीं सकती?' पर इस बार यह कोई प्रश्न नहीं था।

राजा ने दिद्दा की उन बादाम सी आकृतिवाली खूबसूरत आँखों को, जो अभी सबसे बड़ी जंग लड़ रही हैं, को देखकर कहा, 'दिद्दा, मुझे जाना होगा।'

उसने दिद्दा का हाथ पकड़ा और कहा कि एक राजा के रूप में उसे अपनी

कमियाँ पता हैं। हालाँकि, उसे राजा नहीं बनाया जाना चाहिए, पर दिद्दा में उसे वह सारे गुण दिखते हैं, जो एक शासक में होने चाहिए।

उसने दिद्दा से कहा, 'यह मेरी अंतिम इच्छा और अंतिम आदेश है और मेरा प्यारा नरवाहन इन सबका गवाह है। दिद्दा कश्मीर की गद्दी की संरक्षिका होगी और वह सुनिश्चित करेगी कि सिर्फ सक्षम शासक ही शासन करे। जिस समय तक अभिमन्यु इस लायक नहीं हो जाता, वह यह सुनिश्चित करेंगी कि साम्राज्य की अखंडता वैसे ही कायम रहे। कश्मीर को पहले ही कितने अंदरूनी शत्रुओं ने बरबाद कर दिया है, इसलिए उसे सावधान रहकर अभिमन्यु को एक वीर, बहादुर राजा बनाना होगा। और, अगर वह इस लायक नहीं बन पाया, तो उसे राजा मत बनाना…दिद्दा, तुम उसे राज करने मत देना।'

दिद्दा रोए जा रही थी और उसकी आँखों से गालों पर आँसू लुढ़क रहे थे। अपनी बंद आँखों से उसने कहा, 'मेरे साथ ऐसा मत करो, मैं अभी युवती ही तो हूँ और मुझे आपकी आवश्यकता होगी।'

उसने बहुत प्यार से कई बार यह बात कही कि 'मेरे साथ यह मत करो।'

फिर चारों ओर एक सन्नाटा छा गया, क्योंकि क्षेमगुप्त कुछ कह ही नहीं रहे थे।

डरी-सहमी दिद्दा ने जो कुछ भी हुआ, उसे समझे बिना फिर कहा, 'मेरे साथ ऐसा मत करो…।' उसके भाग्य के अगले पन्ने बहुत ही कष्टकारी थे, जो चुपके से खुल चुके थे। संग्रामदेव का श्राप पूरा होता दिख रहा था।

नरवाहन स्वयं दुःख में डूबा था, पर वह रानी और राजकुमार दोनों को ही ढाढ़स बँधाने में लगा हुआ था।

□

बेबस दिद्दा के हाथ में कश्मीर की बागडोर

नरवाहन ने शाही सैनिकों को क्षेमगुप्त की मृत्यु का समाचार सुनाया। नरवाहन ने उन्हें यह भी बताया कि क्षेमगुप्त ने दिद्दा को अपने साम्राज्य का संरक्षक नियुक्त किया है और अभिमन्यु को आगामी राजा घोषित किया है। जल्दी ही वह क्षेमगुप्त के शव के साथ राजधानी के लिए प्रस्थान करेंगे।

उन विश्वासी सैनिकों में कुछ खबरी भी थे और यह खबर प्रधान मंत्री फाल्गुन तक पहुँच गई। राजा, जो उनके दामाद भी थे, के मरने की खबर से उसकी आँखों में फिर से चमक आ गई। एक बच्चे की तरह उसके दिमाग में कौतूहल जागा और उसने सोचा, 'क्या किस्मत ने उसे फिर एक मौका दिया है?' उसका दिल जोर-जोर से धड़क रहा था, क्योंकि उसे लगा कि गद्दी पर छाई वह धुंध छँट गई है, जो दिद्दा के आने से कश्मीर पर पड़ गई थी।

फाल्गुन अपने कक्ष के अंदर घूमता रहा और अपने सबसे विश्वासी सहायक चंद्रभान का इंतजार करता रहा, जिसने अपने सैनिकों के साथ प्रवेश किया। इन दुष्ट व्यक्तियों ने भीतर-ही-भीतर धोखेबाजी की कहानी रची, मारने की योजनाएँ बनाईं, लोगों के विरुद्ध बिना किसी कारण के जहर उगला और इसके पीछे राजगद्दी पाना ही सिर्फ एकमात्र लालच था।

चंद्रभान ने सिर झुकाया और वह चला गया। उसके आदेश स्पष्ट थे कि कोई जीवित बचने न पाए। फाल्गुन एक कुरसी पर बैठ गया और अपने दिल की धड़कनों को नियंत्रित करने की कोशिश करने लगा। उसे इतना पसीना आ रहा था, क्योंकि उसका दिमाग यह सोचने में लगा था कि उसके द्वारा मारने के लिए नियुक्त लोग वितस्ता नदी की तरफ जाकर अपना निशाना साधकर आएँगे। उसकी सोच को अचानक कश्मीरी रेशम से बने कपड़े ने माथे पर आकर भंग कर दिया।

उसके कारण वह कुछ भी नहीं देख पा रहा था, क्योंकि उसे बहुत धुँधला दिखाई दे रहा था।

वह चकित हुआ और उसने कहा, 'चंद्रलेखा!' क्योंकि उसने उसके दुपट्टे की खुशबू को पहचान लिया था।

'आप यह क्या कर रहे हैं? आप अब जान लेनेवाले क्यों बन गए हैं?' सच में वह चंद्रलेखा ही थी।

'तुम क्या देख नहीं सकती? यही तो भाग्य है, यह अब सितारों में लिखा हुआ है—यह मेरा अंतिम मौका है। तुम्हें पता है कि भगवान् ने मुझे यह अवसर दिया है। मैंने यह कभी नहीं सोचा था कि राजा मर जाएँ, क्या सच में मैंने ऐसा कभी सोचा था?' उसने अपनी आवाज में बहुत करुणा भर और आँखों में आँसुओं को भरकर यह कहा। घबराई हुई चंद्रलेखा ने अपने पिता की ओर देखा और वह समझ गई कि सत्ता के नशे में भरा व्यक्ति किस तरह पागल हो जाता है।

चंद्रलेखा की आँखों में दर्द देखकर फाल्गुन ने धीरे से कहा, 'मेरी प्यारी बेटी, अब तुम जल्दी ही रानी बनोगी।'

पट्टन के जंगलों में हवा बहुत धीमे-धीमे बह रही थी, और जैसे-जैसे श्रीनगरम् की ओर दिद्दा अपने मृत पति की देह एवं अपनी बांहों में अभिमन्यु को लेकर आ रही थी, तो उनके कानों तक कुछ खबरें आने लग गई थीं। हवाओं की ओर से जो खबरें आ रही थीं, उसे दिद्दा अभी समझ नहीं पाई थी कि उनके खिलाफ मोर्चा तैयार है, चालें चली जा चुकी हैं और उन्हें मारनेवाले आगे बढ़ चुके हैं। महल की ओर बढ़ते हर कदम के साथ दिद्दा अपनी आगे की जिंदगी के प्रति आशंकित थी, और अपने युवा राजकुमार के भाग्य को लेकर सोच में। कुछ ही घंटों में उसने स्वयं को फिर से जिंदगी के उस चौराहे पर खड़े देखा, क्योंकि क्षेमगुप्त के प्यार में वह यह सारी बातें भूल चुकी थी।

पिछले आठ साल में वह लोहार में बिताए अपने पूर्व के समय को भूल गई थी और साथ ही अपनी विकलांगता को भी। सिर्फ एक आघात ने उसके भाग्य से उससे सबकुछ छीन लिया, जो उसे लगता था कि बस उसका था। अपने अंदर खड़े लाखों सवालों के साथ दिद्दा ने अपनी यात्रा जारी रखी और अभी भी वह आनेवाले युद्ध के प्रति अनभिज्ञ थी, जो राजगद्दी प्राप्ति के लिए शुरू होनेवाला था।

सिपाहियों की बातों से उसका ध्यान भंग हुआ और दिद्दा ने अपना सिर

उठाकर ऊपर देखा। उसे कुछ सैनिकों ने बताया कि श्रीनगरम् से कोई दल आ रहा है। दिद्दा को इस बात का पक्का अंदाजा था कि यह खबर राजमहल तक पहुँच चुकी होगी और लोग अपने राजा का इंतजार कर रहे होंगे। पर लोगों की चीख और तलवारों की आवाज ने उस गहरी रात की चुप्पी को चीर दिया। दिद्दा ने जो भी सुना, उसे उसपर भरोसा नहीं था। वह थोड़ी परेशान भी हो गई, क्योंकि वल्जा अचानक आकर उससे लिपट गई। चूँकि सामने सिपाही घात लगाकर बैठे थे, इसलिए उसके सिपाही एक-दूसरे के ऊपर आकर गिर गए, सामने से युद्ध के लिए तैयार सेना के सामने सैनिक कमजोर पड़ गए। दिद्दा इस बात को लेकर बहुत हैरान थी, क्योंकि ऐसे समय पर आक्रमण हो, इस बारे में तो उसने सोचा ही नहीं था। वह जड़-सी हो गई। वल्जा ने उसे जोर से हिलाया और चिल्लाते हुए कहा, 'दिद्दा' खुद को बचाओ, अभिमन्यु को बचाओ।' वल्जा बार-बार चिल्लाती रही। अभिमन्यु की बात सुनकर वह अचानक से तिलमिला उठी। उसे समझ आ गया कि यह युद्ध राजगद्दी के लिए है और उसे मारने के आदेश दिए गए हैं। उसने अचानक देखा कि घोड़े पर सवार दुश्मनों का एक सिपाही वल्जा की ओर आ रहा है; उसे पता था कि अगर उसने कुछ नहीं किया तो अभिमन्यु को मार दिया जाएगा।

विक्रमसेन की बातें उसके दिमाग में घूमने लगीं। वह तलवार की ओर पहुँची और जोर से चिल्लाई और सैनिकों को धीरे-धीरे पीछे की ओर करती गई। दिद्दा उसकी तरफ आगे बढ़ने लगी और जब सामने से आता सैनिक उसके लिए पूरी तरह से तैयार नहीं दिखा, तभी दिद्दा ने उसपर वार कर उसका सीना चीर डाला। अपने सैनिक को गिरता हुआ देख अन्य सैनिक आश्चर्य में पड़ गए। उनके पास एक असहाय, रोती-धोती विधवा स्त्री को मारने के आदेश थे, जो स्वयं विकलांग थी और उसका एक छोटा सा बच्चा था। कानों को चीरती और गूँजती हुई एक आवाज काली रात के अँधियारे को चीरती हुई आगे बढ़ गई और दिद्दा की तलवार की धार के आगे कुछ देर के लिए सबकुछ रुक गया। पर अभी सब खत्म नहीं हुआ था। दिद्दा को पता था कि सिपाही अब थोड़ा धीरे-धीरे चलेंगे और किसी भी समय आक्रमण कर सकते हैं। इसी थोड़े से समय में दिद्दा को यह महसूस हुआ कि विक्रमसेन द्वारा सिखाई गई सारी चीजों का अब इस परीक्षा में इस्तेमाल करने का वक्त आ गया है। उसे विक्रमसेन की बातें याद आने लगीं कि 'हर कोई एक सिपाही की तरह बन सकता है, पर एक सैनिक का असली गुण यही है कि वह अपनी कला

को एकदम विपरीत परिस्थितियों में सही तरीके से इस्तेमाल करे।'

दिद्दा को ऐसे ही समय के लिए तैयार किया गया था और यही उसका पहला असली युद्ध था।

उन लोगों की योजना से अनभिज्ञ वह सैनिकों के बीच घुस गई। दिद्दा ने उन सैनिकों के बीच घुसकर धावा बोला, और एक-एक करके सबको मारना शुरू किया। वह बिजली की तरह कड़की और तूफान की तरह उनके बीच प्रवेश करके उन दुश्मनों को मार गिराया। दिद्दा उनका वध करते हुए आगे बढ़ती रही और उनकी तलवार जय की गाथा एक सुर में गाती रही। बाकी बचे हुए निष्ठावान सैनिक भौचक्के खड़े थे। उन्होंने अपनी असहाय रानी को उस अवतार में देखा, जिसकी उन्होंने कभी स्वप्न में भी कल्पना नहीं की थी।

वह रानी का 'रणचंडी' स्वरूप देखकर अचंभित थे। अभिमन्यु यह देखकर इतना डर गया था कि वह वल्जा की बांहों में छुप गया और और वहीं वल्जा की छाती गर्व से फूली नहीं समा रही थी। कुछ ही घंटों में वह सब राजा की मृत्यु के बारे में भूल गए; यह गद्दी की पुनर्प्राप्ति हेतु युद्ध था और एक विकलांग महिला एक योद्धा के रूप में परिणत हो चुकी थी। अपने दयाहीन होते भाग्य को इस तरह देख दिद्दा को लगने लगा कि अब उसका असली समय आ गया है।

अब सिर्फ पाँच लोग बचे थे और रानी के नेतृत्व में अब इन्होंने अपनी बाकी बची यात्रा शुरू की। उस काली रात में उसके वफादार सैनिकों ने सारे रास्ते यह बताया कि उनकी एवं छोटे राजकुमार की जिंदगी से खतरा अभी टला नहीं है।

उन्होंने बताया कि साम्राज्य में अभी भी ऐसे दरबारी हैं, जिन्हें राजा की असामयिक मृत्यु का दुःख है और वे इस बात से विचलित भी हुए हैं, पर कुछ लोग ऐसे हैं, जो इस समय का फायदा उठाना चाहते हैं। चूँकि राजगद्दी फिर से खाली हो गई है तो वे लोग सोच रहे होंगे कि गद्दी पाने का यह सबसे अच्छा मौका है।

हालाँकि उनकी राह में एक बाधा थी, जो उनसे सारी चीजें छीन सकती थी—वह थी दिद्दा। फाल्गुन ही एक व्यक्ति था, जिसके हाथ में सारी चीजों की कमान थी। उसने सारी साजिश रची, उसे एक रूप दिया और कमजोर लोगों के सामने गलत बातें रख अपने लिए सहयोग हासिल किया। उसे पता था कि अपने उद्देश्यों को पूरा करने के लिए और राजा बनने के लिए उसे पहले दिद्दा को रास्ते

से हटाना होगा और उसे यह भी पता था कि उसके सामने राजा बनने का यही एक अंतिम मौका है।

फाल्गुन ने अपने सहयोगियों के साथ दिद्दा के विरुद्ध अन्य दरबारियों के बीच एक हवा बनाने की कोशिश की। उसने यह बात हावी रखनी चाही कि उस महान् साम्राज्य की विरासत किसी विकलांग महिला के हाथों में नहीं जानी चाहिए, उसने कहा कि 'अगर वह अपाहिज महिला वापस आ गई तो वह राजगद्दी पाने की भरपूर कोशिश करेगी और हम सब दरबार में शक्तिहीन हो जाएँगे। वह नए लोगों को लोहार साम्राज्य से लेकर आएगी और उन्हें महत्त्वपूर्ण पदों पर नियुक्त कर देगी। गद्दी को दिद्दा से कोई बेहतर व्यक्ति चाहिए। इससे पहले कि वह साम्राज्य के लिए कोई दुर्भाग्य लेकर आए, उसे पहले ही रोक देना चाहिए।'

उसके साथ ही दिद्दा अपने जीवन में हुई इस हानि को लेकर सोचने लगी। वह भौचक्की रह गई और विभिन्न प्रकार के विचार उसके दिमाग में कौंध रहे थे। अपनी जिंदगी में जिस अकेले व्यक्ति ने उसे उसकी विकलांगता के बावजूद प्यार किया था, अब वह खो चुका था। ऐसे संकट की घड़ी में से उसने यह कठिन समय भी देखा। क्षेमगुप्त ने उसे जिम्मेदारी दी थी कि वह साम्राज्य की देखरेख करे। वह जोर-जोर से रोना चाहती थी, पर सैनिकों के सामने उसने अपना गांभीर्य बनाए रखा। उसे मजबूत होकर रहना था। अभिमन्यु, कश्मीर, राजगद्दी और दुश्मनों के साथ उसका संघर्ष अंतहीन था, उसे बहुत सारी चीजें एक साथ सँभालनी थीं।

फाल्गुन को इन सारी घटनाओं का पता था, जैसे युद्ध में सैनिकों की हानि। यही कारण था कि उसने दरबार को दिद्दा के विरुद्ध भड़काने की कोशिश की। जब दिद्दा महल में पहुँच गई, तो फाल्गुन के नेतृत्व में दरबारियों ने उसे और नरवाहन को दरवाजे पर ही रोक दिया। हालाँकि, वह जनता जो राजा और दिद्दा का इंतजार कर रही थी, इस प्रतिक्रिया से गुस्सा हो गई।

दरबार के एक मंत्री ने कहा, 'हम आपको महल में घुसने नहीं देंगे।'

अन्य मंत्री ने कहा, 'आप साम्राज्य के लिए एक बुरा साया हैं। आप राजा की जिंदगी में एक श्राप बनकर आईं। हम साम्राज्य को आपके कारण बरबाद होने नहीं देंगे। इस राजमहल से आप जाएँ, क्योंकि आप जैसे लोगों के लिए महल में कोई जगह नहीं।'

फाल्गुन ने आग में घी डालने का काम करते हुए कहा, 'मंत्रियो! आप सही कह

रहे हैं। इस औरत ने न तो राजा से प्यार किया, न ही उनके साम्राज्य से। इसे सिर्फ राजगद्दी से प्यार है और यह सत्ता इसके हाथ में आ गई है। सिर्फ यही कारण है कि यह वापस आ गई है।' इससे दरबारी और भड़क गए और उन्होंने तुरंत ही अपनी तलवार निकाली और दिद्दा पर आक्रमण करने के लिए उसकी ओर दौड़ पड़े।

दु:ख से भरी और शोक-संतप्त दिद्दा ने कहा, 'रुको! इंतजार करो! तुम लोगों को क्या हो गया है? तुम लोगों में कुछ शर्म बाकी है कि नहीं। अपने गुस्से में तुम कैसे सत्ता के लिए पागल हो सकते हो? क्या तुम्हारे मन में अपने राजा के प्रति थोड़ा सम्मान बाकी है? तुम तो उनके शव को भी अंदर आने नहीं दे रहे? क्या तुम्हारे राजा इसी लायक हैं? क्या इसी तरह तुम अपने दिवंगत राजा को अंतिम रूप से विदा करोगे? राजा तुम्हें ऊपर स्वर्ग में बैठ श्राप देंगे कि तुम लोगों ने उनके शव के साथ और पत्नी के साथ कैसा व्यवहार किया। मेरी बात मानो, तुम्हारे आज के कर्म से तुम्हारा कल प्रभावित होगा। फिर तुम सिर्फ पछताने के अलावा कुछ और नहीं कर पाओगे।'

मंत्री उनकी बातों से अचंभित हो गए। उन्होंने यह बात मान ली और फाल्गुन ने भी एहसास किया कि दिद्दा ने बिना कोई उँगली उठाए उसे फिर से शब्दों के जाल से मात दे दी है।

फाल्गुन ने अन्य आश्वस्त सहयोगियों की ओर से कहा, 'अगर आप प्रवेश करेंगी तो आपको मौत का सामना करना पड़ेगा।'

नरवाहन ने उसकी बात को बीच में काटते हुए कहा, 'तुम्हारी हिम्मत कैसे हुई कि तुम रानी को धमकाओ? मेरी तलवार तुम्हारा सिर धड़ से अलग कर देगी।'

'तुम जरूर मेरी गरदन अलग कर सकते हो, पर तुम दिद्दा को इस प्रथा के जरिए मरने से रोक नहीं पाओगे।'

'किस प्रथा की बात कर रहे हो?'

'सती। हर रानी को अपने मृत पति के साथ उनकी चिता में जिंदा जल जाना होता है। अगर आप महल में प्रवेश भी कर गए तो वे इस प्रथा से वंचित नहीं हो पाएँगी।'

'दिद्दा सती कैसे हो सकती हैं? राजा ने उन्हें अपनी राजगद्दी की संरक्षिका बनाया है। रानी ने भी उन्हें वचन दिया है कि वे राजगद्दी की देखरेख करेंगी।'

'राजा भी यहाँ तक रीति-रिवाजों और कानून से बँधे हुए हैं। अब यह रानी पर है कि वे अपने पुत्र को साथ लेकर साम्राज्य को छोड़ें और अपने वे सारे अधिकार त्यागें, जो गद्दी पर या राजा को लेकर हैं या महल में इस प्रथा को पूरा करने के लिए प्रवेश करें।'

रानी ने कहा, 'मुझे मंजूर है। मैं सती हो जाऊँगी। पर तुम्हें भी यह सुनिश्चित करना होगा कि एक बार जब मैं महल में प्रवेश कर जाऊँ तो तुम इस बात का ध्यान रखोगे कि मैंने अपने स्वामी से जो भी वादा किया है, तुम उसका ध्यान रखोगे। तुम मेरे बेटे अभिमन्यु का तब तक ध्यान रखोगे, जब तक वह राजा बनकर गद्दी सँभालने लायक न हो जाए। तुम उसका अपने नाती की तरह ध्यान रखोगे।' दिद्दा ने फाल्गुन से यह वादा करने की माँग की।

फाल्गुन ने यह महसूस किया कि यह एक सुनहरा मौका है। ऐसा करने से समस्या समाप्त हो जाएगी। दिद्दा के बाद कोई समस्या नहीं होगी। उसका बेटा यह सब समझने के लिए अभी बहुत छोटा है।

फाल्गुन ने मन-ही-मन मुसकराते हुए यह सोचा—मेरा सपना पूरा होने जा रहा है। अंततः अब मैं राजा बन जाऊँगा।

फाल्गुन ने जवाब दिया, 'मैं तुम्हें आश्वस्त करता हूँ दिद्दा। राजा के अंतिम शब्द मेरे लिए बहुत महत्त्वपूर्ण रहेंगे। मैं यह सुनिश्चित करता हूँ कि आपका बेटा अच्छे से पले-बढ़े और एक योग्य राजा बनेगा।

परेशान नरवाहन ने दिद्दा से कहा, 'आप इतना संवेदनशील न बनें। अपनी संवेदनाओं के कारण होश न गँवाएँ। आप सती हो ही नहीं सकतीं। आप हमें छोड़कर नहीं जा सकतीं। दिद्दा, कश्मीर का भविष्य आपके हाथों सुरक्षित है। कृपया इस बारे में सोचें।'

दिद्दा ने नरवाहन से यह कहते हुए महल में प्रवेश किया, 'नरवाहन, मैंने इस बारे में सोच लिया है। अगर यही प्रथा है तो मैं इस प्रथा का निर्वहन करूँगी।'

अगले दिन दाह-संस्कार हेतु सारी तैयारियाँ की जाने लगीं। वह रात दिद्दा के जीवन की सबसे भयंकर रात थी। वह महल उसे काट खाने को दौड़ रहा था। उसके मन में भयंकर अशांति थी। बिना क्षेमगुप्त के वह महल एक उजाड़ लग रहा था।

अगली सुबह क्षेमगुप्त के दाह-संस्कार हेतु चिता तैयार थी। ऐसा लग रहा था कि सारा साम्राज्य राजधानी में अपने राजा के अंतिम दर्शन हेतु जमा था। पूरा

वातावरण कश्मीर के लोगों के रुदन से भर गया था, वे अपने प्रिय राजा के जाने के गम में दु:खी थे। वे राजा जो अपनी प्रजा को अब पसंद करने लग गए थे, और हाल ही में दिद्दा से ब्याह कर उन्होंने जनता के बीच खुशियाँ भर दी थीं, अब अचानक वे उन्हें छोड़कर चले गए और एक खाली स्थान छोड़ गए।

समय आ गया था। पंडितजी ने अभिमन्यु को आगे आने के लिए कहा और पिता की चिता में आग देने को कहा। नन्हा अभिमन्यु नरवाहन के साथ आने लगा। पंडितजी ने उसे कलश दिया। उन रीतियों से अनभिज्ञ अभिमन्यु ने चारों ओर देखकर अपनी माँ को देखा जो अभी कहीं दिखाई नहीं दे रही थी। वह डर के मारे रोने लगा। नरवाहन ने उसका हाथ पकड़ा और उसे परिक्रमा या चिता के चारों ओर घूमने में पूरी मदद की।

अभिमन्यु के हर चक्कर के साथ, भीड़ उतनी ही जोर से रोने लगी। फाल्गुन को छोड़कर हर किसी की आँख में आँसू थे। उसकी आँखें उस क्रूर खेल में बहुत खुशी से चमक रही थीं। लोग उस युवा राजकुमार के लिए सीना फाड़-फाड़कर रो रहे थे। यह देखकर कि इतनी कम उम्र में कि उसपर डर एवं दु:खों का पहाड़ टूट पड़ा है, लोगों के रोंगटे खड़े हो रहे थे।

'उसे अपने कंधे पर इतनी कम उम्र में सारे साम्राज्य का बोझ उठाना पड़ रहा है। किसने सोचा होगा कि इतनी कम उम्र में उसे अपने पिता के मृत शरीर का बोझ भी उठाना पड़ेगा?'

'भगवान् ने इस बच्चे का भाग्य कितना बुरा बनाया होगा? जिस शब्द का उसे अर्थ भी नहीं पता, इतनी कम उम्र में ही वह अनाथ हो गया।'

भीड़ आपस में बोलती रही, 'जब यह बालक गद्दी पर बैठे तो ऐसा हो कि भगवान् उसे सभी मुश्किलों से दूर रखे, क्योंकि यह अपनी माँ जैसा ही अच्छा है।'

फिर वह क्षण आया जब पंडितजी ने शाही सेना को आदेश दिया कि राजा के सम्मान में आगवाले तीर छोड़ें। जिस समय चिता जल रही थी, उस समय हर तलवारधारी की तलवार सम्मान में नीचे झुकी रही।

अब वह समय आ गया था जब रानी को सती होना था। राजा क्षेमगुप्त की पहली पत्नी होने के कारण चंद्रलेखा को पहले सती होना था।

उसे पता था कि यह उसके पिता ही हैं, जो लालच से भरे हुए हैं, जिसने उसे इस अंत तक पहुँचाया है। फिर भी उसे पूरा विश्वास था कि उसके पिता उसे मरने

नहीं देंगे। वह उसे इस धधकती आग में जाने से बचा लेंगे, यह तो सिर्फ एक नाटक था कि दिद्दा से छुटकारा पाया जा सके। वह उसे पहले मार देंगे।

चंद्रलेखा चिता तक पहुँचते-पहुँचते यह सब सोच ही रही थी। वह जैसे-जैसे वहाँ पहुँचने लगी तो धीरे-धीरे चलने लगी और निराशा में भरकर अपने पिता की आँखों में देखने लगी। उसे अपने बचपन का वह समय याद आ रहा था, जब उसके घर को दुश्मनों ने जला दिया था और उन्होंने अपनी जान पर खेलकर उसे बचाया था। उसे याद आ रहा था कि उन्होंने उसे हर चीज देने का वादा किया था। उन्होंने उसे राजा की मंगेतर बनाया, फिर उनसे उसकी शादी की, उसे रानी बनाया और उसकी स्थिति बनाए रखने के लिए हर कुछ करने की कोशिश की।

'पिताजी, मैं आपसे बहुत प्यार करती हूँ, आपने मुझे पूरी जिंदगी बचाया है। कृपया, अब भी कुछ करें। मुझे इस मुसीबत से भी अभी बचाइए।' ऐसा लग रहा था कि वह फाल्गुन के सामने रोए जा रही थी। पर फाल्गुन की आँखों में सिर्फ लोभ था। प्रेम ने विपत्ति को जन्म दे दिया था। उसे सिर्फ मुकुट से मतलब था। उसकी बेटी उसे जीते जी यह करने में मदद नहीं दे पा रही थी, पर उसकी मृत्यु से उसे वह जरूर मिल जाता।

पिता भी भीतर-ही-भीतर रो रहे थे, पर उसके भीतर का राजनीतिज्ञ विजय की आस में फूले नहीं समा रहा था। वैसे तो उसकी आँखों से आँसू गिरे जा रहे थे, पर उसकी आँखों को देखकर चंद्रलेखा को यह महसूस हुआ कि उन्होंने उसे जो भी प्यार किया था, वह सब झूठा था। उन्होंने उसे सिर्फ प्यादे की तरह इस्तेमाल किया कि उन्हें गद्दी मिल सके। वह यह धोखा देखकर बिखर सी गई, और पल भर में ही अपने पिता के लिए उसका प्यार खत्म हो गया। अपने पिता जिसे उसने अपने रक्षक के रूप में देखा था, उसके भक्षक बन गए। उसके जिंदा रहने का कोई उद्देश्य नहीं बचा था, इसलिए वह आग की लपटों में कूद गई।

अब दिद्दा की सती होने की बारी थी। जैसे ही वह आग के पास पहुँची, भीड़ उसे रोकने के लिए चिल्लाने लगी। नरवाहन ने भी उसे रोकने की कोशिश की। नगर की सारी औरतें रोने लग गईं और उन्होंने वह किलेबंदी भी तोड़ डाली और अंतिम बार रानी से मिलने के लिए उनकी ओर दौड़ पड़ीं। उन्होंने इस क्रूर परंपरा पर शोक जताया और औरत की किस्मत पर प्रश्न उठाने लगीं। वे रानी के और पास जाकर उन्हें रोकने की पूरी कोशिश करने लगीं। रानी एक मजबूत स्तंभ

रही हैं, और साथ ही एक अन्वेषक रही हैं। वे उन रस्मों को भी बदल सकती थीं। औरतों की भीड़ उन्हें आवाज देती रही, पर फाल्गुन के आदमियों ने उन्हें धक्का मारकर पीछे कर दिया।

दिद्दा चिता के सामने रुक गई और पीछे मुड़ गई।

उसने कहा, 'मैं जानती हूँ कि यह एक रस्म है। यह रस्में तो मनुष्यों ने ही बनाई हैं, किसी अन्य तरीके से तो यह नहीं बनी हैं। लोग पहले आते हैं, और यह बात स्पष्ट है कि जनता को रस्मों से ज्यादा मेरी जरूरत है। मैं यहाँ यह निर्णय लेती हूँ कि मैं अपनी जिंदगी का इस तरीके से बलिदान नहीं दूँगी। मैं सती नहीं होऊँगी। मैंने राजा को वचन दिया था कि मैं उनके पुत्र का ध्यान रखूँगी और उनके साम्राज्य का भी ध्यान रखूँगी और अब मैं ऐसा ही करूँगी।'

इस पर फाल्गुन ने जवाब दिया, 'पर तुमने यह वादा किया था कि तुम सती हो जाओगी, और मैंने तुमसे कहा था कि तुम चिंता मत करो, मैं तुम्हारे बेटे का ध्यान रखूँगा। मैं उसका बहुत अच्छे से ध्यान रखूँगा।'

'आप एक बाप होते हुए अपनी बेटी को अपने सामने मरने से रोक नहीं पाए, आप मेरे बेटे की रक्षा कैसे करेंगे?'

फाल्गुन ने यह महसूस किया कि दिद्दा ने उसे फिर से निरुत्तर कर दिया है। उसे समझ ही नहीं आ रहा था कि वह क्या कहे और क्या करे। एक और दमदार बात कहकर दिद्दा ने उसके सपनों पर फिर से पानी फेर दिया। फाल्गुन ने अपनी तलवार निकाली और अपने आदमियों को आदेश दिया कि वह उस नमकहराम दिद्दा की हत्या कर दे। अपराधी एवं वफादार फिर से भिड़ गए, राजमहल दोनों जबरदस्त दिमागवाले लोगों की ओर से प्यादे के रूप में उन लोगों के खून से रँग गया। नरवाहन ने दिद्दा और अभिमन्यु को सुरक्षा घेरे में भेज दिया और फाल्गुन के विरुद्ध कमान सँभाल ली। शाम ढलते-ढलते फाल्गुन ने यह महसूस किया उसके पास पीछे हटने के अलावा कोई और रास्ता नहीं है और वह महल में से अपने बचे हुए लोगों के साथ भाग गया। दाह-संस्कार की क्रिया पूरी हुई और दिद्दा ने एक अभिभावक और राज-प्रतिनिधि के रूप में साम्राज्य की जिम्मेदारी सँभाल ली।

□

मंदिर में घात एवं नई राजसेना का गठन

दिद्दा अब लगातार राजनीतिक और कूटनीतिक रणनीतियों के निर्माण में लगी हुई थी। उसकी और पुत्र अभिमन्यु की जान को खतरा पहुँचाने के उद्देश्य से दुश्मनों द्वारा रचे सभी षड्यंत्रों को उसने उलटकर रख दिया था। पर खतरा पूरी तरह से टला नहीं था।

एक दिन मध्यरात्रि के समय उसके वफादार रक्षक उसके कक्ष में आ घुसे और उसे सूचित किया कि राजमहल एवं शहर के एक भाग में आग लग गई है। उन्होंने उसे यह भी बताया कि फाल्गुन ने अपने कुछ वफादारों के साथ मिलकर उसे मारने की योजना बनाई होगी। उस रात दिद्दा ने यह महसूस किया कि उसे हमेशा ही युद्ध के लिए तैयार रहना चाहिए, क्योंकि उसके पुत्र एवं उसकी जिंदगी में हर समय यह खतरा बना रहेगा। उसने जल्द ही अपने साम्राज्य के प्रबंधन के लिए नए मंत्रियों एवं गुर्गों की नियुक्ति की। उसने नरवाहन को नया प्रधान मंत्री एवं कश्मीरी सेना के सेनापति के रूप में नियुक्त किया।

दिद्दा अब सब पर शक करने लग गई। इसी बीच उसने अपने पुत्र को नया राजा बनने हेतु प्रशिक्षण देना शुरू किया। उसका एकमात्र उद्देश्य यह था कि वह क्षेमगुप्त से किए हुए अपने वादे को पूरा करे। जब अभिमन्यु राजगद्दी के लिए तैयार हो जाए, तब वह सांसारिक दुनिया को छोड़कर संन्यासिन बनना चाहती थी। जल्द ही उसका डर मूर्त रूप लेने लगा, क्योंकि बहुत जल्द ही उसे सामने से चुनौती स्वीकारनी थी।

अपने साम्राज्य की बाहरी सीमा पर स्थित पद्मास्वामिन मंदिर की यात्रा के दौरान उसे उसी के रिश्तेदारों के द्वारा बनाई गई सेना ने चारों ओर से घेर लिया।

यह दिद्दा के साथ होनेवाला पहला विश्वासघात था, क्योंकि उसने वहाँ क्षेमगुप्त की बहन के पुत्रों महिमन एवं पटाल को देखा, जो उस सेना का नेतृत्व कर रहे थे। उन्होंने अपनी सहायता के लिए ललितादित्यपुर से ब्राह्मण सेना को एकत्र कर रखा था।

दिद्दा ने अपने बेटे को मठ या झोंपड़ी में सुरक्षित रख दिया, जहाँ ब्राह्मण उनके कुछ शाही रक्षकों के साथ रहते थे, पर बाद में वह उनके साथ खरीद–फरोख्त करने लग गए। इस खरीद–फरोख्त के दौरान वह कुछ समर्थकों को खरीदने में और अन्य को किसी प्रकार से खुश करने में सफल हो गई। इस स्थिति का समाधान कर लिया गया।

जब रानी दिद्दा ने फाल्गुन को साम्राज्य से निर्वासित कर दिया तो वह भागकर उत्तर–पूर्व में चला गया। वह अपना सबकुछ खो चुका था। वह इस बात को भूल नहीं पाया था कि वह एक औरत से हार गया है, और वह भी एक विकलांग औरत से, जो उससे छोटी थी—उम्र में भी और अनुभव में भी। दिद्दा अभिनवगुप्त की करीबी रही है, इस बात को याद कर उसके मन में डर एवं घबराहट और बढ़ गई।

हालाँकि फाल्गुन ने इस हार के बाद भी हार नहीं मानी और एक बार फिर से दिद्दा के विरुद्ध राज्य से दूर रहकर षड्यंत्र रच डाला।

क्षेमगुप्त के दोनों भानजे—महिमन एवं पटाला—महल की चारदीवारी के भीतर रहने लगे थे। धीरे-धीरे फाल्गुन ने दोनों के साथ संबंध बनाने शुरू किए। फाल्गुन ने उनसे छिप–छिपकर मिलना शुरू किया और उनके मन में विरोध के बीज डाले और इस बात के लिए मना लिया कि वे भी राजगद्दी के सशक्त दावेदार हैं।

महिमन एवं पटाला को हिम्माका नाम का एक तुर्की राजनीतिक सहयोगी मिला और उन लोगों ने मिलकर दिद्दा के विरुद्ध तख्ता–पलट का खेल रचा। वहीं दूसरी ओर दिद्दा ने पहले से ही बहुत बड़ा खतरा भाँप लिया था, इसलिए उन्हें साम्राज्य से निकाल बाहर किया। महिमन एवं पटाला को अपने ससुर राजा शक्तिसेन के शासन में शरण मिल गई। हालाँकि, दिद्दा ने शक्तिसेन को उसके विरुद्ध कोई भी काररवाई करने के लिए चेता दिया था, पर शक्तिसेन ने इस बात पर कोई ध्यान नहीं दिया।

हालाँकि महिमन ने षड्यंत्र रच लोगों को यह बात समझाई कि जो भी साम्राज्य जब किसी महिला, बच्चे या किसी बेकार राजा द्वारा शासित होता है, तो वह अंतत: बरबाद हो जाता है। उन्होंने लोगों को समझाया कि अगर दिद्दा को राजगद्दी से नहीं

हटाया गया, तो मुसलिम आक्रमणकारी पूरे साम्राज्य को बरबाद कर देंगे। ब्राह्मण समुदाय उसकी बातों को मानने लगा और धीरे-धीरे लोगों ने रानी के विरुद्ध आवाज उठानी शुरू कर दी।

एक दिन रानी देवी पद्मास्वामिन मंदिर में अर्चना करने के लिए गई। उसका पाँच साल का पुत्र अभिमन्यु, नरवाहन और करीब पचास सैनिक उनके साथ थे। रानी को इस बात का आभास भी नहीं था कि मौत उनका रास्ता देख रही है। वैसे भी मंदिर ही आखिर में एक ऐसी जगह मानी जाती है, जहाँ कोई आक्रमण कर सकता है। मंदिर के अंदर किसी भी प्रकार का हथियार ले जाने की अनुमति नहीं थी, इसलिए नरवाहन ने गोपुर के समीप रुकने की सोची। जैसे ही, रानी ने मंदिर में प्रवेश किया, उन्होंने खतरे को भांप लिया। उन्हें मंदिर के प्रांगण में कुछ श्रद्धालुओं की भाव-भंगिमा को देखकर कुछ एहसास हुआ। वे सामान्य व्यक्तियों के बीच में बहुत ज्यादा अनुशासनप्रिय दिख रहे थे, भगवती की पूजा करने के बदले वे सचेत व चारों ओर देख रहे थे। रानी ने बिना शक की सुई घुमाए चारों ओर देखा और यह महसूस किया कि मंदिर के प्रांगण के अंदर ही करीब 500 लोग उनपर आक्रमण करने के लिए तैयार खड़े थे।

उन्होंने यह महसूस किया कि फाल्गुन ही उनके विरुद्ध इस तरह का कोई षड्यंत्र रच सकता है। वह नरवाहन के पास वापस आईं और अपने पचास सैनिकों के दल को देखा, उन्हें यह पता था कि अपने दुश्मनों पर आक्रमण करने का यह सबसे सही समय नहीं है। यह एक खतरनाक निर्णय हो सकता था। नरवाहन ने रानी की ओर देखा और समझ गया कि उनके दिमाग में क्या चल रहा है।

उन्होंने सबको सुनाने के लिए जोर-जोर से कहा, 'नरवाहन ने इन सालों में साम्राज्य की बहुत सेवा की है। इनकी तलवार ने साम्राज्य की अब तक बहुत सेवा की है। मैं उनकी तलवार के साथ इस साम्राज्य की सुरक्षा के लिए भगवती के समक्ष प्रार्थना करना चाहती हूँ। मैं यह तलवार अपने बेटे के हाथों में रखना चाहती हूँ कि जब समय आए, तो बड़ा होने पर वह नरवाहन की तरह साहसी बने।' उन्होंने नरवाहन की तलवार ली, अपने पुत्र को उठाया और मंदिर के प्रांगण की तरफ चलने लगीं।

दिद्दा इतनी चालाक थीं कि उन्होंने अपने आसपास फैले आक्रमणकारियों को पहचान लिया। वह आसानी से उनके सेनानायक को पहचान गईं, जो अलग-अलग

लोगों पर अपनी नजर रखे हुए थे।

जैसे ही नरवाहन ने रानी को मंदिर में प्रवेश करते देखा, उसने अपने एक सैनिक को रानी के पास रहने का आदेश दिया। आक्रमणकारी नेता नरवाहन को बिना हथियार देख आश्वस्त थे। रानी ने आक्रमणकारी के चेहरे पर आश्वस्त होने के भाव पढ़ लिये और वे भी इस बात से निश्चिंत हो गईं कि जरूर वह ही उनका सेनापति है।

वे मंदिर के अंदर की ओर चलती गईं और मुख्य मंदिर के इलाके में पहुँचीं, उन्होंने देखा कि वहाँ पहलेवाले पुजारी ही हैं। हालाँकि, उन्होंने पहले जैसी इज्जत एवं अपनापन नहीं दिखाया। इससे रानी को यह समझने में ज्यादा देर नहीं लगी कि पुजारी भी षड्यंत्र का हिस्सा हैं। हालाँकि, उन्होंने गांभीर्य बनाए रखा। रानी ने अपने बेटे अभिमन्यु के साथ आरती पूर्ण की। पुजारी ने उनकी तलवार की पूजा की और रानी ने भगवती को प्रसाद अर्पित किया। दिद्दा धीरे से पुजारी के पास इस तरह से पहुँचकर खड़ी हुई कि वह उनके कहे को सुन सके।

मंदिर में पुजारी के पूजा कराने के बाद उन्हें दक्षिणा या दान देने की एक प्रथा थी, जो उन्हें भक्तों के बदले भगवती की पूजा कराने के बदले मिलती थी। रानी ने पुजारी से पूछा, 'आप मेरे बेटे के जीवन को बचाने के लिए दक्षिणा में क्या लेना चाहेंगे?' पुजारी अचंभित हो गया। उसका चेहरा पीला पड़ गया। रानी ने उससे कहा कि उन्हें पता है कि मंदिर के प्रांगण में क्या हो रहा है। उन्होंने आगे कहा कि वह अपने पुत्र को मंदिर के मुख्य प्रांगण के भीतर छोड़कर जाएँगी और पूजा करने के बाद परिक्रमा करने के लिए बाहर निकलेंगी।

दिद्दा ने पुजारी को चेताते हुए कहा, 'मुख्य मंदिर को बंद करें और मेरे अगले आदेश तक इसे न खोलें। मेरे बेटे को सुरक्षित रखें और इसके बदले मैं आपको इतना सोना दूँगी कि आपका पूरा घर भर जाएगा। पर अगर आप दुश्मनों से मिले, तो मैं आपको माफ नहीं करूँगी।'

रानी ने साथ में फिर कहा, 'मैं आपके पास अपना बेटा इसलिए छोड़कर जा रही हूँ, जिससे आप यह निर्णय ले सकें कि आप स्वयं को एक बच्चे की हत्या से दूर रखना चाहते हैं या उस पाप का भागीदार बनना चाहते हैं।' पुजारी किनारे हो गए और रानी के आदेश को मानने के अलावा उनके पास कोई दूसरा विकल्प नहीं था।

दिद्दा ने उन्हें आदेश दिया कि वह उनके पुत्र के साथ हर कीमत पर भीतर रहें और स्वयं परिक्रमा करने के लिए बाहर निकल गई, क्योंकि एक माँ अपने पुत्र

को बचाने के लिए प्रतिबद्ध थी। रानी ने मंदिर की तीन बार परिक्रमा की, और यह घोषणा की कि वह अपने बेटे के लिए विशेष आशीर्वाद माँगने के लिए 108 बार परिक्रमा करेंगी। उन्होंने इस प्रकार परिक्रमा करनी शुरू की, जैसे वह अपने पुत्र की सुरक्षा के लिए गर्भगृह के भीतर सुरक्षा की रचना कर रही हों। बागी नेताओं और उनकी सेना के पास रानी की पूजा-अर्चना पूरी कर बाहर आने का इंतजार करने के अलावा कोई अन्य विकल्प नहीं था।

हालाँकि दिद्दा ऐसा करके किसी तरह सिर्फ अपना समय निकाल रही थीं कि समय रहते उनकी सेना वहाँ पहुँच जाए। उन्हें अच्छे से पता था कि अपनी सेना के बिना वह अपने दुश्मनों पर आक्रमण नहीं कर सकतीं। इसलिए, उन्होंने अपने उस लँगड़े पैर के साथ धीरे-धीरे अपनी परिक्रमा चालू रखी। चारों ओर तनाव एवं चिंता का माहौल था। विद्रोही आक्रमण के लिए तैयार थे, पर वे तब तक कुछ नहीं कर सकते थे, जब तक कि रानी मंदिर के अहाते में थीं। उन्हें रानी के बाहर आने का इंतजार करना ही था, और उनमें बेचैनी बढ़ती जा रही थी।

अचानक, दिद्दा ने देखा कि महिमन एवं पटाला मंदिर में प्रवेश कर रहे हैं। दिद्दा के भीतर की आवाज ने उन्हें चेताया कि वे छोटे राजकुमार को मारने के उद्देश्य से मंदिर में प्रवेश कर रहे हैं। बिना किसी उत्तराधिकारी के दिद्दा को राजगद्दी से उतरना पड़ेगा। दिद्दा ने जैसे ही अपने पुत्र के दुश्मनों को देखा, तो उनके भीतर आग लग गई, पर जल्द ही स्वयं को सँभाला। वे उनकी अपने पुत्र से एक दूरी बनाए रखना चाहती थीं, इसलिए वे उनकी ओर चलकर आने लगीं।

दिद्दा नियुद्ध थीं-ऐसी कला, जिसमें बिना किसी हथियार के सिर्फ अपने शरीर एवं दिमाग का प्रयोग कर वह उन्हें एक घातक हथियार के रूप में इस्तेमाल कर सकें। इसलिए उन्होंने अपने भानजों से बात करनी शुरू की और उन्हें यह दिखाने की कोशिश की कि उन लोगों के बीच सबकुछ सही चल रहा है।

'महिमन एवं पटाला, तुम्हारा स्वागत है। यह कैसा सुखद संयोग है। मैं तुम्हारा ही रास्ता देख रही थी और भाग्यवश तुम मुझे यहाँ मंदिर में मिल गए, ऐसा लग रहा है, जैसे भगवान् मेरे प्रति बड़े दयालु हैं। मैं तुम्हें बता नहीं सकती कि तुम दोनों को देखकर मैं कितनी खुश हूँ। मैं आज तुमसे माफी माँगना चाहती हूँ, क्योंकि मैंने यह महसूस किया कि साम्राज्य से तुम्हें निकालकर मैंने एक भारी गलती की है। मैं यह कैसे भूल गई कि मैं अकेले इतना बड़ा साम्राज्य कैसे चला पाऊँगी? खासकर

फाल्गुन के यह सब करने के बाद मैं सिर्फ अपने लोगों पर ही विश्वास कर सकती हूँ।' दिद्दा ने अपने भीतर की हँसी छिपाकर यह सब बातें कहीं।

यह सब सुनकर महिमन एवं पटाला घबरा गए। उन्हें यह समझ ही नहीं आया कि वे रानी पर विश्वास करें अथवा नहीं। दिद्दा ने अपनी ओर से जो भी बातें कहीं, असल में वे यह कहना नहीं चाहती थीं, उन्होंने यह बातें उन्हें सिर्फ बातों में उलझाने के लिए कही थीं। तभी उन्होंने यह देखा कि हिमांक अपने लड़ाकुओं के साथ आगे बढ़ रहा है। उन्होंने मंदिर को घेर लिया और वह मंदिर के प्रांगण में घुसकर महिमन एवं पटाला से बात करने के लिए आया। हिमांक ने कहा, 'अगर रानी राजपाठ चलाने के लिए तुमसे मदद माँगती हैं, तो उनकी मदद करो, पर उनके राजकुमार को जिंदा रखने की क्या जरूरत है? अगर तुम उसे आज जिंदा छोड़ दोगे, तो तुम कभी भी राजा नहीं बन पाओगे। आज के बाद हो सकता है कि तुम्हें राजकुमार को मारने का यह सुनहरा मौका कभी मिले या नहीं मिले, इसलिए उसे अभी मार दो। अगर तुम चाहते हो, तो मैं तुम्हारी इस रानी को यहाँ से ले जा सकता हूँ।'

हिमांक के शब्दों से दिद्दा के चेहरे पर एक मुसकराहट फैल गई। उन्होंने तुरंत ही यह महसूस किया कि हिमांक की बातों से हर कोई गुस्से में आ सकता है, यहाँ तक कि विद्रोही भी गुस्सा हो सकते हैं, क्योंकि 'उसने उनकी रानी को दूर ले जाने की बात कही थी।' दिद्दा ने सभी के चेहरे पर यह प्रश्न उभरते हुए देखा। पर गुस्से में आकर नरवाहन उस तुर्की राजा की ओर आगे बढ़ने लगा और वह आसानी से पकड़ा जाता। रानी ने भी यह महसूस किया कि महिमन एवं पटाला भी हिमांक की बातों से सहमत होते दिख रहे हैं और वह मंदिर के प्रांगण की ओर राजकुमार की हत्या करने के लिए बढ़ रहे हैं। उन्हें थोड़े और समय की जरूरत थी, क्योंकि उनकी सेना पास में नहीं थी। दिद्दा जल्द से हिमांक के पास गई और कहा, 'कृपया रुकें, मुझे कम-से-कम अंतिम बार अपने पुत्र को देख लेने दीजिए।' हिमांक दिद्दा के अप्रतिम सौंदर्य का प्रशंसक था, इसलिए वह उन्हें मना नहीं कर पाया।

दिद्दा तुरंत ही गर्भगृह की ओर जाने लगीं। अचानक वे रुकीं और हिमांक की ओर मुड़कर बोलीं, 'इस साम्राज्य एवं इनके लोगों ने मुझे बहुत कुछ दिया था, अब समय आ गया है कि मैं भी उन्हें कुछ दूँ, कृपया मुझे ऐसा करने की अनुमति दीजिए।'

हिमांक ने कहा, 'तुम उन्हें क्या देना चाहती हो?'

दिद्दा पूरी तरह से आभूषणों से सुसज्जित थीं। उन्होंने अपने आभूषण देखे और फिर कहा, 'मेरे पास अभी इन्हें देने के लिए इतना ही है,' उन्होंने चारों ओर

देखा और फिर कहा, 'अगर मैं आज महल में होती तो मैंने यहाँ मौजूद लोगों के लिए बहुत कुछ छोड़ा होता, पर अभी यहाँ पर मेरे पास इन्हें देने के लिए बस इतना भर है। भगवान् ने चाहा, तो मैं भविष्य में इन्हें बहुत कुछ दूँगी।'

उन्होंने अपने सारे आभूषण निकाल लिए और हिमांक के पास चली गईं और उसे सारे आभूषण दे दिए और फिर कहा, 'महिमन और पटाला ने अपनी मामी को किसी तुर्क के हवाले करने से पहले एक बार भी नहीं सोचा, अगर वह कल राजा बन जाएँगे तो सोचो वह तुम्हारी पत्नियों के साथ क्या करेंगे? मैं मंदिर से अपनी तलवार वापस लेने जा रही हूँ, बाकी आप लोगों को सोचना है कि आप किनकी तरफ हैं—मेरी या उनकी?'

दिद्दा के मुख से आत्मविश्वास झलक रहा था। उन्हें पता था कि उन्होंने विजेतावाली चाल चल दी है। वे अंदर गईं, अपनी तलवार उठाई और पुजारी को संकेत दिए कि वह गर्भगृह के दरवाजे बंद कर लें। फिर वे बाहर सबके सामने आईं, और 500 सैनिकों की सेना को एक सच्चे योद्धा की तरह ललकारा। वे उनके साथ अकेले लड़ने के लिए तैयार थीं। अभी तक वे उन्हें एक लँगड़ी औरत के रूप में जानते थे, जिसका नाम दिद्दा था, पर अब लोग उन्हें एक प्राणघातक योद्धा के रूप में देख रहे थे, वे अकेले अपने दम पर सारी लड़ाई लड़ने के लिए तैयार थीं।

ऐसा युद्ध अभी तक पहले किसी ने भी नहीं देखा, पचास लोगों की सेना, जिसका नेतृत्व एक शेरनी कर रही थी, ने तुर्की की सेना को धो डाला। वहीं दूसरी ओर नरवाहन ने महिमन और पटाला से युद्ध किया। दिद्दा के असीम पराक्रम ने कई विद्रोहियों को दूसरी ओर आने के लिए मजबूर कर दिया। बहुत जल्द ही मंदिर का प्रांगण खून से भर गया और वहाँ लाशें-ही-लाशें बिछ गईं। इतिहास में पहले कभी इस तरह खून की नदियाँ नहीं बहीं और मंदिर की चारदीवारी के अहाते में इस तरह का बीभत्स रूप कभी नहीं देखा गया। दिद्दा के साहस ने भगवानों को भी उसका पक्ष लेने के लिए मजबूर कर दिया होगा। दिद्दा ने उसी दिन लगभग पूरा युद्ध जीत लिया। उन्होंने माता भगवती की वेदी पर हिमांक को गिरा दिया और उसका सिर धड़ से उखाड़ दिया। उन्होंने महिमन एवं पटाला को पकड़कर कैद कर लिया।

पद्मास्वामिन मंदिर के प्रकरण ने रानी दिद्दा के मन पर गहरा प्रभाव डाला और उनके मन में कट्टरपंथी परिवर्तन आ गए। उन्होंने यह महसूस किया कि महिमन एवं पटाला जैसे लोगों को कुचल देना चाहिए या नहीं तो इस

बिखरे हुए साम्राज्य में वे हमेशा के लिए डर के मारे अपनी जिंदगी ही खत्म कर लेतीं।

दिद्दा के मन में राजनीतिक अनिश्चितता बढ़ गई। वे अचानक से बहुत अकेली हो गईं और इस धोखे के कारण वह लोगों से थक चुकी थीं। उन्हें ऐसा लगने लगा कि उनका बचपन वापस से उनका पीछा करने लग गया है। दिद्दा को पता था कि वह अवांछित थी और उसके आसपास के लोगों ने उसे बंद कर लिया था। ताकतवर लोग एवं राजाओं को यह बात कभी भी नहीं स्वीकार नहीं थी कि एक महिला कुशल प्रशासक भी हो सकती है। ऐसे अकेलेपन के समय में, ऐसा कोई नहीं था, जो उन्हें समझ सके कि वे कभी भी साम्राज्य नहीं चाहतीं और न ही रानी बनना चाहती थीं।

पद्मास्वामिन मंदिर में हाल में हुई घटना ने उनके दिमाग को बुरी तरह से झकझोर दिया था। अब उन्हें व्यक्तिगत सुरक्षा सैनिकों की जरूरत थी, जो अपनी जान गँवाकर भी उनकी जान बचा सकें और वह अब अनिवार्य भी था।

हाल के घटनाक्रम के बाद, वे अपने दरबारियों और सेना पर भी पूरी तरह से भरोसा नहीं कर पा रही थीं। दिद्दा अपने महल के भीतर भी असुरक्षित महसूस कर रही थीं। वे अपने आसपास के हर व्यक्ति पर शक करतीं और उनकी छानबीन करतीं। फिर वे कौन लोग थे, जिनपर वह भरोसा कर सकती थीं? साथ ही, उसके लिए वे लोग क्यों अपनी जिंदगी का जोखिम उठाते? कई दिनों तक दिद्दा इस उधेड़बुन में लगी रहीं, और फिर उन्हें एक दिन इसका समाधान मिल गया। दिद्दा एक दिन उन सब लोगों से मिली, जिन्होंने मिलकर पद्मास्वामिन मंदिर में उसकी जान बचाई थी और उन्हें उनकी उस उस सेवा के बदले बहुत सारे उपहार देकर सम्मानित किया।

कश्मीर में उनके राज के कुछ ही सालों में दिद्दा ने अपने अच्छे कामों एवं सामान्य जनता के जीवन में बढ़ोतरी कर सफलतापूर्वक लोगों का दिल जीत लिया। उन्होंने स्वयं भी लोगों का सम्मान किया और जब जनता ने यह सब स्वयं अपनी आँखों से देखा तो उनके मन में रानी के प्रति सम्मान कई गुणा ज्यादा हो गया। युवा लोग उनसे प्रभावित होने लगे और वे दिद्दा की सेना में जाने के लिए प्रेरित होने लगे। उन्होंने देखा कि वे पुरस्कार के रूप में बहुत सारा धन एवं सोना देती हैं, जिससे वे अपनी आनेवाली पीढ़ियों का भविष्य सुरक्षित रख सकें, ऐसा पहले कभी भी किसी साम्राज्य ने अपनी जनता के लिए नहीं किया था। हर युवा चाहता था कि

उसे मान मिले, प्रतिष्ठा मिले एवं पुरस्कार मिले। ये सब दिद्दा की आँखों से कहीं छुपा हुआ नहीं था। उन्हें पता था कि यह सारे युवा बेहद अच्छे हैं और उनकी थोड़ी सी देखरेख उन्हें कम-से-कम अभी के लिए उस मुकुट के प्रति वफादार बना देगी।

उन्होंने सभी को सारे साम्राज्य से चयनित किया, उन्हें प्रशिक्षित किया और उन्हें मजबूत बना अपनी सेना के लिए सक्षम योद्धा, लड़ाका बनाया। दिद्दा ने अपने विचारों काा नरवाहन से साझा किया कि वे चाहती हैं कि युवा लोगों के लिए एक सैन्य प्रशिक्षण विद्यालय खोला जाए। उन्होंने नरवाहन को ऐसे सैनिकों को प्रशिक्षित करने को कहा। इस प्रशिक्षण के लिए आमतौर पर यही शर्त होगी कि वे अपनी इच्छा से इससे जुड़ें। नरवाहन भी उन्हें इस विद्यालय में दाखिला लेने के लिए मजबूर नहीं कर सकते थे।

किसी पर जोर-जबरदस्ती कर काम ठीक से नहीं होता, खासकर जब व्यक्ति को अन्य व्यक्ति का भरोसा जीतना हो। दिद्दा ने युवा लोगों की भरती करने हेतु नरवाहन के समक्ष तीन बातें रखीं। पहली बात कि उन युवकों को गरीब होना चाहिए; वे जिस महल में रह रहे हैं, उसके चप्पे-चप्पे के बारे में मालूम होना चाहिए; अंत में उन सबमें कम-से-कम एक अनूठा गुण होना चाहिए, जैसे—पेड़ पर चढ़ना, तैराकी, पर्वत पर चढ़ना या चिड़ियों की आवाज की नकल करना। नरवाहन के लिए यह एक बहुत बड़ी चुनौती थी, क्योंकि दिद्दा द्वारा रखे गए मानदंडों के अनुसार ऐसे गुणोंवाले व्यक्तियों को खोजना थोड़ा मुश्किल था।

ऐसी जबरदस्त सेना बनाकर उन्हें प्रशिक्षित करने के लिए दिद्दा के मन में विक्रमसेन का विचार आया, जो उनके गुरु और लोहारिन साम्राज्य में उनके सेना प्रमुख थे। विक्रमसेन के प्रशिक्षण ने एक विकलांग महिला को एक ताकतवर रानी बना दिया, जो हर प्रकार के युद्ध-कौशल में प्रवीण थी।

नरवाहन के मस्तिष्क में एक विचार आया। उसने दिद्दा को यह सुझाया कि हजारों युवा प्रशिक्षुओं के सामने अगर आपका और विक्रमसेन का दोतरफा युद्ध हो तो वे अपनी रानी को युद्ध करते देख पाएँगे। ऐसा करके वे लोगों को सेना में आने के लिए प्रोत्साहित कर पाएँगी। दिद्दा को यह विचार उम्दा लगा। उन्होंने भी सोचा कि ऐसा करना एक बहुत अच्छा विचार है, क्योंकि उन्हें अपने गुरु के साथ ऐसे लड़ते देख उन संभावित योद्धाओं के मन में देशभक्ति की भावना पनपेगी।

कश्मीर की रानी के आमंत्रण पर विक्रमसेन स्वयं दिद्दा के सामने उपस्थित हो गए। रानी अपने गुरु को सामने देखकर बहुत प्रसन्न हो गईं, क्योंकि बहुत वर्षों

के बाद उन्होंने लड़ने के लिए अपनी स्वीकृति दी थी। दिद्दा ने उनका स्वागत किया और और उन्हें अपनी योजना बताई कि वे कश्मीर में अब तक की सबसे मजबूत सेना का निर्माण करना चाहती हैं—ऐसी विशिष्ट लड़ाकू सेना की टुकड़ी जो विद्रोहियों का सफाया कर सके। दिद्दा ने उनसे नए प्रशिक्षुओं की नियुक्ति करने को कहा और उन्हें प्रशिक्षण देकर उन्हें ऐसा बनाने को कहा जिसे विश्व में कोई भी न हरा सके। नरवाहन ने भी उन्हें अपनी एवं रानी दिद्दा के बीच हुई इस बातचीत के बारे में बताया, जिसे सुनकर नए युवा सेना में शामिल होने के लिए प्रोत्साहित हों। विक्रमसेन नरवाहन को देखकर मुसकराए और कहा, 'मैं कैसे एक ताकतवर रानी को हरा सकता हूँ, जिसने सारी दुनिया को कदमों पर लाकर खड़ा कर दिया है?' दिद्दा ने जवाब दिया, 'चाहे कुछ भी हो जाए, मैं हमेशा आपकी शिष्या ही रहूँगी।'

समारोहवाले दिन प्रांगण उन एक हजार युवकों से खचाखच भरा था, जो वहाँ रानी एवं उनके गुरु के बीच के युद्ध को देखने के लिए लालायित होकर आए थे। सालों बाद, विक्रमसेन दिद्दा के समक्ष एक बार फिर से थे। वे यह देखना चाहते थे कि दिद्दा को उनका सिखाया अभी तक कितना याद है।

गुरु एवं शिष्या ने विभिन्न प्रतियोगिताओं में भाग लिया, जिसमें दीवार पर चढ़ने से लेकर तीरंदाजी शामिल थी। दिद्दा ने अपना सर्वश्रेष्ठ प्रदर्शन किया, विक्रमसेन को जबरदस्त टक्कर दी और हर प्रतियोगिता में विजयी बनकर चमकीं।

उस प्रांगण में 'दिद्दा, दिद्दा, दिद्दा' नाम का जयघोष चारों ओर गूँजने लगा। विक्रमसेन अपने विद्यार्थी को हर विधा में स्वयं से एक कदम आगे देख बहुत गौरवान्वित महसूस कर रहे थे। युवा लोग भी प्रीति भाव से अपनी रानी को देख रहे थे, जो स्वयं एक विकलांग महिला थीं, वह इतना अच्छा लड़ी कि उससे प्रभावित होकर लोग उन्हीं गुरु के संसर्ग में सेना में शामिल हो गए। उन युवाओं ने जो अभी प्रत्यक्ष रूप में देखा था, उसे देखकर वे अभिभूत थे। उन्होंने सोचा कि अगर एक विकलांग महिला ऐसा कर सकती है, तो वे भी कर सकते हैं। हर कोई दिद्दा की तरह एक सफल योद्धा बनने के लिए उत्साहित था। उनकी रानी ने इस समारोह का आयोजन करके वह सब पा लिया, जो वे असल में करना चाहती थीं।

समारोह के अंत में, नरवाहन ने भी दिद्दा के समक्ष युवा प्रशिक्षुओं को पेश कर इस कार्य का सफलतापूर्वक निर्वहन किया। अपनी विशिष्ट सेना के लिए दिद्दा की सेना में सबसे सफल युवा योद्धा थे।

दिद्दा ने विक्रमसेन के सान्निध्य में एक खास अवधि के लिए युवा प्रशिक्षुओं को प्रशिक्षण के लिए रखा। दिद्दा ने उन नए प्रशिक्षुओं के लिए पुरस्कार भी रखे, जो अपने इस कठिन प्रशिक्षण को पूरा कर विजयी होकर बाहर निकलेंगे।

अगले दिन कश्मीर में सूर्योदय होने से भी पहले, यह सारे युवा प्रशिक्षु अपने प्रशिक्षण के पहले दिन झटके से उठे। जब वे मैदान में पहुँचे, तो विक्रमसेन उनका इंतजार कर रहे थे। विक्रमसेन ने उनका स्वागत किया और उन्हें अपने सारे ऐश-ओ-आराम पीछे रख दिल और दिमाग से युद्ध कला सीखने को तैयार रहने के लिए कहा।

आगे आनेवाले दिन कठिन एवं चुनौतीपूर्ण रहेंगे, क्योंकि इसके लिए मानसिक एवं शारीरिक ताकत की जरूरत होगी। उन्होंने फिर बताया कि इन नियमों का सारे सैनिकों को पालन करना होगा। उन्होंने कहा, 'हर किसी को चार प्रकार की हथियारबाजी में प्रवीण होना होगा। पहला है, यंत्रमुक्त, जिसमें हथियार जैसे कि तीर-धनुष का इस्तेमाल होगा। दूसरा है पाणि-मुक्त हथियार, जिसमें दुश्मनों पर हाथ से हथियार फेंके जाएँगे।' उन्होंने एक भाला निकाला और बताया कि पाणि-मुक्त हथियार कैसा होता है? 'तीसरा है मुक्त-मुक्त, वह हथियार जिसे पकड़कर फेंककर दुश्मनों को मारा जाता है। उन्होंने एक त्रिशूल निकाला और उदाहरण के रूप में उसे दिखाया। अंततः हस्त-शस्त्र, वैसे हथियार जो हाथ से उठानेवाले होते हैं, जैसे—तलवार या गदा।'

अगले दिन जब युवा सैनिक प्रशिक्षण के मैदान में आए, तो उन्हें विक्रमसेन द्वारा बनाए गए हथियार दिखाए गए। उन्हें उन हथियारों के इस्तेमाल में प्रवीणता हासिल करनी थी। विक्रमसेन इस बारे में बहुत स्पष्ट थे और उन्होंने इस बारे में यह कहा भी कि इन हथियारों में प्रवीणता हासिल किए बिना, किसी भी प्रशिक्षु को प्रशिक्षण के अगले स्तर के लिए उत्तीर्ण नहीं किया जाएगा। उन्होंने एक के बाद एक सारे हथियार दिखाए।

पहला हथियार शक्ति था, उसमें शेर का चेहरा था और बाहर निकली हुई जीभ और पंजे थे। फिर साँप के चेहरे के आकार का भाला था, जिसे तोमर कहते हैं, जिसमें पंख थे और दुश्मनों के बीच में घुस सकता था। अगला हथियार पाश था, जिसमें लोहे के तारों का घेरा था, फिर हृष्टि तलवार, गदा जिसका वजन 1000 (एक हजार) किलो था, एक हथौड़ा जिसे मुद्गर, चक्र जिसके किनारे नाखूनों की तरह तीखे होते हैं, वह एक खास दूरी से दुश्मनों की गरदन पर

निशाना बनाकर फेंका जाता है। युवा सैनिकों को यह लगने लगा कि उनका महाभारत काल के ऐतिहासिक हथियारों से परिचय कराया जा रहा है, जो अब विलुप्त हो चुके हैं।

विक्रमसेन ने सैनिकों को वज्र कुलिश दिखाकर अचंभित किया और फिर आया सबसे बड़ा हथियार–त्रिशूल, यह हथियार भगवान् शिव के पास है। त्रिशूल में तीन नुकीले शूल होते हैं, जिसे अगर दूर से फेंक दिया जाए तो दुश्मन का शरीर छलनी हो जाए। विक्रमसेन ने उन्हें डरावने असि नामक तलवार का चित्र बनाकर उन्हें हतप्रभ कर दिया। ऐसा माना जाता है कि इस शस्त्र का प्रयोग माता दुर्गा करती थीं। फिर आई खड्ग की बारी, इस पवित्र तलवार को देखकर हमेशा भगवान् यम याद आते हैं। उन्होंने चंद्रहास के बारे में भी बताया, जिसका उपयोग लंकापति रावण करता था। लोगों में इन हथियारों के प्रति रुचि बढ़ती ही जा रही थी, और फिर उन्होंने दो–मुँहवाली कुल्हाड़ी यानी फरसा दिखाया, जिसका उपयोग परशुराम करते थे, फिर बाद में बारी आई मूसल की, जो गदा का छोटा स्वरूप था। धीरे–धीरे करके विक्रमसेन ने अपना पसंदीदा हथियार निकाला, जिसे धनुष कहते हैं, और यह प्रभु श्रीराम का मनपसंद हथियार था। विक्रमसेन ने अन्य हथियार, जैसे—परिघ, भिंदिपाल, परशु, शंकु, बरछी और पट्टिश, एक प्रकार की तलवार, जिसमें बहुत सारी लोहे की पट्टियाँ होती हैं, का प्रदर्शन किया।

'यह सबसे अंतिम हथियार है, पर यह बाहुयुद्ध है और इसमें प्रवीण हुए बिना तुम एक सच्चे योद्धा नहीं हो सकते।' विक्रमसेन ने बहुत गंभीरता के साथ उन युवा सैनिकों से यह कहा और इसे सुनकर वे सारे थोड़े भयभीत हो गए।

विक्रमसेन से कुछ पूछने का किसी में कोई साहस नहीं था। उनके युवा मस्तिष्क में बाहुयुद्ध के बारे में जानने की उत्सुकता थी। यह सुनकर उनके बीच की कानाफूसी तेज हो गई और जिसे सुनकर उनके प्रशिक्षक ने उन्हें शांत कराया।

विक्रमसेन ने आगे कहा, 'बाहुयुद्ध एक प्रकार की लड़ने की कला है, जिसमें हथियारों का उपयोग नहीं किया जाता है। इसमें आपको शरीर के हिस्सों का वस्तु के रूप में और मस्तिष्क का प्रमुख हथियार के रूप में उपयोग करना सिखाया जाता है।'

उन्होंने फिर सुश्रुत संहिता के बारे में बताना शुरू किया। उन्होंने कहा, 'इसमें मानव शरीर के 107 स्थानों के महत्त्व के बारे में बताया गया है, जिसमें 49 जोड़ बहुत ही संवेदनशील होते हैं। ऐसे किसी जोड़ पर आक्रमण करने से मौत हो सकती है। इन हथियारों के प्रशिक्षण के तरीकों के अलावा वे उन मुश्किल परंपराओं के बारे

में भी सिखाते हैं, जिससे आप स्वयं अपनी रक्षा कर सकें। इसे ही बाहुयुद्ध कहते हैं, सरल शब्दों में, इसे सामरिक कला (Martial Arts) कहते हैं।'

विक्रमसेन बहुत ही सख्त गुरु थे। आनेवाले दिनों में, वे प्रशिक्षण के दौरान किसी को भी नहीं छोड़नेवाले थे। उन्होंने यह बात सुनिश्चित कर ली थी हर किसी को नेतृत्व, सैनिक सहायता, युद्ध, लड़ाई के लिए रणनीति बनाने, भूख से लड़ाई, शीत से लड़ने, आंतरिक बल और अपने नैतिक स्तर में इजाफा करना ही होगा।

सैनिकों को तब यह लगने लगा कि यह जितना आसान दिख रहा है उतना है नहीं। विक्रमसेन जैसे एक सख्त प्रशिक्षक के सामने टिके रहना उनके लिए बहुत मुश्किल था। दिद्दा को तो यह बात पहले से ही पता थी। उन्होंने पहले ही इन सारी कठिनाइयों का अपने प्रशिक्षण के समय सामना किया था; उन्हें पहले से ही बहुत अच्छे से पता था कि इस दौरान कोई भी टूट सकता है। जब प्रशिक्षुओं ने इसे छोड़ना चाहा, उन्होंने तब ही एक छात्रवृत्ति की घोषणा की, जिसके तहत उनके परिवारों का ध्यान रखा जाएगा। फिर क्या था, सैनिक पैसों के कारण रुक गए।

एक समय था, जब कोई कहता था, 'हम लोग सिर्फ हजार लोग हैं। हम लोग कैसे दुश्मनों का सफाया कर सकते हैं?'

विक्रमसेन ने पूर्व में हुए युद्ध के उदाहरणों को उन्हें बतलाया। उन्होंने बताया कि कैसे स्पार्टा के लॉर्ड लियोनिदास ने सिर्फ 300 लोगों की सेना के साथ फारस के राजा और उनकी सेना को तीन दिनों तक रोककर रखा। उन्होंने बताया, 'जिस कारण वे ऐसा कर पाए, वह बहुत आसान था, उन्हें खुद पर भरोसा था और उनमें वह शक्ति भी थी। नेतृत्व एवं स्वयं पर भरोसा दो ऐसे गुण हैं, जो हर योद्धा के पास होने चाहिए और उन्हें हर किसी को अपने भीतर पनपने देना चाहिए।'

तलवार के साथ ध्यान करने का विक्रमसेन का तरीका भी बहुत रोचक था। उन्होंने इस बात पर बल दिया कि हर किसी को अपनी तलवार से इतना प्यार करना चाहिए कि वह उनके जीवन का भाग हो जाए। तलवार का इस्तेमाल करते समय व्यक्ति को तलवार की तरह हो जाना चाहिए, जब व्यक्ति चुप हो जाए, तो उसकी तलवार को बात करनी चाहिए। ऐसे कई उदाहरण एवं प्रसंगों का उन्होंने अपने प्रशिक्षण के दौरान जिक्र किया।

विक्रमसेन ने उन्हें मानसिक रूप से भी प्रशिक्षित किया। उन्होंने अपने शिष्यों को बताया कि एक सच्चे योद्धा को भीतर से शांत होना चाहिए।

'एक सच्चा योद्धा वह नहीं है, जो भीतर से गुस्सा न होता हो, पर उसे पता

होना चाहिए कि वह अपने गुस्से का कहाँ पर सही से इस्तेमाल करना है।' विक्रमसेन भगवान् कृष्ण के अनन्य भक्त थे और कभी-कभार उन्हें उद्धृत कर यह समझाने की कोशिश करते थे कि एक योद्धा के भीतर क्या-क्या गुण होने चाहिए।

'बल वीर्यं च तेजश्च शीघ्रता लघुहस्तता।

अविषादश्च धैर्यं च पार्थान्नान्यत्र विद्यते॥'

अब सबसे महत्त्वपूर्ण भाग गुरिल्ला प्रशिक्षण था। इस कला में शातिर होना, बिना डर के लेटना, दुश्मनों के बीच से सूचना निकालना, दुश्मनों को उलझाना, उसे उसके दल से अलग कर युद्धभूमि में अन्य गुरिल्लाओं के बीच में लाना।

इन सारे क्षेत्रों में विक्रमसेन का प्रशिक्षण सफलतापूर्वक चल रहा था।

जल्द ही प्रशिक्षण समाप्त हुआ और वज्रबाहु को उस विशेष सेना का सेनापति बनाया गया। विक्रमसेन ने वज्रबाहु को तुर्की सेनानायक के पास भेजा और उसके बारे में बताया कि उसने कश्मीर में प्रवेश करने की कोशिश की थी और साथ ही उसने श्रीनगरम् में भी आक्रमण करने की योजना बनाई थी। सूचना यह थी कि तुर्क लोगों ने पास के वराहमूल जंगल में डेरा डाला हुआ था। निर्देश बहुत स्पष्ट था और वज्रबाहु को अपनी काबिलीयत साबित करनी थी। कुछ ही घंटों में, वज्रबाहु ने अपनी काबिल सेना से बात कर, इस योजना के बारे में बताया और वे लोग वराहमूल के लिए निकल पड़े। सैनिकों का सीना गर्व से फूला हुआ था, क्योंकि वे कश्मीर में दुश्मनों के साथ लड़ने के लिए निकल पड़े थे और उनका एक ही उद्देश्य था सेना में शामिल होना। वज्रबाहु एवं उनके लोग रात के घुप अंधकार में वहाँ पहुँच गए। वे सवेरा होने से पहले ही अपने उद्देश्य को अंजाम देना चाहते थे, क्योंकि सूरज उगते ही तुर्क अपने प्रमुख स्थानों पर काबिज हो जाते।

उनकी योजना थी कि वे जंगल के भीतर घुस जाएँ और दो दलों में बँटकर देवदार के वृक्षों की ओट में नीचे की सेना को घेर लें।

सैनिक वितस्ता नदी के किनारे आ गए और जंगलों की ओर कूच कर गए। अब वह घड़ी आ गई थी, जब उन्होंने घने जंगल में प्रवेश कर लिया। युद्ध के बारे में उन्हें जो भी बताया गया था, उसकी आज परीक्षा की घड़ी थी। जल्द ही, खोजी सैनिकों ने कुछ शिविर खोज लिये और पाया कि वहाँ आग बुझ गई थी और राख बाकी थी।

एक सैनिक ने वज्रबाहु से फुसफुसाकर कहा, 'हो सकता है, तुर्क सोने चले गए हों। क्या हमें उन्हें घेरकर आक्रमण कर देना चाहिए?'

वज्रबाहु ने भी धीमे स्वर में कहा, 'क्या तुर्क रात में सो रहे होंगे? वह भी विदेशी धरती में ?अपने भले के लिए ही वह ऐसा नहीं करेंगे।'

वज्रबाहु सोचता रहा कि सिर्फ पाँच शिविर, ऐसा कैसे हो सकता है? विक्रमसेन के प्रशिक्षण के कारण उसकी आँखें युद्ध के आसार देख रही थीं। दूर से देखने में यह बहुत आसान लग रहा था और उन विद्रोहियों की ये बातें बहुत ही विरोधाभासी थीं।

उसके कान में एक अजीब-सी आवाज आई, जो बहुत ही अलग थी। अचानक वज्रबाहु का चेहरा डर के मारे पीला पड़ गया, जब उसने देखा कि उसके बगल में खड़ा सैनिक गरदन में तीर लगने से गिर गया था। सैनिक चीख भी नहीं पा रहा था। वज्रबाहु का डर सामने आ गया, क्योंकि उसने सभी को घेरा बनाकर रहने को कहा। इसके साथ ही, काले आकाश में बाणों की लड़ी बनकर बरसने लगी, वह एक प्रकार का घात लगाकर हमला था।

वज्रबाहु के सैनिकों की असल परीक्षा शुरू थी—उनके मूल्यों एवं पराक्रम को अँधेरे में बैठी शक्तियों ने चुनौती दी। वे सब एक के बाद एक तीरों की मार से गिर रहे थे। वज्रबाहु ने उन्हें इशारा किया कि वे पीछे हटें और पुनर्गठित होएँ। उसने इशारा किया कि वे वापस से हमला करें और पेड़ों की ओर ऊपर करके तीर मारें। वज्रबाहु ने ध्यान दिया कि तीर लंबवत् ही वापस आ रहा है—लगता है दुश्मन ऊपर पेड़ों पर बैठे हैं। उसके अपने सैनिक, जो स्वयं पेड़ों पर बैठे हुए थे, धीरे-धीरे उस अंधकार के अभ्यस्त हो गए और उन्होंने फिर बचाव से पीछे से बाण चलाने शुरू कर दिए। वज्रबाहु को यह महसूस हुआ कि वे घिर चुके हैं। अब सिर्फ एक ही रास्ता बचा था कि सबकुछ छोड़कर फिर से पुनर्गठित हो जाएँ। पर, उनके पास इस बात का भी विकल्प नहीं था, फिर भी कुछ सैनिक पुनर्गठित हो गए। वज्रबाहु ने सभी को आदेश दिया कि वे मैदान न छोड़ें और मृत्यु आने तक इस युद्ध का सामना करें। किसी ने कुछ कहा तो नहीं, पर कुछ यह सुनकर भागने लगे, उन्होंने वही रास्ता लिया, जो सीधे तुर्क की छावनी में जाता था। उस पूरे घने जंगल में चीख-चिल्लाहट एवं डर का वातावरण छाया हुआ था।

इस विलाप के बीच एक चीज अजीब सी हुई। वज्रबाहु पर जो लगातार तीरों की बारिश हो रही थी, वह अचानक रुक गई और उसके आदमी भी अपनी जगह पर ही खड़े रह गए। तभी ढोलक की जानी-पहचानी आवाज गूँजने लगी। यह एक प्रकार का संदेश था। इसे सुनकर वज्रबाहु ने चैन की साँस ली। ढोलक की आवाज

इस बात का संकेत था कि मित्रवत् दल पास आ रहा है। यह इस बात का भी संकेत था कि अब आक्रमण बंद करो।

तीरों का आना बंद हो चुका था, अँधेरे से अब चेहरे बाहर निकलने लगे थे। एक ऐसा चेहरा था, जिसे देखकर वज्रबाहु काँप उठा। वह व्यक्ति कोई और नहीं विक्रमसेन थे।

जल्द ही, वे एक-दूसरे के आमने-सामने थे और वज्रबाहु का चेहरा फक पड़ गया था। उसने सोचा कि क्यों विक्रमसेन अपने सैनिकों को किसी जाल में फँसाएँगे—वह विशिष्ट दल जो उन्होंने खुद बनाया था और उन्हें स्वयं प्रशिक्षण दिया था। फिर यह भयंकर मार-काट क्यों की गई?

विक्रमसेन ने उसकी भावनाओं को पढ़ लिया और अपनी तलवार निकालकर संकेत दिया। वज्रबाहु ने अपने पैरों की जमीन खिसकती हुई पाई, क्योंकि उसपर फिर से तीरों की बारिश शुरू हो गई। पर इस बार उन्होंने उन सैनिकों को निशाना बनाया, जो पुनर्गठित हो रहे थे। वज्रबाहु सदमे में खड़ा रहा, क्योंकि उसे लगा कि उसे भेड़ियों के बीच में पहचान लिया गया है। विक्रमसेन अपने सैनिकों को नाम दे रहे थे। अब अंतिम प्रशिक्षण पूर्ण हो चुका था। जो कुछ लोग जो बच गए थे, उन्हें अर्द्धचंद्र का मुकुट पहनाया गया था। वे व्यक्ति साम्राज्य के लिए अपना जीवन दाँव पर लगाने के लिए कभी संकोच नहीं करेंगे।

दिद्दा उन सबके प्रदर्शन से काफी खुश थीं। कश्मीर के साम्राज्य ने उनका अदम्य साहस एवं असीम ऊर्जा देखी थी। पूरा राष्ट्र इन 500 सैनिकों पर गर्व महसूस कर रहा था।

दिद्दा एवं विक्रमसेन ने इन सैनिकों को सम्मानित किया। विक्रमसेन ने राजदरबार में यह घोषणा की कि इन सैनिकों की सेना को एक विशेष दर्जा एवं झंडा दिया जाएगा।

'उन्हें अपने शरीर, आत्मा एवं हथियार को एक रूप में श्रेणीबद्ध करने के लिए प्रशिक्षित किया गया था। उन्हें दिद्दा की एकांगी सेना कहने से ज्यादा अच्छा एकंगियर कहना होगा।'

राजदरबार ने इस पदवी को मान लिया और उसकी प्रशंसा भी की। वे दिद्दा से कभी भी अलग नहीं होंगे। दिद्दा ने विद्रोहियों को पहचानकर उन्हें कुचलने के लिए गुप्त रूप से एक वृहत् योजना बनाई। जल्द ही, नरवाहन ने उन सब पर विजय पा ली। दिद्दा ने भी अपने विद्रोहियों को मार गिराया, जिसमें उनके पति

के भानजे भी शामिल थे, पर उन लोगों को माफ कर दिया, जिन्हें अपनी गलती का एहसास हुआ और दया की भीख माँगी। वहीं दूसरी ओर, दिद्दा ने अभिमन्यु एवं उनके प्रशिक्षकों पर दबाव बनाए रखा, जिससे वह युद्ध की कला का कौशल सीख सके। उन्हें जब सूचित किया गया कि अभिमन्यु अब सीखकर तैयार है, तो उन्होंने सुनिश्चित किया कि वह अंतिम परीक्षा, जो कि तलवारबाजी थी, उस दौरान मौजूद रहेंगी।

अभिमन्यु उस परीक्षा में उनकी मौजूदगी से अवाक् था, पर दिद्दा इस बात को लेकर गुस्सा थीं और पछताईं कि एक राजा इस तरह युद्ध के मैदान में संवेदनशील नहीं हो सकता। वे प्रशिक्षकों पर राजकुमार के ऐसे प्रदर्शन को लेकर गुस्सा हो गईं।

उन्हें लगने लगा कि राजगद्दी के लिए किसी और व्यक्ति की जरूरत होगी। उन्होंने विक्रमसेन को फिर से बुलाया और उस विशेष कार्य के बारे में बताया जिसे वे करना चाहती थी। वे चाहती थीं कि वह कश्मीर के भावी राजा को प्रशिक्षित करें। दिद्दा ने स्वयं अपने संरक्षण में उसका प्रशिक्षण कराया। बहुत जल्द ही उन्हें फिर बताया गया कि अभिमन्यु अब राजा बनने के लिए तैयार हैं। अब समय आ चुका था कि वे स्वयं भावी सम्राट् की परीक्षा लें। यह उनका अपना तरीका था, जिससे वे योद्धा की सही पहचान कर सकें, दिद्दा ने अभिमन्यु को उनसे युद्ध करने के लिए बुलाया।

अभिमन्यु ने अपना कौशल सिद्ध करने के लिए उनके साथ वीरतापूर्वक युद्ध किया, वह यह दिखाना चाहता था कि वह अब बड़ा हो गया है और एक महानयोद्धा बन चुका है। उसने दिद्दा की गरदन पर अपनी तीक्ष्णधार वाली तलवार रख दी— वह जीत गया और उसने अपने को सिद्ध भी कर दिया। उसी शाम विक्रमसेन ने रानी से मिलने की आज्ञा माँगी। वहीं रानी अपने घावों को साफ कर रही थीं और विक्रमसेन रानी के पैरों पर बैठ गए और उनसे माफी माँगने लगे। उन्होंने दिद्दा से कहा कि वे अपने कर्तव्यों का निर्वहन करने में असफल हुए हैं और इस बात से शर्मिंदा हैं कि वे उनकी इच्छा के अनुसार राजकुमार को सही तरह से प्रशिक्षित नहीं कर पाए। दिद्दा ने म्यान से अपनी तलवार निकाली और विक्रमसेन की गरदन पर रखी—भौचक्के विक्रमसेन अपनी अचानक आती हुई मौत को देखकर स्तब्ध थे।

□

नए राजा की घोषणा एवं दिद्दा का काबुल प्रस्थान

विक्रमसेन को यह महसूस हुआ कि रानी ने जानबूझकर राजकुमार को जीतने दिया। उन्हें पता था कि रानी दिद्दा नए राजकुमार की शक्ति से बाहर की बात थीं, क्योंकि उन्होंने स्वयं दिद्दा को एक योद्धा की तरह प्रशिक्षित किया था और उनकी तलवार एवं कौशल अतुलनीय थे। उन्होंने रानी का विरोध किया और कहा, 'क्यों? आपने राजकुमार के सामने समर्पण क्यों किया? आपने मेरी सीख को छोटा साबित होने क्यों दिया? मैंने अपनी जिंदगी में आपको एक सर्वश्रेष्ठ योद्धा के रूप में देखा है, और मुझे हमेशा इस बात का गर्व रहेगा कि मैं आपका गुरु रहा। फिर आपने आत्मसमर्पण क्यों किया? क्या निर्णय लेने की क्षमता आपके मातृत्व की भावना अर्थात् रानी दिद्दा के ऊपर हावी हो गई? क्या आप जानबूझकर हार गईं?'

दिद्दा शांत थीं। विक्रमसेन गुस्से में गरजा, 'क्यों दिद्दा?'

दिद्दा ने विक्रमसेन की ओर सुलगती निगाह से देखा, 'आपको मेरी कसम है, आप किसी भी जीवित इनसान से इसके बारे में नहीं कहेंगे, अन्यथा मैं आपका सिर धड़ से अलग कर दूँगी और यह भूल जाऊँगी कि आप मेरे गुरु हैं।' विक्रमसेन असहाय से प्रतीत हुए, अपनी प्रिय शिष्या के मन में असंतोष देखकर लगने लगा कि वे अपने गौरव की रक्षा के लिए कितनी प्रयत्नरत थीं।

दिद्दा ने उनकी ओर देखा और वे अपने गुरु के भीतर उठते उथल-पुथल को समझ गईं। उन्होंने खिड़की से बाहर झाँका और फिर अनंत की ओर देखने लगीं और फिर एक गहरी साँस ली, और उच्छ्वास करते हुए धीरे से कहा, 'कश्मीर को

एक राजा की जरूरत है।' वे फिर रुकीं और फुसफुसाते हुए बोलीं, 'रानी की नहीं। अगर आज अभिमन्यु असफल हो जाता, तो वह कभी भी राजा नहीं बन पाता। वह काफी ऊँचाई से नीचे गिर जाता और कश्मीर की जनता उसे कभी भी अपने राजा के रूप में स्वीकार नहीं करती।'

उसने विक्रमसेन का हाथ अपने हाथ में लिया और कहा, 'मैंने आपको अभिमन्यु को प्रशिक्षण देने को इसलिए कहा था कि उसमें वह तेज, आत्मबल पैदा हो और जब उसका एक महान् राजा और खूँखार योद्धा बनने के लिए प्रशिक्षण चल रहा था, यह सब देखकर साम्राज्य की जनता में उसके लिए वह विश्वास बना रहे। आपकी छत्रच्छाया में वह एक अच्छा राजकुमार तो बन गया, और आशा है कि एक दिन वह अच्छा राजा भी बन जाए।'

विक्रमसेन ने बीच में बोलना चाहा, 'पर…।'

इससे पहले कि वह अपना वाक्य पूरा कर पाते, दिद्दा ने फिर बीच में कहा, 'इसके साथ ही पुरुषवादी मनोवृत्तिवाले सरदारों एवं कुलीन लोगों के मन को शांति मिलती कि अब वह किसी रानी नहीं, अपितु एक राजा के अधीन काम करेंगे, मेरी जैसी विकलांग रानी के अधीन नहीं।' यह कहते हुए दिद्दा के चेहरे पर एक मुसकान थी।

ऐसा लगा कि विक्रमसेन हार गए; अपनी प्यारी रानी के सवालों का उनके पास कोई जवाब नहीं था। उनकी आँखों का गुस्सा एवं नाराजगी दोनों आँसू बनकर बहने लगे, क्योंकि वे अपनी आँखों के सामने एक युग का अंत होते देख रहे थे। उस रानी ने जिसने डूबते हुए साम्राज्य को अकेले के दम पर उबारा था, उसके भविष्य को सँवारा था, वह आज उन पुराने रीति-रिवाजों के साये में वापस जाने को तैयार था, जहाँ एक विकलांग रानी को शासक के रूप में अपनाया नहीं जाता था।

जैसे-जैसे सूरज पश्चिम की ओर डूब रहा था, कश्मीर में एक साम्राज्य का अंत होते दिखने लगा। दिद्दा ने सभी दरबारियों, सेनापतियों को यह निर्देश भेजा कि वह राजदरबार में किसी खास काम के लिए आएँ। साम्राज्य में अब यह उड़ती खबर थी कि अब दिद्दा साम्राज्य में एक जरूरी घोषणा करनेवाली हैं, पर किसी को भी यह नहीं पता था कि वह क्या है? राजदरबार लोगों से खचाखच भरा हुआ था और दिद्दा वल्जा का सहारा लेकर आईं। वे अपनी गद्दी पर बैठीं और जनता की ओर देखने लगीं, उन्हें देखते ही जनता चिल्ला उठी, 'महारानी की जय हो।'

जैसे ही वे उठीं, भीड़ एकदम शांत हो गई और फिर वे कहने लगीं, 'आज मेरे एवं हमारे साम्राज्य के लिए एक विशेष दिन है। आज कश्मीर को एक राजा मिल गया है। जैसा कि आप सबको पता है कि राजकुमार अभिमन्यु गुप्त अब उस उम्र के हो गए हैं, इसलिए बिना कोई देर किए, मैं इस राजगद्दी के लिए अब आधिकारिक रूप से इसका उत्तराधिकारी घोषित करती हूँ, अब अभिमन्यु गुप्त कश्मीर के नए राजा होंगे।'

राजदरबार में अचानक सब शांत हो गया। नए राजा के नाम की घोषणा होने के बाद वहाँ आनंद का किसी प्रकार का कोई शोर नहीं था, क्योंकि उन्हें इस घोषणा की कोई उम्मीद नहीं थी। रानी दिद्दा के लिए लोगों के मन में इतनी इज्जत एवं प्यार था कि लोग किसी भी अन्य को अपने शासक के रूप में नहीं देखना चाहते थे।

बहुत सारा समय बीत जाने के पश्चात्, एक दरबारी उठा और उसने शांति भंग करते हुए कहा, 'राजा अभिमन्यु गुप्त की जय हो! जय हो! जय हो!' एक-एक करके राजदरबार में सभी लोग यही नारा लगाने लगे और फिर पूरा राजदरबार नए राजा का जयघोष करने लगा। इसी बीच रानी दिद्दा ने अपना हाथ उठाया और फिर से लोग शांत हो गए।

उन्होंने नरवाहन को देखा और कहा, 'मैं प्रधान मंत्री नरवाहन से कहूँगी कि वह एक अच्छा दिन देखकर राज्याभिषेक की तैयारी करें और सारी दुनिया इस दिवस का उत्सव मनाए। पूरे शहर को दुलहन की तरह सजाएँ। सभी साम्राज्यों एवं कुलीन लोगों को कश्मीर के इस यादगार आयोजन में सम्मिलित करने के लिए निमंत्रण भेजें।'

दिद्दा ने अभिमन्यु को इशारे से अपने पास बुलाया, जो दरबारियों के बीच में बैठा हुआ था। अभिमन्यु रानी के पास गया और उनका आशीर्वाद लेने के लिए उनके पैर छूने लगा। दिद्दा ने उसे कंधे से पकड़ा और कहा, 'अब तुम राजा हो गए हो। तुम्हें अब किसी अन्य के सामने झुकना नहीं चाहिए।'

अभिमन्यु ने कहा, 'पर, आप तो मेरी माँ हैं।'

दिद्दा ने कहा, 'मैं राजमहल में तुम्हारी माँ हूँ। यहाँ दरबार में तुम मेरे राजा हो और मैं तुम्हारी प्रजा हूँ। यह बात हमेशा याद रखना।'

उन्होंने अभिमन्यु को अपने बगल में खड़ा कर दिया, अपना हाथ खड़ा किया और जोरों से कहा, 'नए राजा अभिमन्यु गुप्त की हमेशा जय हो।'

सारे दरबार में यह नारा गूँजने लगा, 'नए राजा अभिमन्यु गुप्त की हमेशा जय हो।'

जब सारे लोग नए राजा के सम्मान में जोर-शोर से नारे लगा रहे थे, वहीं किनारे पर खड़ा एक आदमी इस सारे दृश्य का गवाह बन रहा था और बहुत ही उदासी में डूबा हुआ था, वह था—विक्रमसेन।

पूरे दिन की व्यस्तता के बाद जैसे ही रानी अपने कक्ष में विश्राम करने को आईं, वल्जा ने उन्हें संदेश दिया कि काबुल से उनके नाना राजा भीम का एक संदेशवाहक उनके पास आया है, और वह उनकी प्रतीक्षा कर रहा है।

दिद्दा ने कहा, 'उसे जल्दी अंदर भेजो।'

संदेशवाहक ने दिद्दा के समक्ष सिर झुकाया।

दिद्दा ने उससे पूछा, 'आप मेरे मायके से जो संदेश लाए हैं, मुझे बताएँ।' क्योंकि उन्हें यह लगने लगा था कि वह कुछ अच्छा संदेश नहीं लाया है।

संदेशवाहक ने कहा, 'रानीजी, मैं आपके लिए एक बुरी खबर लेकर आया हूँ।'

दिद्दा ने अपना धैर्य खोते हुए जोर से कहा, 'जल्दी कहो,' ऐसा पहले कभी देखा नहीं गया, रानी ने अपना धैर्य अन्य स्थितियों में नहीं खोया था और अपना आपा बनाए रखा था।

संदेशवाहक ने बहुत ही बहुत ही धीमे स्वर में कहा, 'रानीजी···राजा भीम का स्वास्थ्य दिन-प्रतिदिन गिरता जा रहा है। राजकीय चिकित्सक अब ज्यादा आशान्वित नहीं हैं। उन्होंने मुझसे आग्रह किया कि मैं आपसे जाकर मिल लूँ, क्योंकि राजा अब अपनी अंतिम साँसें गिन रहे हैं।' यही वह अंतिम बात थी, जो रानी सुनना चाहती थीं।

एक बार फिर से रानी ने अपने को उसी दोराहे पर पाया, क्या उन्हें अपने बेटे के नए राजा बनने के अवसर पर राज्याभिषेक का उत्सव मनाना चाहिए या अपने बीमार नानाजी को देखने जाना चाहिए, जो इस समय मृत्यु का इंतजार कर रहे हैं, दिद्दा के नानाजी ने उन्हें पिता से भी ज्यादा प्यार किया था। जिंदगी उन्हें हमेशा ही ऐसे पसोपेश में डाल देती है, जहाँ उन्हें कठिन निर्णय लेने पड़ते हैं। जैसे ही दूत गया, उन्होंने वल्जा से कहा कि वह नरवाहन को बुला लाएँ। नरवाहन उनके सबसे भरोसेमंद सेनानायक एवं दोस्त थे, जिन्होंने उन्हें हमेशा मुश्किल परिस्थितियों में भी बुद्धिमानी भरी सलाह दी है।

नरवाहन जल्द ही उनके कक्ष की ओर आया। वल्जा ने नरवाहन के आने की घोषणा की, 'हे रानी, मंत्री नरवाहन आ गए हैं।'

जैसे ही नरवाहन उनके कक्ष की ओर आया, तो उन्होंने दीयों के प्रकाश के समक्ष देखा कि रानी का चेहरा मुरझाया हुआ है। नरवाहन रानी को इस प्रकार देखकर सकते में आ गया।

परेशान नरवाहन ने कहा, 'हे रानी, वह क्या चीज है, जो आपको परेशान कर रही है, जिससे आप इतनी बुझी-बुझी सी लग रही हैं?'

दिद्दा ने उसकी ओर देखा और उदासी भरे मन से मुँह पर झूठी मुसकराहट लाते हुए कहा, 'मुझे हमेशा चुनाव क्यों करना पड़ता है? जिंदगी मुझे हमेशा दोराहे पर क्यों खड़ा कर देती है?'

नरवाहन ने कहा, 'क्योंकि आप सबसे बहादुर एवं सबसे समझदार हो और रानीजी अपने कार्यों के कारण आपने कई लोगों के जीवन में उत्साह भरा है, जिससे वे अपनी बुरी परिस्थितियों में भी लड़कर विजयी होकर निकलते हैं।'

दिद्दा ने फिर कहा, 'पर ऐसे देखो, तो मैं भी तो एक मानव हूँ, जिसका शरीर रक्त एवं मांस का बना हुआ है। आपको क्या लगता है कि मैं क्या इस तरह देश की सेवा में आगे कुछ कर पाऊँगी?'

यह महसूस करने के बाद कि रानी भीतर से बहुत सारी परेशानियों से घिरी हैं, मंत्री ने उनसे पूछा, 'हे रानी, आपकी इतनी परेशानी का क्या कारण है?'

दिद्दा ने कहा, 'काबुल से एक दूत मेरे बीमार नानाजी राजा भीमशाह का संदेश लेकर आया है। वह अपनी अंतिम साँसें ले रहे हैं और मुझसे मिलना चाहते हैं।'

नरवाहन ने कहा, 'रानी, यह तो बहुत ही दिल दुखानेवाली बात है।'

'एक तरफ मेरे पुत्र का राज्याभिषेक है, जो जल्द ही राजा बननेवाला है। अगर मैं काबुल के लिए जाती हूँ, तो मैं अपने पुत्र के जीवन की सबसे महत्त्वपूर्ण घटना में शामिल नहीं हो पाऊँगी, जिसमें वह कश्मीर का राजा बननेवाला है। पर अगर मैं यहीं रुक जाती हूँ तो जिंदगी भर मुझे इस बात का मलाल रहेगा कि अंतिम समय में मैं अपने नानाजी को देख नहीं पाई, खासकर जब वह मृत्युशय्या पर थे और मुझे अपने पास आने के लिए बुला रहे थे। मैं अपने पुत्र एवं अपने कर्तव्य के बीच पसोपेश में फँस गई हूँ। इसलिए मैंने आपको बुलाया है, जिससे आप इस

विपरीत परिस्थिति में मुझे बुद्धिमानी भरी सलाह दें।'

एक लंबी साँस भरकर नरवाहन ने कहा, 'रानीजी, मैं आपकी उलझन समझ सकता हूँ। ऐसी परिस्थिति में मैं आपको सलाह दूँगा कि आप एक रानी की तरह सोचें, माँ या नातिन की तरह नहीं। ऐसी परिस्थिति में और एक रानी के रूप में आपका पहला दायित्व अपने साम्राज्य के प्रति है, जो आपको साम्राज्य का उत्तराधिकारी चयन करने के लिए प्रेरित करता है। अगर आप राज्याभिषेक समारोह में उपस्थित नहीं होंगी, तो सेनापतियों के बीच एक एक गलत संदेश जाएगा, और वैसे भी वे साम्राज्य को हानि पहुँचाने के अवसर तलाश रहे हैं। इससे यह संदेश जाएगा कि भावी राजा को आपको आशीर्वाद नहीं है, और आपने लोगों के दिलों में जो एक इज्जत बना रखी है, वह अपने आप चली जाएगी। आपके चले जाने से सेना का भी मनोबल टूट जाएगा। सेना मजबूत तो है, पर बिना आपके नेतृत्व के, दुश्मन आपकी सेना का फायदा उठाने में कोई कसर नहीं छोड़ेंगे। युद्ध की स्थिति में अनुभव की कमी के कारण राजा अभिमन्यु अकेले पड़ जाएँगे। इसलिए, मैं तो आपको सलाह दूँगा कि आप राज्याभिषेक की तैयारी करें, नए शासन को शुरू हो जाने दीजिए तब काबुल की ओर प्रस्थान करें।'

दिद्दा ने कहा, 'नरवाहन, आपने बुद्धिमानीपूर्ण बात की है।'

एक बार अपने कक्ष में अकेले आ जाने पर दिद्दा एक बार फिर से दिन भर के हुए घटनाक्रमों पर सोच-विचार कर रही थीं। उन्होंने अपने पुत्र के राजा बनने के बारे में सोचा, अपने मरते हुए पति क्षेमगुप्त को दिया हुआ वचन याद किया कि वे कश्मीर को एक योग्य राजा प्रदान करेंगी, उन्होंने यह सोचा कि चाहे दुनिया उनके साथ कैसा भी बरताव करती थी, पर उनके नानाजी उनसे बहुत प्यार करते थे। एक तरफ इतनी महत्त्वपूर्ण घटना थी, जिसमें उनके साम्राज्य को देश का भावी राजा मिलनेवाला था और वहीं दूसरी ओर उनका भूतकाल—दोनों से ही उन्हें सही निर्णय लेने में दिक्कत हो रही थी। नरवाहन की सलाह पूर्णतः सही है, पर नानाजी से प्यार के कारण वे उनसे मिलने के लिए लालायित थीं। जब वल्जा, उनके लिए भोजन लेकर आईं, तो उन्होंने एक भी कौर खाने से मना कर दिया।

वल्जा समझ गई कि दिद्दा किस पसोपेश में हैं। जब दिद्दा ने फिर से भोजन ग्रहण करने से मना कर दिया, तो वल्जा ने कहा, 'अगर तुम्हें यह बात इतनी ही चोट पहुँचा रही है, तो जाओ सबसे पहले जाकर नानाजी से मिल आओ। एक वे

ही थे, जिन्होंने आपसे बेलौस प्यार किया था। कम-से-कम उनके अंतिम दिनों में आप उनके लिए इतना तो कर ही सकती हैं। जहाँ तक आपके पुत्र की बात है, तो आपने तो पहले ही घोषणा कर दी है कि वे ही नए राजा बनेंगे, यह एक प्रकार का राज्याभिषेक ही है, बस, अब सिर्फ औपचारिकताएँ ही शेष हैं। अगर आप उन औपचारिकताओं में शामिल नहीं भी होती हैं, तब भी राजा के रूप में उनका ही राज्याभिषेक होगा। पर अगर आपके नाना मर गए, तो वे कभी वापस नहीं आएँगे, और वह दु:ख आनेवाले दिनों में आपको हमेशा सालता रहेगा।'

'आपकी भावनाएँ सही हैं वल्जा, पर एक रानी होने के नाते मैं सिर्फ भावनाओं में बहकर निर्णय नहीं ले सकती। मुझे कुछ देर के लिए अकेला छोड़ दीजिए, तब तक मैं किसी निर्णय पर आती हूँ।' यह बात दोहराकर उन्होंने वल्जा को भी अंतर्कक्ष छोड़ने को कहा।

वे अपने कक्ष में ही भ्रमण कर दिन में हुए सारे घटनाक्रमों को याद कर रही थीं और किसी निर्णय तक नहीं पहुँच पा रही थीं। उन्हें लगा कि अब सिर्फ एक ही व्यक्ति है, जो उन्हें इस संकट से दूर ले जा सकता है, और वह हैं उनके गुरु अभिनवगुप्त। उन्होंने सोचा कि गुरुजी से जाकर मिला जाए, और उसी समय उनके दिमाग की सारी उलझनें, सारी परेशानियाँ अपने आप गायब हो गईं। उन्होंने वल्जा को बुलाया और उन्हें वहाँ तुरंत पहुँचाने की व्यवस्था करने को कहा।

जैसे ही वे अभिनवगुप्त के घर पहुँचीं, उन्होंने देखा कि वे ध्यान पर बैठे हैं। उन्होंने अपने सेवकों एवं रक्षकों को उन्हें व वल्जा को अकेले छोड़ने को कहा और वे उनका ध्यान पूरा होने तक इंतजार करती रहीं।

कुछ समय के बाद, अभिनवगुप्त ने अपनी आँखें खोलीं, उन्होंने देखा कि रानी दिद्दा एवं वल्जा उनके समक्ष बैठी हैं। उन दोनों ने उनके समक्ष फूल अर्पित कर अपनी श्रद्धा प्रस्तुत की। अभिनवगुप्त अपनी जगह से उठे और दिद्दा के कंधे पर हाथ रखकर उन्हें भी उठने का इशारा किया।

अभिनवगुप्त ने पूछा, 'रानी, इस समय वह क्या चीज है, जिसके कारण आप यहाँ आई हैं?'

आवाज में कँपकँपाहट के साथ दिद्दा ने कहा, 'गुरुजी···' दिद्दा ने कहा कि वह रानी, माँ व नातिन के रूप में अपने कर्तव्यवहन के बीच फँस गई हैं।

दिद्दा ने आगे कहा, 'नरवाहन ने मुझे राजधर्म अपनाने की सलाह दी, वल्जा

मुझे अपने दिल की बात सुनने को कह रही हैं, पर मुझे कुछ समझ में नहीं आ रहा है।'

अभिनवगुप्त ने कहा, 'रानीजी, बेशक नरवाहन एक बुद्धिमान व्यक्ति हैं। आप पहले राज्याभिषेक कराएँ और फिर तुरंत ही काबुल के लिए प्रस्थान करें। मैं आपके साथ चलूँगा।'

'मेरे भीतर की शंका को दूर करने के लिए आपका धन्यवाद, पर मैं यह समझने में असमर्थ हूँ कि आप मेरे साथ काबुल क्यों जाएँगे?'

अभिनवगुप्त मुसकराए और फिर उन्होंने कहा, 'समय आने दो, तब मैं तुम्हें बताऊँगा। आप अभी जाएँ और थोड़ा आराम करें, कल पूरा दिन आपके लिए बहुत ही व्यस्त रहेगा।'

दिद्दा एवं वल्जा अभिनवगुप्त के घर से चले गए। जब उन्होंने दोनों को जाते हुए देखा तो मुसकराने लगे और स्वयं से कहने लगे, 'दिद्दा, अभी आपकी यात्रा समाप्त नहीं हुई है, अभी आपको काफी आगे जाना है, भाग्य आपका इंतजार कर रहा है।'

जैसे ही सूर्य पर्वतों के ऊपर चढ़ा, कश्मीर के इतिहास में एक नया अध्याय शुरू होनेवाला था। एक लंबे समय के बाद एक नए राजा का राज्याभिषेक होनेवाला था। पूरा कश्मीर उत्सव मनाने के माहौल में था। पास एवं दूर-दूर देशों के राजा एवं कुलीन लोगों को इस अद्भुत आयोजन में शामिल होने के लिए आमंत्रित किया गया था। दिद्दा ने कोई भी कोर-कसर नहीं छोड़ रखी थी कि वह इस आयोजन की भव्यता एवं उत्साह में कोई कमी छोड़ें। चाहे डर के मारे हो, या दिद्दा के प्रति सम्मान के कारण, हर राजा राज्याभिषेक में शामिल होने के लिए आया। देश के हर भाग से पंडितों को बुलाया गया था। देश की सभी नदियों से पवित्र जल सुनहरे बरतनों में लाया गया। साम्राज्य को इस तरह से सजाया गया था, जैसे कि कोई नई-नवेली दुलहन हो।

मुहूर्त या नियत पवित्र समय में, राजा अभिमन्यु का कश्मीर के नए राजा के रूप में अभिषेक किया गया। दिद्दा ने स्वयं नए राजा के सिर पर मुकुट पहनाया और उसके बाद उन्होंने कश्मीर के अद्भुत महल के मंच पर गौरवान्वित होकर उद्घोष किया, 'राजा अभिमन्यु अमर रहें!'

पूरा महल अचानक से नए राजा के सम्मान में होनेवाले आयोजन से गूँजने लगा और चहुँओर से आवाज आने लगी, 'राजा अभिमन्यु अमर रहें!'

एक ओर नए राजा के सम्मान में हो रहे उत्सव चल ही रहे थे, वहीं दूसरी ओर अभिनवगुप्त ने दिद्दा को पूर्णिमा के पहले दिन काबुल की ओर प्रस्थान करने के लिए सुझाया, जिससे कि अगली अमावस तक वह काबुल पहुँच जाएँ।

'फिर अमावस का क्या होगा?' दिद्दा यह जानने के लिए उत्सुक थीं, पर अभिनवगुप्त सिर्फ मुसकराकर रह गए। उनकी मुसकान ने दिद्दा को और चिंता में डाल दिया और वे सोचती रह गईं कि आनेवाली अमावस की रात में क्या होगा।

दिद्दा ने काबुल के लिए एक पखवाड़े की अपनी लंबी यात्रा शुरू की, साथ में उनके साथ-साथ चलनेवाली उनकी छाया एवं एकांगी सेना व वल्जा भी उनके साथ चल दीं और साथ में थे दिद्दा के गुरु अभिनवगुप्त।

काबुल के महल में राजा भीमशाह बिस्तर में पड़े हुए थे। ऐसा पहली बार था कि वे इतने दिनों से बिस्तर पकड़े थे। उन्होंने अभी तक अपनी जिंदगी में कभी आराम नहीं किया। उनकी नातिन दिद्दा उनके बगल में बैठ गईं, और उनके स्वास्थ्य के प्रति चिंता करने लगीं। उस सदी के विश्वप्रसिद्ध आध्यात्मिक गुरु अभिनवगुप्त ग्रहों, नक्षत्रों और समय की चाल की गणना करने लगे। दिद्दा बहुत ध्यान से उन्हें देखती रहीं और क्योंकि उन्होंने बहुत सावधानी से एक थाली में सिंदूर से कुंडली बनाई। गहन गणना करने के बाद अभिनवगुप्त ने भीमशाह से उनकी अंतिम इच्छा के संबंध में पूछा।

दिद्दा की आँखें फटी-की-फटी रह गईं और अभिनवगुप्त के ऐसा प्रश्न पूछने पर आँखों से अश्रुधारा बह निकली। भीमशाह ही वे व्यक्ति हैं, जिन्होंने दिद्दा को बहुत सारा प्यार किया, हो सकता है वल्जा से भी ज्यादा। उनकी सारी मुश्किलों को वे अपने प्यार से ढक देते थे। पर, यह प्रश्न उनके दिमाग में हमेशा कौंधता रहा।

बिस्तर में लेटे-लेटे भीमशाह ने अभिनवगुप्त के समक्ष हाथ जोड़कर उनके प्रति अपनी कृतज्ञता व्यक्त की। अपनी मृत्यु की खबर सुनकर उन्हें किसी प्रकार की कोई परेशानी नहीं हुई। उन्होंने बहुत ही अच्छा जीवन जीया था। दिद्दा का दुःख से भरा चेहरा देखकर उन्होंने उसे अपनी ओर खींचा और पूछा, 'क्या तुम ऐसे ही दुःखी रहोगी या अपने नानाजी की अंतिम इच्छा पूरी करने का प्रबंध करोगी?'

एक बुझी सी मुसकान के साथ दिद्दा ने सादर उनसे उनकी अंतिम इच्छा पूछी। उन्होंने कहा, 'मैं चाहता हूँ कि काबुल के शिव मंदिर के सारे अघोरी महारुद्राभिषेक करें। अघोरियों के आशीर्वाद में भगवान् शिव निवास करते हैं। मैं

उनसे आशीर्वाद लेना चाहता हूँ, जिससे मुझे अपने साम्राज्य की सुरक्षा के लिए कभी भी चिंतित न होना पड़े।'

नानाजी, जब मृत्युशय्या पर पड़े थे, ऐसे में भी वे अपने देश की चिंता कर रहे थे, उसे देखकर दिद्दा बहुत प्रभावित थीं। उन्होंने तुरंत ही नानाजी को सहयोग का वादा किया कि तभी अभिनवगुप्त बीच में बोल पड़े, 'तुम्हारे पास इतना समय नहीं है।'

दिद्दा ने उनसे पूछा, 'उनके पास कितना समय है?'

अभिनवगुप्त ने सत्यनिष्ठा से कहा, 'तीन घंटे।'

दिद्दा की आँखें नम हो गईं और उन्होंने अपने आँसुओं को रोकने की कोशिश की और फिर ऊपर देखा। वे वहीं नानाजी का हाथ पकड़कर बैठ गईं। अभिनवगुप्त की बात सुनकर भीमशाह को अपने शरीर में एक प्रकार की ऊर्जा का अनुभव हुआ। वे अपने बिस्तर से नीचे उतरे और कहने लगे, 'भगवान् शिव मेरे प्रति बहुत दयालु हैं। वे मुझे जल्दी बुलानेवाले हैं। अब महल में ही भगवान् शिव के आह्वान का प्रबंध करो। मैं स्वर्ग तक जाने के लिए उनके नाम का जाप करते हुए जाना चाहता हूँ। मेरे लिए अभिषेक की तैयारी करें।'

पूरा साम्राज्य उनकी अंतिम इच्छा पूरी करने में जुट गया था। दिद्दा ने सारा कार्य अपनी निगरानी में करवाया, वहीं पूरा शाही परिवार राजा के आसपास एकत्र हो गया। ग्यारह ब्राह्मणों ने पवित्र पूजा शुरू कर दी। महल का कोना-कोना 'ॐ नमः शिवाय' के मंत्र से गूँज उठा। राजा के शरीर पर तेल एवं हल्दी का लेप लगाया गया। फिर उन्हें पानी से नहलाया गया, जिसमें विभिन्न औषधियाँ डाली गई थीं। उनके माथे पर चंदन का लेप लगाया गया, उसके बाद इत्र लगाया गया। फिर उन्हें दुर्लभ कश्मीरी शहतूत के रेशम से बने कपड़े पहनाए गए। हालाँकि, हर कोई हृदय से रो रहा था, पर सबने उनकी छोटी-छोटी इच्छाओं को पूरा करने की पूरी कोशिश की।

राजमहल के भीतर ही शिव मंदिर की वेदी पर, अग्नि को चंदन व कपूर के साथ प्रज्वलित किया गया। भीमशाह भगवान् शिव के समक्ष बैठ गए। वे भगवान् शिव की आँखों में देखने लग गए और फिर पूरे भक्तिभाव से शिवस्तुति गाने लगे।

भीमशाह लगातार श्लोक गाते रहे और उनके शरीर में एक अजीब ऊर्जा आती गई। ऐसा लगने लगा कि उनके सामने रखी शिवमूर्ति में जीवन आ गया हो। भीमशाह को लगने लगा कि भगवान् शिव उनके सामने आग की लपटों से निकलकर नटराज

की तरह नृत्य करने लग गए हों। वे उन लपटों की ओर आकृष्ट होते गए, जैसे वे उन्हें साथ ले जाने को आ गए हों। जैसे-जैसे श्लोकों की गति बढ़ने लगी, भीमशाह भगवान् की ओर जाने लगे। दिद्दा को राजा भीमशाह का मकसद समझ आ गया और वे उनको रोकने के लिए भागीं, पर अभिनवगुप्त तुरंत वहाँ आए और पीछे से उनका हाथ रोक लिया। दिद्दा हैरान थीं और अपने गुरु से आँखों के द्वारा दया की याचना कर रही थीं। पर अभिनवगुप्त अपनी बात पर कायम रहे। अपने गुरु की आज्ञा के आगे नतमस्तक होकर असहाय दिद्दा वहीं रुक गईं। वे अब भगवान् के सामने ही आशा के साथ प्रार्थना करने लग गईं। वे अब असहाय होकर अपने नानाजी को मृत्यु की ओर अग्रसर होते हुए देखने लगीं। पूरा महल भी इस दृश्य को देखने के लिए रुक गया था। अपने आसपास के सारे परेशान लोगों से अनजान, भीमशाह अग्नि की ओर बढ़ते गए, और साथ-साथ शिव का जाप करते गए। जैसे ही उन्होंने स्वयं को शिव की मूर्ति के पास पाया, वे आसपास की दुनिया को भूल गए। उनके चेहरे से अनवरत अश्रुधारा बह निकली। अग्नि की तेज लपटें अब उन्हें डरा नहीं रही थीं। दिद्दा ने एक बार फिर से हटने की कोशिश की, पर अपने गुरु के चंगुल में रहने के कारण वे बेबस हो गईं। जैसे ही राजा ने बड़े से हवनकुंड में अपने पैर रखे, वैसे ही रानी ने पक्षी की तरह कर्कश आवाज निकालनी शुरू कर दी। उनके मुलायम रेशमी कपड़े आग में जल गए और उनका शरीर अग्नि में जलने लगा, पर उनके चेहरे में भावनाएँ भरी हुई थीं। ऐसा लग रहा था कि वे इस मौके का हमेशा से ही इंतजार कर रहे थे। उनकी आत्मा शरीर को पीछे छोड़कर शिव से एकाकार होने को व्याकुल थी। अब वे हवन कुंड के भीतर थे। धधकती अग्नि ने उन्हें समाहित कर लिया और धीरे-धीरे उनका मांस, हड्डी सभी राख में परिवर्तित हो गए, और वे शिवलोकगामी हो गए। दिद्दा अपने आपको रोक नहीं पाईं और उन्हें चक्कर आने लगे। अपने जीवन में वे दूसरे महत्त्वपूर्ण व्यक्ति को खो चुकी थीं, जिसने उन्हें बहुत प्यार किया था, और उनका इस प्रकार जाना असहनीय था।

काबुलवासियों ने अपने-अपने सिर बड़ी श्रद्धा से नीचे झुका लिये और ऐसा उन्होंने अपने राजा के निधन के कारण उन्हें अपनी श्रद्धांजलि देने के लिए किया।

राजा भीमशाह की मृत्यु की खबर देश एवं हिंदुस्तान से बाहर विदेश में जंगल की आग की तरह फैल गई। विभिन्न देशों के राजे-महाराजे तुरंत अपनी संवेदना व्यक्त करने के लिए काबुल पहुँच गए। हालाँकि, इस खबर से हिंदुस्तान की सीमा

से सटे जियारिद साम्राज्य में खुशी की लहर दौड़ गई। एक समय ईरान के विशाल साम्राज्य का हिस्सा होनेवाला यह साम्राज्य अब छिन्न-भिन्न होकर छोटी-छोटी रियासतों में बँट गया था।

जियारिद साम्राज्य अब तबरिस्तान द्वारा शासित था। हिंदूशाही राजा भीमशाह की मृत्यु की खबर सुनते ही, जियारिद राजा वुशमागिर को वह अवसर दिखने लगा, जिसकी वह काफी समय से प्रतीक्षा कर रहा था। काबुल पर विजय पाना उसका सपना था। भीमशाह के शासन के दौरान कोई भी काबुल की तरफ आँख उठाकर भी नहीं देख सकता था, पर अब स्थिति अलग हो गई थी।

अब ऐसा कोई नहीं था, जो वुशमागिर की ताकत को चुनौती दे सकता था। अपने सेनापति अबू मोहम्मद के साथ वुशमागिर ने काबुल पर आक्रमण की योजना बनाई। उन्हें लगा कि भीमशाह के उत्तराधिकारी राजकुमार जयपाल उसकी बराबरी में कहीं भी नहीं हैं। उसका सेनापति ही राजकुमार के लिए काफी है। ऐसे विचार के साथ, वुशमागिर ने अपनी विशाल सेना अबू मोहम्मद के नेतृत्व में भेज दी, जो काबुल पर हमला करने के लिए कूच कर गई। महान् मध्य एशियाई मैदानी इलाके में युद्ध के लिए पूरी तैयारी की जा चुकी थी। इतिहास का एक पन्ना लिखे जाने का इंतजार था, जो बाद में भविष्य में भुला दिया जाता।

दिद्दा अपने नानाजी की दक्षक्रिया या दाह संस्कार में व्यस्त थीं। पास एवं दूर से अनेक स्त्री-पुरुष अपने परिवार के साथ आकर काबुल के प्रतापी शासक के सम्मान में अपनी शोक-संवेदनाएँ व्यक्त कर रहे थे। इसी बीच दिद्दा की एकांगी सेना के एक जासूस ने आकर यह सूचना दी कि अबू मोहम्मद अपनी विशाल सेना लेकर काबुल की ओर कूच कर चुका है। दिद्दा अपने नानाजी की मृत्यु पर शोकग्रस्त थीं, पर उनके भाग्य में आराम का कोई समय नहीं था। यह खबर भी दिद्दा को तुरंत उनके शोक से बाहर ले आई और उन्होंने अपने भीतर के गुस्से को दबाया।

वैसे तो काबुल स्वयं किसी भी आक्रमण से जूझने के लिए सक्षम था, पर आज कुछ और बात थी। अपने प्रमुख सेनापति के बिना काबुल को कोई भी भेद सकता था। न ही सिंहराज, और न ही नवनियुक्त राजा जयपाल में अबू मोहम्मद की भयानक सेना का सामना करने का साहस था। दिद्दा को यह पता था कि अगर काबुल पर फारस का नियंत्रण हो गया तो कश्मीर पर भी युद्ध का काला साया पड़ जाएगा, क्योंकि दोनों साम्राज्यों की एक ही सीमा थी।

समय की कमी थी और दिद्दा बहुत ही अजीब परिस्थिति से गुजर रही थीं। दिद्दा ने एक बार फिर से अपने बुद्धिमान परामर्शदाता अपने गुरु अभिनवगुप्त से सलाह ली। वह सौभाग्यशाली थी कि उसके साम्राज्य में एक ऐसे गुरु थे, जिनकी सलाह उन्हें हमेशा नई ऊँचाइयाँ देती थी। उस रात भी लगभग वही हुआ।

उस रात जब दिद्दा अपने गुरु अभिनवगुप्त से मिलीं, उन्हें यह बताने की जरूरत नहीं पड़ी कि उसे क्या चिंता खाए जा रही है। उन्होंने उस रात उन्हें एक जीवन-परिवर्तक मंत्र दिया। उन्होंने कहा, 'अभी शाही सेना का मनोबल कमजोर है, फारस की सेना के आक्रमण की बात से वे और हिल जाएँगे। राजा भीमशाह के बाद अभी कोई योग्य शासक नहीं है। जनता भी इस तरह के लगातार होते हुए घटनाक्रम से घबरा जाएगी। ऐसी परिस्थिति में, हरकोई किसी ऐसे नेतृत्व की ओर आँख उठाए देख रहा है, जिस पर वह विश्वास कर सके। तुममें वह क्षमता है। मुझे यह पता है, पर दुनिया को इस बात का भरोसा दिलाने के लिए, तुम्हें कुछ असाधारण करना होगा।'

आश्चर्य से भरी दिद्दा ने कहा, 'असाधारण ? यह एक आपदा है, गुरुजी।'

उस महान् व्यक्ति ने कहा, 'जरा सोचो, अगर तुमने काबुल को इस आनेवाले संकट से निकाल दिया, अगर तुम इस संकट को एक अवसर में बदल देती हो, तो यह संसार तुम्हारी ताकत का लोहा मानेगा। तुम्हें हमेशा के लिए एक महान् सम्राज्ञी का ओहदा मिल जाएगा।' इस गुरुमंत्र से दिद्दा के विचारों को एक नई दिशा मिली।

अपने नानाजी के संरक्षण में दिद्दा एक अच्छी शागिर्द बनीं। इसलिए बुद्धिमानी, जल्द निर्णय लेने की क्षमता, किसी रणनीतिक मुकाबले में सही कार्यान्वयन की सारी खूबियाँ उनमें कूट-कूटकर भरी थीं। दिद्दा ने अपने परिवार में से किसी को भी नहीं बताया कि काबुल पर फारसी लोगों के आक्रमण का साया मँडरा रहा है। जैसे ही सारी विधियाँ समाप्त हुईं, दिद्दा अपनी एकांगी सेना के साथ घुप्प रात्रि में बामियान के लिए प्रस्थान कर गईं। हालाँकि, राजा सिम्हराज हमेशा से ही यह जानते थे कि रानी दिद्दा के काम कभी भी न्यायविरुद्ध एवं गलत नहीं रहे हैं।

अभिनवगुप्त द्वारा सुझाए जाने के कारण उन्होंने रातोरात बामियान की दूरी पूरी कर ली। इससे अबू मोहम्मद को हराना आसान होगा और यही नानाजी को असली श्रद्धांजलि होगी।

वहीं काबुल के दूसरी ओर अबू मोहम्मद ने ईरान छोड़ दिया था। पर बहुत

लोग यह नहीं जानते थे कि वह काबुल पर विजय नहीं पाना चाहता था, उसकी आँखें तो पूरे हिंदुस्तान पर लगी थीं। काबुल तो पहला ही कदम था, फिर कश्मीर के लिए उसके रास्ते खुल जाते, क्योंकि वह फिर हिंदुस्तान को अपने कब्जे में करना चाहता था। अबू इस देश के संबंध में काबुल के दूसरी ओर से बहुत सारी बातें जानता था। उसकी सेना में पहले से ही काफी उत्साह था कि वे हिंदुस्तान नाम की सोने की चिड़िया को लूटने जा रहे हैं। उन्होंने हमेशा ही इस देश की संपन्नता के विषय में सुना था। हिंदुस्तान पर हमला करना उनका हमेशा से ही उद्देश्य था और करीब 300 सालों से वे इसका सपना देख रहे थे।

अबू मोहम्मद ने राजा वुशमागिर से वादा किया था, 'आप मुझे काबुल पर फतह हासिल करने के लिए भेज रहे हैं, मैं न सिर्फ भीमशाह के काबुल पर विजय हासिल करूँगा, बल्कि मैं आपको उनकी बेटी का लोहारिन साम्राज्य भी उपहारस्वरूप भेंट करूँगा।'

वुशमागिर ने अपना भ्रष्ट आचरण दिखाते हुए पूछा, 'मैंने भी सुना है कि भीमशाह की नतिनी बहुत ही सुंदर है?'

मजाक उड़ाते हुए अबू ने कहा, 'आप उस लँगड़ी टाँगवाली घोड़ी का क्या करेंगे? पर अगर आप चाहते हैं, तो मैं आपकी सेवा में कश्मीर का साम्राज्य भेंट कर सकता हूँ, जो उससे तो कहीं ज्यादा सुंदर है।' इस तरह दोनों ठठाकर रानी की अपंगता का मजाक उड़ाने लगे।

इस प्रकार उन्होंने सेना को विदा किया, राजा वुशमागिर ने अपनी सेना में खूब जोश एवं उत्साह भरा और उन्हें हिंदुस्तान में खूब तबाही मचाने को कहा और साथ में यह वादा किया कि वे सब जल्द ही कश्मीर की घाटी में एक साथ मिलकर रात्रिभोज करेंगे। इस तरह सब लोगों ने नए उत्साह के साथ आगे के लिए प्रस्थान किया। उन क्रूर, आक्रामक और बर्बर लड़ाकों के सामने दिद्दा की सेना संख्या में भी कम थी और बहुत ज्यादा सभ्य थी।

बामियान में दिद्दा अभिनवगुप्त एवं नरवाहन के साथ बातचीत कर रही थीं। नरवाहन इस बात से चिंतित था कि भीमशाह की अनुपस्थिति में उनकी सेना का मनोबल बहुत ही हलका था। पर दिद्दा के चेहरे पर ऐसी कोई चिंता की रेखाएँ नहीं थीं। वे युद्ध के बारे में एकदम भी चिंतित नहीं थीं, वे तो विजयगाथा लिखने को तैयार थीं। हालाँकि, नरवाहन बहुत ही ज्यादा परेशान था, क्योंकि उसे वह एक युद्ध

नहीं, अपितु एक आत्मघाती अभियान लग रहा था।

दिद्दा ने बामियान के पास के इलाकों का एवं युद्ध संबंधित मानचित्र देखा। उसके दिमाग में कुछ अलग ही बात चल रही थी। उनकी योजना थी कि शत्रुओं को बामियान में ही रोका जाए। उनके विचारों में अचानक एक संदेशवाहक ने आकर खलल डाला और कहा, 'हे रानी, हमने सुना है कि सिर्फ काबुल ही नहीं, लोहार एवं कश्मीर पर भी जल्द आक्रमण होगा···और फिर पूरे हिंदुस्तान पर।' संदेशवाहक और भी कुछ कहना चाहता था, पर उसकी झिझक स्पष्ट दिख रही थी।

यह वह खबर थी, जिसे सुनकर दिद्दा डर गईं।

अभिनवगुप्त ने बीच में हस्तक्षेप किया और सीधे उनकी आँखों में देखा। अभिनवगुप्त ने दिद्दा से कहा, 'यह संदेशवाहक रानी की विकलांगता को लेकर उन शत्रुओं द्वारा किए गए अपमानजनक शब्दों का प्रयोग नहीं कर पाएगा।' दिद्दा की आँखों से अंगार बरसने लगे और उन्होंने कहा, 'कश्मीर में मेरी आज्ञा के बिना एक परिंदा भी पर नहीं मार सकता है। इन आक्रमणकारियों की हिम्मत कैसे हुई कि वह मेरे कश्मीर पर अपनी नजर गड़ाकर बैठे हैं। हो सकता है कि मैंने उन्हें बामियान दे दिया होता, पर अब वह भी एक इंच भी नहीं।'

उन्होंने नरवाहन से कहा, 'सेना को सचेत कर दो कि वह सुरक्षा और बढ़ा लें। उन्हें नियमित रूप से सुरक्षा इंतजामों को सुनिश्चित कर जाँचना होगा।'

काबुल एवं बामियान के मानचित्र पर नजर डालते हुए नरवाहन ने प्रश्न किया, 'हमें इधर काबुल की सीमा पर होना चाहिए। हम सीमा पार कर बामियान में क्या कर रहे हैं?'

दिद्दा ने घोषणा की, 'यहाँ बामियान में भी एक आयोजन किया जाना है। काबुल एवं कश्मीर जहाँ से भी हो, सारे अघोरियों को जमा करो।'

वे अभिनवगुप्त एवं नरवाहन के साथ बामियान में घूमकर, उस आयोजन की सफलता की सारी योजनाएँ बना रही थीं कि कुछ भी चीज रह न जाए। नरवाहन बहुत ही भ्रमित था, पर उसे दिद्दा की बुद्धिमानी पर पूरा भरोसा था।

दो दिन के भीतर बामियान में पूरे उत्तर भारत से अघोरी आकर जमा हो गए। वहाँ पैर रखने तक के लिए जगह नहीं थी। दिद्दा ने स्वयं जाकर वहाँ तैयारियों का जायजा लिया, जो उनके नानाजी भी करते थे, और साथ ही सेना की भी गतिविधियाँ देखीं।

उन्होंने महल की सुरक्षा का निरीक्षण किया। इसी बीच उन्होंने नवनियुक्त राजा जयपाल को फिर से यह दोहराया कि स्व. राजा भीमशाह ने उन्हें अपने उत्तराधिकारी के रूप में उनकी क्षमताओं के कारण चुना है। उन्हें भी अपना कौशल एवं क्षमता का जरूरत पड़ने पर परिचय देना पड़ेगा। वह दूसरी तरह से जयपाल को आनेवाले युद्ध के लिए तैयार कर रही थीं।

बामियान में तीसरे दिन अभिनवगुप्त सभी अघोरियों से मिले और एक वृहत् तांत्रिक आयोजन शुरू किया। ऐसा पहले कभी नहीं देखा गया, जिसमें इतने सारे अघोरी एक साथ एकत्र हों और वे एक महान् तांत्रिक के सान्निध्य में यह सब कर रहे हों। ऐसा लग रहा था कि जैसे भगवान् शिव स्वयं धरती पर उतरकर अपने सारे परम भक्तों का आभार प्रगट कर रहे हों।

अभिनवगुप्त ने अपनी मध्यम एवं भारी आवाज में श्लोक पढ़ने शुरू कर दिए और ऐसा लगने लगा कि उनकी अंगार निकालती आँखों से स्वयं महाकाल के दर्शन हो रहे हों। त्रिपुंड्रधारी अघोरियों ने भगवान् शिव की मूर्ति के सामने तांडव करना (शिवजी का नृत्य) शुरू किया।

जहाँ पूरा बामियान साम्राज्य अभिनवगुप्त द्वारा किए जा रहे अनुष्ठानों की आवाज में सराबोर था, वहीं दूसरी ओर राजा वुशमागिर की सेना, जिसका नेतृत्व अबू कर रहा था, चुपचाप बामियान में घुस गई। उन्होंने शहर में प्रवेश किया और सीधे अघोरियों के पास पहुँचे, जो शिव के प्रति अपनी भक्ति प्रदर्शित करने में समर्पित थे। अबू के लोग अघोरियों को देखकर, उनकी रीतियों और उन्मादी नृत्य को देखकर हँस रहे थे। अघोरी अपनी श्रद्धा में इतने लीन थे कि उन्हें किसी सेना के आगमन का कुछ पता नहीं चला। बल्कि, उन्होंने सेना को आगे जाने का रास्ता भी दे दिया। जल्द ही, वुशमागिर की सेना ने वह जगह पार की और बामियान के बाहर अपना डेरा डाल दिया। काबुल अब कुछ ही मीलों की दूरी पर था। काबुल नामक अपने अनमोल पुरस्कार को पाने के ठीक पहले अब सिर्फ एक रात का फासला बाकी था। वे अगले दिन काबुल पर आक्रमण करनेवाले थे।

उस घनेरी रात में अबू ने अगले दिन की संभावित विजय का जश्न मनाया। उसी समय उसके दूत ने उसे संदेश दिया कि रानी दिद्दा का दूत उन्हें संदेश देने के लिए आया है। उसने यह बताया कि रानी उससे एक मुलाकात की इच्छुक हैं। अबू तो अभी से स्वयं को विजयी समझ बैठा, उसे लगा कि उसने आधी जंग अभी

ही जीत ली। उसने काबुल के राज-प्रतिनिधि का उपहास करते हुए कहा, 'क्या भीमशाह की मृत्यु के बाद काबुल में पुरुषों की कमी हो गई है? क्यों एक औरत को शांति-वार्त्ता के लिए भेजा जा रहा है?'

दूत ने भी तपाक से जवाब दिया, 'हिंदू रीतियों के अनुसार, एक राजा का बेटा अंतिम संस्कार की सारी रीतियों के पूरा होने तक घर से बाहर किसी भी प्रकार की गतिविधियों में हिस्सा नहीं ले सकता।'

अबू ने आगे कहा, 'कहीं ऐसा तो नहीं कि काबुल के लोग औरतों की खूबसूरती के पीछे छुप जाते हैं? अगर ऐसा है, तो उन्हें कहना हमारे वहाँ के सेवक भी आपकी रानी से ज्यादा खूबसूरत हैं। यह सारी युक्तियाँ हमारे ऊपर काम नहीं करेंगी।'

दूत ने अपनी नम्रता प्रदर्शित की और जवाब दिया, 'रानी दिद्दा को आपसे इसी उत्तर की आशा थी। इसीलिए, उन्होंने आपके लिए पहले से ही एक जवाब भेजा है, काबुल की सिर्फ एक बेटी से मिल लो और फिर तुम्हें वहाँ के किसी अन्य पुरुष से मिलने की जरूरत नहीं पड़ेगी।' अबू इस संदेश से आगबबूला हो गया और तुरंत बोला, 'अब तो मुझे तुम्हारी रानी से मिलना ही पड़ेगा!'

गुस्से से बौखलाए एवं अपमानित अबू ने बदले की आग में पूरी रात गुजार दी और पौ फटने का इंतजार किया।

सुबह होते ही बामियान में अभिनवगुप्त ने तांत्रिक विधि-विधान से पूरे उत्साह के साथ भगवान् शिव का अभिषेक किया। इसी से मिलते-जुलते पूरे लय में रानी भी अपने पंद्रह योद्धाओं के साथ एक लड़ाकू के भेस में आईं। फिर नरवाहन के साथ, वे अबू के ठिकाने में बहुत तेजी से घुस गईं। रास्ते में आती भीड़ और अघोरियों के झुंड को चीरते हुए दिद्दा अबू के ठिकाने पर पहुँच गईं। जिस तीव्र गति से रानी छावनी की तरफ आगे बढ़ रही थीं, उसे देख अबू के सैनिक दाँतों तले उँगली दबा लिए। दिद्दा को देखकर अबू की सेना का आकार बढ़ गया, क्योंकि वे उनके पीछे सरपट भाग रही थीं। उनमें से हर कोई लंबा एवं मांसल था। युद्ध एवं कौशल तो लगता था कि उनके खून में रचा-बसा था, और वे दिद्दा को आक्रामक रूप से देख रहे थे। दिद्दा की नजरें भी हर क्षण का हिसाब रख रही थीं—वे उनकी घुड़सवार सेना, हाथी सेना और अन्य सभी चीजों पर नजर बनाए हुई थीं।

सात फीट का लंबा योद्धा अबू दिद्दा के साहस एवं गति से बहुत प्रभावित हुआ। अपने घोड़े पर सवार दिद्दा ने नरवाहन को इशारा किया कि वह उस तक

उनका संदेश भेजे। नरवाहन ने अबू को बहुत ही सख्त शब्दों में संबोधित करते हुए कहा, 'हम तुम्हें अभी भी चेतावनी दे रहे हैं कि यह हमारी धरती है। हमें युद्ध करने में कोई दिलचस्पी नहीं है, पर अगर तुमने युद्ध की ठान ही ली है, तो हम तब तक तुम्हें रोकेंगे भी नहीं, जब तक हम तुम्हारे इस जुझारूपन को समाप्त न कर दें। तुम्हारे लिए यह ही अच्छा होगा कि तुम उलटे कदम काबुल की धरती से वापस हो जाओ। अगर तुम शांतिपूर्वक अभी के अभी यहाँ से निकलना सुनिश्चित करते हो, तो हम तुमसे वादा करते हैं कि हम तुम्हारे सुरक्षित निकलने का बंदोबस्त करेंगे।'

अबू नरवाहन का भाषण सुनकर दंग रह गया। उसे लगा था कि दिद्दा उससे दया की भीख माँगेगी। पर, उल्टे दिद्दा ने अबू की सैनिक क्षमता को ललकारा और उसके महत्त्वाकांक्षी घमंड को खत्म करने के लिए वह सिर्फ पंद्रह सैनिकों की छोटी सी टुकड़ी लेकर आई थी। अबू नरवाहन की ओर आया और जोर से चिल्लाया, 'क्या तुम्हारी रानी के अंदर सचमुच इतनी आग है या…'

इससे पहले कि अबू अपना वाक्य पूरा कर पाता, चार सैनिकों ने उसे घेर लिया और अपनी तलवार उसकी गरदन पर फेरने के लिए रख दी। तभी अबू की सुरक्षा टुकड़ी भी सचेत हो गई और उन चारों सैनिकों को घेर लिया। पर दिद्दा के कोई भी सैनिक घबराए नहीं। अबू के सैनिकों की परवाह किए बिना, उन्होंने अबू के घोड़ों की आँख पर हमला कर दिया। अबू के सैनिक दिद्दा के सैनिकों की त्वरितता एवं चपलता को देखकर हैरान थे। सारे पंद्रह सैनिक एक आवाज में चिल्लाते हुए अबू को कहने लगे कि या तो अपने कदम वापस खींच लो अन्यथा दुष्प्रभाव सहने को तैयार हो जाओ। उन्होंने अबू की प्रतिक्रिया का भी इंतजार नहीं किया और 'जय भवानी' का उद्घोष करते हुए सैनिक वहाँ से आगे बढ़ गए।

अबू बहुत क्रोधित हुआ, उसे लगा कि 'दिद्दा में इतना साहस है कि वह मुझे मेरे ही घर में आकर चेतावनी दे गई और जिंदा वापस चली गई।' उसने आदेश दिया कि वे दिद्दा को घेर लें। उसकी सेना की एक पलटन ने दिद्दा के पंद्रहों सैनिकों को घेर लिया। उनके जाने के सारे रास्ते बंद कर दिए गए, पर दिद्दा के योद्धा बहुत हिम्मती थे। इससे पहले कि अबू के आदमी यह समझ भी पाते कि क्या हो रहा है, दिद्दा की सारी पलटन ने उनका सत्यानास कर डाला। दिद्दा की एकांगी सेना ने बीभत्स रूप से उनकी सारी पलटन को काट गिराया।

अबू ने जो भी अभी देखा था, उसे देख वह सँभल भी नहीं पाया। वह जब तक

उस स्थिति को समझ पाता, उसके सामने अचानक से एक अकल्पनीय परिस्थिति उत्पन्न हो गई। वह ईरान से अपनी ताकतवर एवं बर्बर सेना के साथ इसलिए नहीं आया था कि वह पंद्रह सैनिकों की टुकड़ी एवं एक विकलांग महिला के सामने घुटने टेक दे। अचानक, उसे लगने लगा कि उसकी जिंदगी खतरे में है। दिद्दा अबू के सामने खड़ी हो गईं और उसके चेहरे पर डर एवं दर्द की रेखाएँ दिखाई देने लगीं। जीवन या मृत्यु के बचे उन कुछ क्षणों में, जैसे-जैसे दिद्दा पास आती गईं, अबू की आँखें उसे देखकर चौंधियाती रहीं। अपने घोड़े पर सवार दिद्दा ने कहा, 'हम तुमसे शांति की अपील कर यह जगह छोड़कर जानेवाले थे। तुमने हमें धोखा दिया, पर फिर भी मैं तुम्हें एक और मौका देती हूँ, जाओ, चले जाओ!'

दिद्दा ने अपने घोड़े को उत्तेजित किया। वे अबू के पीछे भागती हुई चिल्लाईं, 'भाग जाओ, स्वयं को बचा लो नहीं तो मैं तीर के तरकश में तुम्हारा सिर रख ईरान भेज दूँगी।' अब दिद्दा के दल ने भी तेजी से उसका पीछा किया।

जिस समय दिद्दा ने उसे भागने को कहा, तब से वह विचार अबू के मस्तिष्क में बार-बार आ रहा था। अबू को अपना बहुत ज्यादा अपमान लगा और वह अपनी बारी आने की प्रतीक्षा कर रहा था। जैसे ही उसने स्वयं को अपने सुरक्षा घेरे में सुरक्षित पाया, वह चिल्लाया, 'आक्रमण!'

दिद्दा ने आक्रमण कहने की आवाज सुनी; उसे इस बात का पहले से ही एहसास था। योजना के अनुसार, शांति की उनकी पहल की कोशिश से अबू के सैनिक संतुष्ट थे। दूसरा, सिर्फ पंद्रह सैनिकों की टुकड़ी ने अबू की सेना के आत्मविश्वास में यकीनन कमी ला दी थी। वे उस छोटी सी टुकड़ी के विचित्र करतबों को देखकर भौचक्के थे।

अबू के सैनिक दबे स्वर में एक-दूसरे से बात कर रहे थे कि 'हमने तो भीमशाह की सेना के बारे में सिर्फ सुना ही था। अगर, वे आज यहाँ नहीं भी हैं तो क्या हुआ? उनके वीर सैनिक सारे उत्साह से भरे हुए हैं। हमारा मरण निश्चित है।'

दिद्दा की तीसरी योजना अब पूरी होने ही वाली थी। अबू के दूतों ने उन्हें यह सूचना दे दी थी कि दिद्दा की सेना अभी भी काबुल में है। सिर्फ पंद्रह सैनिक ही शांति-वार्त्ता की बात करने आ रहे हैं। हर कोई गलत साबित होना चाहता था। जिस क्षण दिद्दा ने अबू के युद्ध की ललकार सुनी, उनके पंद्रह शूरवीरों ने जोर से मंत्रोच्चार किया, 'हर-हर महादेव।'

जैसे ही दिद्दा के मंत्र आकाश में गूँजने लगे, हजारों अघोरी अपनी धुन से बाहर आ गए। पूरे आकाश में हजारों अघोरियों के युद्ध में चीख-पुकार की आवाज के साथ-साथ 'हर-हर महादेव' का उद्घोष भी गूँजने लगा। अबू एवं उनके सैनिक एक के बाद एक बदलते हुए घटनाक्रम को देखते हुए हैरान थे। उन्होंने स्वयं को दिद्दा के जाल में घिरा हुआ पाया और अघोरियों ने उन्हें कैद कर लिया। आक्रमणकारियों को यह बात समझ नहीं आई कि यह सारे अघोरी दिद्दा की एकांगी सेना के बर्बर लड़ाके हैं। वे बामियान में इस बार अघोरियों के भेस में आए थे। इस प्रकार दिद्दा ने अपनी आँखों से पहली बार गुरिल्ला युद्ध कौशल का उदाहरण भी देखा।

बहुत भयंकर युद्ध शुरू हो गया। रानी स्वयं युद्धभूमि में अपनी सेना का संचालन कर रही थीं।

युद्ध कला में प्रवीण दिद्दा के करीब 1,000 सैनिक अबू मोहम्मद के 30,000 सैनिकों पर काफी भारी थे। अबू के सैनिक दुश्मनों की दिशा और रणनीति के बारे में पता कर पाने में अक्षम थे। वे जल्द ही अबू के साथ अकेले युद्ध करने लग गईं, जो उसके लिए उसकी बराबरी से कहीं ऊँची थीं। अब दूसरी बार अबू की गरदन में दिद्दा ने तलवार टिका दी। अबू के सेनापति भी उसे छुड़ाने के लिए आए और दिद्दा के साथ युद्ध करने लगे। इस हिंसक युद्ध में अबू मैदान छोड़कर भागने लगा। यह युद्ध करीब चालीस मिनट चला होगा। बामियान प्रांत की भूरी मिट्टी थोड़ी ही देर में खून के लाल रंग से पट गई। चारों ओर छिन्न-भिन्न शरीर बिखरे पड़े थे।

'एक भी दुश्मन को मत छोड़ना। उनके शरीर का एक भी भाग नहीं, एक इंच शरीर भी नहीं छोड़ना,' दिद्दा एक शेरनी की तरह दहाड़ रही थीं। दिद्दा एवं उनकी एकांगी सेना तब तक नहीं रुके, जब तक उन्होंने अबू के शरीर में बचे दोनों हाथों को टूटे हुए शिविर में से बाहर नहीं निकाला।

विजयी रानी ने आदेश दिया कि सारे शिविरों में आग लगा दी जाए। नरक में जाने से अच्छा, अबू ने स्वयं को दिद्दा के सामने पाया। हालाँकि, उसका चेहरा डर से घबराया हुआ था और दिद्दा का चेहरा विजय के कारण दमक रहा था। बहुत तेजी के साथ, दिद्दा अपने घोड़े से नीचे उतरीं। यह विश्वास करना मुश्किल था कि दिद्दा लँगड़ी हैं। अपनी तलवार को लहराते हुए, वे अबू की तरफ लपकीं। उसने स्वयं को अकेला पाया और वह एक के बाद एक हो रहे घटनाक्रमों से सँभल नहीं

पा रहा था। उसने तुरंत ही आत्मसमर्पण कर दिया और दया की भीख माँगी।

उसके चेहरे पर अपने लँगड़े पैर को रखकर दिद्दा ने आवाज की, 'यह लँगड़ी घोड़ी तुम्हारी अब और कोई मदद नहीं कर सकती।'

नरवाहन ने उसे याद दिलाया कि 'आत्मसमर्पण किए गए दुश्मन को हमेशा ही क्षमा कर देना चाहिए।'

ऐसा सुनकर अबू की आँखों में आशा की एक लहर जाग गई। वह दिद्दा की ओर दया के लिए देखने लगा। दिद्दा उसे और ज्यादा तेजी से कुचलने के लिए आगे बढ़ीं पर नरवाहन ने तुरंत याद दिलाया कि 'एक आहत एवं चोटिल दुश्मन पलटकर दोगुनी ताकत से वार करता है।'

उसे पकड़ने की बात कहते हुए उन्होंने अबू मोहम्मद से कहा, 'तुम्हें पहले भी दो बार माफ किया जा चुका है, फिर भी तुमने डरपोक की तरह पीछे से वार किया। अब तुम्हें इसके खतरनाक परिणाम भुगतने होंगे!'

दिद्दा ने एक महावत को इशारा किया, जो अपने हाथी को बीच में लेकर आया। अबू को उस हाथी के सामने फेंक दिया गया। उसने स्वयं को बचाने की कोशिश की, पर वह मोटे जानवर के पैरों तले रौंदा गया।

एक बार फिर विजयी रानी दिद्दा अपने घोड़े पर सवार होकर अपने हाथ में केसरिया झंडा लिये माता भवानी की जय कहते हुए बामियान मंदिर की ओर अपने गुरु का आशीर्वाद लेने के लिए आगे बढ़ गईं।

□

प्रेमी नरवाहन की मौत और अविश्वास का जन्म

ईरान से आए सेनापति को हराकर युद्ध जीतकर वापस आईं दिद्दा के सम्मान में कश्मीर का साम्राज्य हर-हर महादेव के नारों से गूँज रहा था। पूरे साम्राज्य में उनकी विजय का जश्न मनाया जा रहा था, जबकि रानी ने स्वयं को अपने कक्ष में बंद कर लिया था।

नरवाहन ने उनके कक्ष में आकर उनसे भेंट की। उसने पूरे उत्साह के साथ कहा, 'मेरी रानी को बधाई, जिनके नेतृत्व में हमने इतनी अपार सफलता हासिल की।'

'किस बात की जीत, नरवाहन? युद्ध, खून की नदियाँ, मौतें—क्या तुम इसे जीत कहते हो? दुनिया भर में शांति क्यों नहीं हो सकती है?' दिद्दा ने अपने दिल की ये सारी बातें दु:खी मन से उससे कह दीं। ऐसा लग रहा था कि दिद्दा नरवाहन का इंतजार कर रही हों कि वह आए और ऐसी ही बात कहे, जिससे वह अपने मन के भीतर चल रहे ऊहापोह को उसके सामने रख दें, जो उनका सबसे विश्वसनीय मित्र भी था।

नरवाहन ने कहा, 'शांति? एक योद्धा रानी के जीवन में किसी प्रकार की कोई शांति नहीं होती। आप जैसी योद्धा को अपनी उस उपलब्धि पर फख्र होना चाहिए।'

चिढ़ी हुई दिद्दा ने कहा, 'नरवाहन, मुझे किस बात पर गर्व करना चाहिए? मुझे मेरी जिंदगी में क्या अच्छा मिला है? पहले, भगवान् मुझ पर दयालु नहीं थे, मुझे विकलांग बनाया। जन्म से ही मेरी अवहेलना हुई। मेरे माँ-बाप ने मुझे वल्जा के हाथों पलने के लिए छोड़ दिया। मुझे उनसे जो प्यार मिलना चाहिए था, वह कभी

नहीं मिला। एक योद्धा बनना मेरा कोई शौक नहीं था, यह मेरी जरूरत थी कि इससे मैं अपने पिता का थोड़ा ध्यान अपनी ओर खींच सकूँ, उनके सामने मैं यह साबित कर सकूँ कि मेरी भी अपनी एक जगह है।'

नरवाहन ने दिद्दा को सांत्वना देते हुए कहा, 'पर, देखिए आपने कितनी खूबी से अपनी महत्ता साबित की है। आपने सभी को दिखा दिया कि आपकी शक्ति एवं साहस किसी अन्य से किसी प्रकार से भी कम नहीं है।'

'पर नरवाहन, मुझे हमेशा ही अपने को साबित करने की जरूरत क्यों होती है? सिर्फ इसलिए कि मैं एक स्त्री हूँ? मैं एक योद्धा कभी नहीं बनना चाहती थी। फिर भी मुझे लड़ना पड़ा और मैंने भी हर युद्ध जीता, अगर मैं हार जाती, तो यही साम्राज्य जो आज मेरी जीत पर फख्र महसूस करता है, वह मेरे स्त्रीत्व की आलोचना करता, क्योंकि हर किसी को लगता है कि स्त्री कमजोर होती है। मेरे ही दरबारियों ने मेरे विरुद्ध साजिश रची, क्योंकि वे नहीं चाहते थे कि वे किसी स्त्री द्वारा शासित हों। मेरे दुश्मनों ने मुझे अपना शिकार समझा। वे मुझे और मेरा साम्राज्य दोनों ही चाहते थे। हर बार, मुझे स्वयं को साबित करने के लिए युद्ध लड़ना पड़ा, मेरी मौजूदगी, मेरा साम्राज्य, दरबार में और यहाँ तक कि मेरे परिवार के बीच में भी ऐसा ही हुआ।'

उन्होंने अपना सिर हिलाया और गहरी साँस लेते हुए कहने लगीं, 'वे कहते हैं कि शिव को शक्ति ही पूर्णता प्रदान करती है। वे शक्ति की पूजा करते हैं, काली को पूजते हैं और फिर भी—उन्हें मेरे शासन में—एक स्त्री के शासन में—रहना स्वीकार नहीं।'

'मैं आपके भीतर के रोष को समझ सकता हूँ, रानी; पर आपने हमेशा यह साबित किया है कि स्त्रियाँ किसी से भी कम नहीं हैं। आप स्वयं शक्ति का स्वरूप हैं। हर स्तर पर आपने सभी को आपसे प्रेम करने का एक कारण अवश्य दिया है।'

'पर, क्यों मुझे बिना किसी कारण के कोई प्यार नहीं कर सकता? मेरे माता-पिता ने मुझसे प्यार नहीं किया। साम्राज्य एवं राजमाता ने मुझसे सिर्फ इसलिए प्यार किया, क्योंकि मैं उनके राज्य के उत्तराधिकारी की माता हूँ। मेरे माता-पिता ने भी मुझसे तभी प्यार किया, जब मैं एक राजकुमार की माँ बन गई। हर कोई स्वार्थी है, नरवाहन। अगर मैंने एक पुत्र को जन्म नहीं दिया होता तो मेरा क्या होता? सभी के मन में मेरे लिए कोई जगह ही नहीं रहती। कभी-कभी मैं यह सोचती हूँ कि औरतें

किसलिए होती हैं? मुझे समझ ही नहीं आता। क्या वे सिर्फ इस शरीर का भोग कराने के लिए हैं, जिसे देख पुरुषों को आकर्षण हो? क्या वे सिर्फ एक आनंद की वस्तु हैं और अपने गर्भ में एक शिशु को रखने के लिए हैं?'

वे रुकीं, जैसे कि वे सोचकर कुछ बोलना चाहती हों, और फिर उन्होंने कहा, 'तुम्हें पता है? उन्होंने मुझे सिर्फ इसलिए प्यार किया, क्योंकि उन्हें मुझसे कुछ चाहिए था। सिर्फ एक व्यक्ति क्षेमगुप्त ने मुझे पूरी तरह से प्यार किया, पर भगवान् ने उन्हें मुझसे छीन लिया। अब, मेरी जिंदगी में कोई भी ऐसा व्यक्ति नहीं है, जो सिर्फ मुझे प्यार करे,' ऐसा कहते हुए उनकी आवाज काँपने लग गई।

'यह सच नहीं है रानी! ऐसे बहुत सारे लोग हैं, जो आपसे प्यार करते हैं। वे आपसे सिर्फ इसलिए प्यार नहीं करते कि आप उनकी रानी हैं, क्योंकि आप उनके राजकुमार की माँ हैं, इसलिए भी नहीं कि आपने हर युद्ध जीता है, पर आपको इसलिए प्यार किया है कि आप, बस आप हैं। हो सकता है, आपने इस बात का कभी अनुभव नहीं किया हो, पर वे लोग आपके आसपास ही हैं।' दुखी नरवाहन ने सहानुभूतिपूर्वक अपने विचार रखे। साम्राज्य में इस पूरी मारकाट एवं संकट के बीच नरवाहन को स्वयं यह पता ही नहीं चल पाया कि उसके मन के किसी कोने में दिद्दा के लिए गुपचुप तरीक से प्यार पनपने लगा था।

'पर अब मैं क्या करूँ, नरवाहन? मैं अब और बरदाश्त नहीं कर सकती।'

'रानी, आपने जैसा कहा कि शिव शक्ति के बिना अपूर्ण हैं, उसी तरह शक्ति भी शिव के बिना पूर्ण नहीं है। आपको स्वयं को पूर्ण रूप देने के लिए एक शिव की आवश्यकता होगी। मुझे पता है कि आपने दुनिया को दिखा दिया है कि एक स्त्री भी बहुत शक्तिशाली हो सकती है। आपने यह साबित किया है कि उसे किसी की जरूरत नहीं, जो उसकी देखभाल कर सके। पर रानी, हम सभी को अपने जीवन में उस खाली जगह को भरने के लिए किसी-न-किसी की जरूरत होती है। आपको एक ऐसे साथी की जरूरत है, जो आपके साथ, आपके लिए रहे, वह उस प्यार हेतु रहे जिसकी आपको हमेशा तलाश रही, आपके साम्राज्य के भीतर उन दुश्मनों का अंत करने के लिए जो हमेशा आपके विरुद्ध साजिश करते रहते हैं और आपसे जीतना चाहते हैं···' इस बीच दिद्दा ने उसे बीच में टोका और पूछा, 'क्या तुमने कल राजदरबार में होनेवाली बैठक के संबंध में तैयारियाँ पूरी कर ली हैं?'

नरवाहन ने हड़बड़ाकर कहा, 'हाँ··हाँ।'

नरवाहन से बात करते समय दिद्दा को यह बात तो समझ में आ गई थी कि कुछ तो सही नहीं है। इसलिए उन्होंने बातचीत का विषय बदला और उसके ठीक बाद नरवाहन को प्रस्थान करने को कहा। यह समझने में दिद्दा को थोड़ी भी देर नहीं हुई कि नरवाहन शिव एवं शक्ति का उदाहरण देकर क्या कहना चाहता था। दिद्दा इस पूरी बातचीत के बाद बेचैन थीं। वे परेशान थीं और चिंताग्रस्त भी, इसलिए उन्होंने वल्जा को बुलाया कि वे अपने मन में जो शंकाएँ उत्पन्न हो रही थीं, उन्हें शांत कर सके।

वल्जा ने कहा, 'तुम्हें क्या हो गया है! एक विजयी रानी का चेहरा इस तरह उदास नहीं होना चाहिए।'

रानी ने कहा, 'कुछ नहीं हुआ है, मैं ठीक हूँ।'

'तुम्हें पता है कि तुम मुझसे कुछ नहीं छिपा सकती, दिद्दा! अच्छा, चलो बताओ तुम्हारे साथ क्या हुआ है।'

'वल्जा, मुझे लगता है कि नरवाहन स्वयं को गलत रास्ते पर ले जा रहा है। मुझे डर है कि मुझे उसे रोकना होगा।'

'उसे क्या हुआ है?'

दिद्दा ने कहा, 'उसने मुझसे कुछ ऐसा कहा, जिसकी मुझे कभी उससे ऐसी उम्मीद नहीं है।'

वल्जा ने एक कुटिल मुसकान के साथ कहा, 'मुझे पता है, उसने तुमसे क्या कहा होगा।'

'नहीं, तुम्हें कुछ नहीं पता है वल्जा! उसने मुझसे कहा कि मुझे खुद को पूर्ण करने के लिए किसी अन्य व्यक्ति की जरूरत होगी। मैंने उसकी आँखों में जो देखा वह अकल्पनीय है। इस दुनिया को कोई भी पुरुष एक स्त्री को सिर्फ एक स्त्री के रूप में नहीं देख सकता। उन्हें हमेशा कुछ और चाहिए होता है। लोग स्त्रियों के साथ हमेशा ही एक उम्मीद रखते हैं, हर किसी का अपना एक उद्देश्य होता है, यहाँ तक कि नरवाहन का भी।'

वल्जा ने कहा, 'उसने जो भी कहा, उसमें क्या गलत था? जिस दिन हम लोग उससे पहली बार मिले थे, तभी से मैं उसकी भावनाओं को समझ सकती हूँ। दिद्दा, तुम्हीं बताओ, जब कोई नहीं था, तब वह कौन था, जो हमेशा आँख बंद कर तुम्हारा समर्थन करता रहा? वह कौन था, जो तुम्हारे हर संघर्ष में तुम्हारे साथ था?

तुम्हें अभिनवगुप्त के पास कौन ले गया और तुम्हारे सम्मान की रक्षा किसने की? वह कौन था, जिसने तुम्हारा तब समर्थन किया, जब राजमहल में हर कोई तुम्हारे विरुद्ध साजिश कर रहा था? वह सिर्फ एक ही व्यक्ति था, और वह था नरवाहन।'

'अगर, उसने यह सबकुछ पाने के मकसद से किया, तो फिर क्या अंतर रह गया? मुझे हमेशा लगे कि वह सिर्फ एक वफादार दरबारी है, एक बुद्धिमान मंत्री एवं एक सच्चा मित्र है। वह मेरे लिए बहुत मायने रखता है, पर वह क्षेमगुप्त की जगह लेना चाहता है। मैं उसे वह जगह कैसे दे सकती हूँ? मैंने भगवान् शिव के सामने अपनी सारी जिंदगी राजा के प्रति समर्पित की है। उनकी जगह कोई नहीं ले सकता।'

'तो उसे वह जगह मत दो। यह तुम्हारे ऊपर निर्भर करता है। पर यह सुनिश्चित करना कि सिर्फ इस कारण तुम उसे खो न दो। इस समय तुम्हारे जीवन में वह सबसे मूल्यवान व्यक्ति है।'

'हाँ मैं जानती हूँ, वल्जा, पर मैं यह भी नहीं भूल सकती कि वह मेरे लिए क्या सोचता है। यह सच्चाई जानने के बाद मैं उसके साथ पहले जैसे नहीं हो सकती। ऐसा लग रहा है कि जैसे मेरे साथ धोखा हुआ है, वल्जा।'

'अब इसमें मैं क्या कह सकती हूँ? उसने काफी लंबे समय से अपने मन में तुम्हारे लिए अपनी प्रीति छुपाकर रखी थी, क्योंकि वह नहीं चाहता था कि तुम भी ऐसे ही सोचो। पर, किस्मत चाहती थी कि यह बात कभी तो उजागर हो। मैं चाहती हूँ तुम उसे स्वीकारो और आगे बढ़ो। मुझे पता है कि तुम इतनी समझदार हो कि इस बात का खयाल रखो।'

वल्जा यह सोचकर कक्ष से बाहर निकल गई कि दिद्दा अपने लिए कोई सही निर्णय लेंगी। नरवाहन के शब्द दिद्दा को शूल की तरह चुभ गए। उन्हें यह भी लगा कि वल्जा, जो उनके साथ बचपन से हैं, ने भी अपनी राह बदल ली है। किस्मत का पहिया एक और बार पलटनेवाला था।

जैसा कि कुछ बुद्धिमान लोग कभी-कभार कहते हैं, 'दिद्दा के समय में अब कुछ अच्छा नहीं हो सकता।' परेशान एवं बेचैन दिद्दा अपने कक्ष में गुस्से में ही सो गईं।

नरवाहन भी अपने कक्ष में बेचैन रहा; वह समझ गया था कि दिद्दा का उसपर से विश्वास समाप्त हो गया है। वह दिद्दा का विश्वास वापस पाना चाहता था, सिर्फ उसपर नहीं पर उन सबके लिए जिसके लिए वह उनके साथ खड़ा रहा।

नरवाहन ने एक अंतिम बार अपनी स्वामिभक्ति साबित करने के लिए अपना साहस बटोरा, क्योंकि उसे पता था कि उसे स्वयं ही इस बात के लिए लड़ना होगा। वह अपनी मेज की ओर तुरंत गया और कस्तूरी में डूबे एक चर्मपत्र को लेकर उसमें कुछ लिखने लगा, हालाँकि इसका प्रयोग विशेष आयोजनों पर ही किया जाता है। नरवाहन को उस पत्र में सही शब्दों को लिखने में दो प्रहर बीत गए। वह यह सुनिश्चित करना चाहता था कि दिद्दा उसे समझे और उसे एक मौका दे कि वह अपनी बात सही से रख सके। अपने पत्र से आश्वस्त होकर, उसने एक सेवक को बुलाया और अपना वह पत्र दिद्दा को प्रेषित किया।

वल्जा को वह पत्र मिला। वह दिद्दा के पास उस चर्मपत्र को लेकर गई और उनके पास बैठ गई। वल्जा ने दिद्दा से कहा, 'नरवाहन ने आपके लिए एक पत्र भेजा है और आपको वह पढ़ना चाहिए। नरवाहन को एक और मौका मिलना चाहिए।'

'पत्र ?' दिद्दा ने आदेश दिया, 'वल्जा, पत्र जोर से पढ़ो।' उन्हें इस बारे में स्वयं अच्छा नहीं लग रहा था।

वल्जा ने दिद्दा के दिमाग में चल रहे विचार पढ़ लिये, उन्होंने दिद्दा के सुंदर मुखड़े पर भावनाओं के उल्कापात पढ़ लिये थे। दिद्दा वल्जा से अपनी भावनाओं को छुपाने में कभी भी सफल नहीं हो पाई थीं।

वल्जा ने फिर हलके से कहा, 'तुम्हें उसे एक और मौका देना चाहिए।'

दिद्दा ने वल्जा से कहा, 'उसे क्या चाहिए ? पहले, आप पढ़ें कि उसने क्या लिखा है ?' उनकी परेशानी अब गुस्से में परिवर्तित हो रही थी और वल्जा जानती थी कि दिद्दा ने अपना मस्तिष्क बना लिया है।

वल्जा ने बहुत ही सहजता से कहा, 'नरवाहन ने यह विनती की है, आप उसके साथ एक बार भोजन अवश्य करें।' वह नरवाहन की तरफ से उनसे प्रार्थना कर रही थी। दिद्दा चुपचाप रहीं, और अपने भीतर के संघर्ष से लड़ रही थीं, वे अभी भी नरवाहन को उस स्थान से गिरने से रोकने की कोशिश कर रही थीं।

नरवाहन के लिए यह उसके इंतजार की शुरुआत थी और वह इस बैचेनी में अपने कक्ष में चक्कर काट रहा था। उसने जो भी लिखा था, उसके जवाब के इंतजार में उसका सीना जोरों से धड़क रहा था। उसके दिमाग में यह भी कौंध रहा था, 'क्या दिद्दा उसकी बातों को यों ही जाने देंगी, या वे अपने निर्णय में दृढ़प्रतिज्ञ रहेंगी ?' क्या वे करेंगी या नहीं··· रात धीरे-धीरे बढ़ रही थी और नरवाहन के लिए

अब तक की सबसे लंबी रात रही और उसने अपलक ही सारी रात बिता दी। जैसे ही सूरज पीर पंजाल के पर्वतों से निकला, नरवाहन को नींद आने लग गई।

वल्जा नरवाहन के कक्ष में आई। वह अपनी मेज पर सिर रखकर गहरी नींद में सोया हुआ था। वह उसके पास गई और प्यार में व्याकुल उस व्यक्ति का चेहरा देखा। अचानक वल्जा को उदासी सी महसूस हुई। 'यहाँ वह हारा हुआ व्यक्ति है, जो इस सुबह से पहले एक महान् योद्धा था और एक अद्भुत मंत्री था, जिसने कश्मीर के पुनरुत्थान की आधारशिला रखी थी।'

वल्जा ने धीरे से उसका कंधा छुआ, उसे उठाना बहुत मुश्किल था। नरवाहन अपनी कच्ची नींद से अचानक उठा और वल्जा को अपने कक्ष में पाकर चकित हुआ।

वल्जा ने अपनी बातचीत को जल्दी में खत्म करते हुए कहा, 'रानी ने आपके लिए संदेश भेजा है।' उसमें इतनी ताकत नहीं थी कि वह देर तक नरवाहन का सामना कर पाए।

'रानी? हाँ वल्जा, दिद्दा, कब आनेवाली हैं?' अपनी मेज से हड़बड़ाकर उठते हुए नरवाहन ने अपने वस्त्रों को ठीक करते हुए उनसे यह पूछा।

वल्जा ने जवाब दिया, 'मुझे माफ करना नरवाहन, पर रानी ने इसके लिए मना कर दिया है, पर हाँ, वह राजदरबार के दैनिक कार्यक्रमों में शामिल होने के लिए अवश्य आएँगी।' वल्जा ने अपने सामने एक विशालकाय वृक्ष को गिरते हुए देखा। वल्जा ने कहा, 'मुझे अब चलना चाहिए, क्योंकि रानी को दरबार में भी आना है' और इस तरह वह नरवाहन के कक्ष से बाहर निकल आई।

उस सुबह दिद्दा ने सभी को दरबार में उपस्थित होने को कहा था। पहले की तरह नरवाहन बैठक के उद्देश्य के संबंध में बात करने के लिए आया था, पर दिद्दा की सेविकाओं ने उनसे कहा कि वह उनसे सीधे दरबार में ही मिलेंगी।

दरबार में एक अलग ही वातावरण था। यहाँ तक कि नरवाहन रानी के बगल में बैठा था, उनके बीच की दूरी आराम से समझी जा सकती थी। पहले की तरह दिद्दा ने उसे मुसकराकर भी नहीं देखा। उनकी आँखें नरवाहन को खोज नहीं रही थीं, जैसे वह हर निर्णय के पहले उसे खोजती थीं।

फिर, राजदरबार में यह विचार-विमर्श हुआ कि मंत्री ध्रुपद को, जन शिकायत का प्रबंधक बनाया जाए, और उन्हें नई जीती हुई भूमि का कार्यभार सौंपा जाए,

पर नरवाहन ने उसी समय इसका विरोध किया, 'रानीजी, उसका इतिहास किसी से छिपा नहीं है। ध्रुपद एक भ्रष्ट और धूर्त मंत्री है। पहले लंबे समय तक वह फाल्गुन का साथी रहा है और साम्राज्य में आपके विरुद्ध कई साजिशों में शामिल रहा है। मैं आपसे प्रार्थना करता हूँ कि उसे इतनी बड़ी जिम्मेदारी नहीं दी जाए।'

रानी ने बड़े कड़े स्वर में कहा, 'नरवाहन, राजदरबार में कुछ कहने से पहले आप अपनी शिष्टता का ध्यान रखें। जब आपसे बोलने के लिए कहा जाए, तभी बोलें। जब रानी राजदरबार में बोल रही हों, तो बीच में व्यवधान पैदा न करें। आपको पता है कि इस अनुशासनहीनता के लिए मैं आपको दंड भी दे सकती हूँ, पर अभी के लिए मैं आपको राजदरबार से जाने की आज्ञा देती हूँ।'

जो भी रानी ने कहा, उसे सुन नरवाहन को अपने कानों पर विश्वास नहीं हुआ। दिद्दा, जिसे हमेशा अपना सबसे बड़ा संबल समझती थीं, ने उसे यह कहा, नरवाहन, जिसने अपनी हर साँस उन्हें समर्पित की थी, राजदरबार छोड़कर चला गया। उन्होंने पूरे दरबार के सामने नरवाहन का अनादर किया था। वह ऐसा कैसे कर सकती हैं? नरवाहन टूट गया। उसे यह नहीं समझ आया कि ऐसा क्यों हो रहा है। दिद्दा ने उसके साथ ऐसा क्यों किया? वह काफी समय तक यह सोचता रहा, और दिद्दा के साथ की सारी बातें उसके दिमाग में फिर से दौड़ने लगीं। नरवाहन अपने आपको कोसने लगा।

'मैं ऐसा कैसे कर सकता हूँ? मैं अपने आपको क्यों नहीं रोक पाया? मैंने उनसे वह सब क्यों कहा? मैंने उनका विश्वास खो दिया है। मैंने उनका दिल तोड़ा है।' नरवाहन ने स्वयं से यह जोर-जोर से कहा, 'एक सेवक के लिए इतना कहना बहुत बड़ी बात है। मुझे ऐसा नहीं करना चाहिए। मैं यह क्यों नहीं समझ पाया कि मैं सिर्फ एक सेवक हूँ। एक रानी मुझसे कभी प्यार नहीं कर सकती। मैंने सबकुछ बरबाद कर दिया है। अब वे मेरे साथ पहले की तरह व्यवहार कभी नहीं कर पाएँगी। मैंने दिद्दा को खो दिया है। मैंने अपनी इज्जत खो दी है। मैंने अपना सम्मान खो दिया है। मैंने सबकुछ खो दिया है।'

नरवाहन स्वयं स्तब्ध था। उसका हृदय जोर-जोर से धड़क रहा था। उसी समय उसने बिना कुछ सोचे-समझे अपनी कटारी निकाली और अपनी छाती चीर डाली। उन्हीं गलियारों में उसकी आवाज जोर से गूँजने लगी, जिसने नरवाहन को बनते-सँवरते देखा था।

उस समय एक शोर-सा मच गया और प्रधान सेवक राजदरबार में भागता हुआ गया, जहाँ अभी भी काररवाई चल ही रही थी। वह गिरता-पड़ता पहुँचा और दरबार को सूचित किया कि नरवाहन ने स्वयं को मार डाला है। उस क्षण अवाक् दिद्दा की आँखों के सामने कश्मीर आने से लेकर उनकी वैवाहिक जिंदगी के सारे पल तैरने लग गए। दिद्दा ने स्वयं को उसकी मृत्यु के लिए जिम्मेदार ठहराया। वे गहरे अवसाद में चली गईं और पूरा दरबार यह सुनकर सन्न रह गया।

दिद्दा को इस बात पर विश्वास ही नहीं हुआ। उन्होंने सिंहासन से उठने की कोशिश की, पर वे उठ नहीं पाईं। उन्होंने थोड़ा समय लिया और अपने आँसू रोकने के लिए अपनी आँखें झपकाईं। वे जल्द ही अपने कक्ष में चली गईं और अपने कक्ष में जाकर जोर-जोर से रोने लगीं। उन्हें अचानक अपनी जिंदगी में एक कमी सी लगने लगी। मैंने नरवाहन को मारा है। मैं उसकी मृत्यु के लिए जिम्मेदार हूँ। दिद्दा, वल्जा की बांहों में रो रही थीं।

'तुम किसी की किस्मत नहीं लिख सकती दिद्दा! यह भाग्य ही है। अपने आपको कसूरवार मानना बंद करो और जो हुआ है उसे स्वीकारो।' उदास वल्जा ने दिद्दा से यह कहा।

बहुत दिनों तक दिद्दा का मन आत्मग्लानि से भरा रहा। उसने कभी नहीं सोचा था कि इतना साहसी एवं सम्मानित व्यक्ति एक दिन हमेशा के लिए गुमनामी में छुप जाएगा। हो सकता है कि दिद्दा ने उससे, भावनाओं, अपने प्रति और ज्यादा दृढ़ता की अपेक्षा की हो। दिद्दा को उस संघर्ष के बारे में पता ही नहीं था। यहाँ तक कि नरवाहन की मृत्यु के बाद दिद्दा और ज्यादा मजबूत बन गईं।

'मैं उसके लिए क्यों रोऊँ? मैंने उससे कभी प्यार नहीं किया। मैंने एक मंत्री के रूप में उसका हमेशा सम्मान किया था। मैंने एक दोस्त के रूप में हमेशा उसकी प्रशंसा की, मैंने उससे कभी भी झूठ नहीं बोला। उसे भी मेरी भावनाओं का सम्मान करना चाहिए था। मैं किसी को भी वह स्थान कैसे दे सकती हूँ, जो मैंने अपने प्रिय राजा को दिया था? अगर वह इसे स्वीकार नहीं कर पाया और मेरे प्यार नहीं करने के कारण मुझे छोड़ गया, तो वह बहुत ही स्वार्थी था। वह अन्य लोगों की तरह एक स्त्री से कुछ चाहता था। किसी को स्त्री से शरीर चाहिए, किसी को उसकी सुंदरता चाहिए, किसी को वंश आगे बढ़ाने के लिए कोख चाहिए, और कोई आपका दिल चाहता है। कोई भी ऐसा नहीं है, जो एक स्त्री को बिना किसी इच्छा के चाहता

हो। पर मैं कोई वस्तु नहीं हूँ। मैं एक स्त्री हूँ और स्वयं को पूर्ण करने के लिए मुझे अपने साथ किसी और की जरूरत नहीं है। मैं स्वयं में पूर्ण हूँ। मैं अपने संघर्षों से लड़ने के लिए परिपूर्ण हूँ। मैं उस पुरुष से कहीं ज्यादा मजबूत हूँ, जो किसी स्त्री की अस्वीकृति को स्वीकार नहीं सकते।'

आगे आनेवाले दिनों में उन्हें लगने लगा कि नरवाहन की मृत्यु के लिए सिर्फ नरवाहन ही जिम्मेदार है। उसकी मृत्यु न तो स्वयं के लिए और न ही दिद्दा के लिए किसी प्रकार का कोई बलिदान था। जल्द ही दिद्दा राजदरबार में पहले की तरह आने लग गईं।

अभिमन्यु ने भी दिद्दा के सान्निध्य में राजनेता एवं अच्छे प्रशासक बनने के गुण सीख लिए। वह कई बार सोचती थी कि अगर नरवाहन ने उसे प्रशिक्षण दिया होता तो वह आज इतना कमजोर नहीं होता।

जल्द ही अभिमन्यु स्वयं से साम्राज्य सँभालने लगा और दिद्दा को यह विश्वास होने लगा कि अब समय आ गया है कि वह इस बात की घोषणा कर दे कि वह जल्द ही साध्वी बनने जा रही हैं। पर यह सब कर पाने के पहले, दिद्दा एक काम कर लेना चाहती थीं। वे चाहती थीं अभिमन्यु की शादी हो जाए और यह सुनिश्चित हो कि सही रूप से उत्तराधिकारी हो जाए। वे चाहती थीं कि आनेवाली बहू न तो चंद्रलेखा हो, न ही दूसरी दिद्दा पैदा हो। वे यह भी नहीं चाहती थीं कि अभिमन्यु को क्षेमगुप्त की तरह कुछ भोगना पड़े। उनके भीतर एक डर समाया हुआ था—वह भी संग्रामदेव के श्राप का। कभी-कभी उन्हें लगता था कि 'क्या उसका प्रभाव कम हो गया है? या उसका प्रभाव उसकी संतान पर अभी भी मँडरा रहा था?'

अभिमन्यु के बारे में कुछ तो ऐसी बात थी, जो दिद्दा को परेशान कर रही थी। ऐसा तो नहीं था कि अभिमन्यु में उसके पिता की छवि दिखाई देती थी; दिद्दा को यह तो पता था कि उससे मिलने से पहले क्षेमगुप्त एक ऐयाश थे, पर अभिनव वैसा तो नहीं था। पर फिर भी, कुछ तो ऐसा था, जिससे दिद्दा परेशान हो रही थीं। अभिमन्यु तो अल्पभाषी एवं सुकुमार सरीखे थे। दिद्दा कभी-कभी इस बारे में वल्जा से बात भी करती थीं। वे इस बात के लिए हमेशा सावधान रहती थीं कि एक राजा को हमेशा अपना सर्वश्रेष्ठ करना चाहिए; अभिमन्यु को तो अभी दिद्दा की इच्छा के अनुरूप बनने के लिए काफी लंबा सफर तय करना था।

□

नई बहू का आगमन एवं दिद्दा का प्रस्थान

क्षेमगुप्त की मृत्यु के बाद दिद्दा ने साम्राज्य को जिस प्रकार सँभाला था, वह बहुत सराहनीय है। अपने प्रसिद्ध एवं वीर योद्धाओं के बीच उन्होंने अपना एक नाम कमाया और अपने लिए एक जगह स्थापित की।

उन्होंने उन सभी लोगों को गलत साबित किया, जो इस बात पर विश्वास करते थे कि एक स्त्री किसी साम्राज्य को नहीं चला सकती। यह सिर्फ उनकी ताकत थी, जिसने उन्हें हमेशा विजयी बनाया।

इस समय ऐसा था कि जनता ने दिद्दा के नाम पर प्रशंसा करना बंद कर दिया था। उनके नाम ने कश्मीर को अपने आपमें एक आदर का स्थान दिया था। उस संपन्न साम्राज्य का राजकुमार स्वयं लोगों का ध्यान आकर्षित कर रहा था। हर कोई उस साम्राज्य में अपनी बेटी ब्याहना चाहता था और नए शक्तिशाली सम्राट् के साथ संबंध बनाना चाहता था।

हर किसी को दिद्दा की पुत्रवधू बनने के महत्त्व के बारे में पता था। यह बहुत ही अविश्वसनीय सा था कि समय बदल चुका था। एक अनचाही लड़की से सबसे ज्यादा पूछे जानेवाली रानी में परिणत होने तक दिद्दा ने सचमुच काफी लंबा सफर तय किया था। हर किसी को यह पता था कि दिद्दा अपनी भावी पुत्रवधू में क्या देखना चाहती हैं, हालाँकि दिद्दा स्वयं यह चाहती हैं कि वह स्त्री कभी यह न हो—

कार्येषु मंत्री करणेषु दासी, भोज्येषु माता शयनेषु रम्भा।
धर्मानुकूला क्षमया धरित्री, भार्या च षाड्गुण्यवतीह दुर्लभा।

(कार्य करते समय एक पत्नी को एक सलाहकार, पालन-पोषण के समय

एक दासी, भोजन परोसते समय एक माँ, प्यार करते समय रंभा, धर्मानुकूल एवं न्यायसंगत व क्षमा की प्रतिमूर्ति होना चाहिए।)

उस समय ये छह गुण किसी स्त्री में आवश्यक गुण माने गए थे और सर्वप्रथम, दिद्दा भी अपनी बहू में यह सब गुण चाहती थीं। हर जगह के राजा एवं शासक यह जानते थे कि राजा की रानी होने से पूर्व, जो भी लड़की वहाँ ब्याह के जाएगी, उसे पहले रानी दिद्दा की पुत्रवधू बनना होगा। अगर दिद्दा ने राजकुमारी चुन ली, तो वह उस साम्राज्य के लिए बहुत गर्व की बात होगी। इससे यह बात साबित हो जाएगी कि उनकी बेटी का बहुत ही अच्छी तरह से पालन-पोषण हुआ है। यद्यपि बहुत से राजाओं ने अपनी बेटी को युद्धकला सिखानी शुरू कर दी थी कि क्या पता दिद्दा अपनी भावी बहू से युद्ध कौशल के गुण या घुड़सवारी के बारे में कुछ पूछ ले।

दिद्दा ने अभिमन्यु से यह पूछने की सोची कि अपनी भावी पत्नी के लिए उसके दिमाग में क्या है? अभिमन्यु ने यह निर्णय अपनी माँ पर छोड़ दिया, क्योंकि उसे पक्का पता था कि वे इस कार्य में भी गलती नहीं करेंगी। हालाँकि, जब वह क्षण आया कि रानी अपने पुत्र के लिए राजकुमारी का चयन करे, दिद्दा ने उन सभी को अस्वीकृत कर दिया, जो युद्ध कौशल में प्रवीण थीं।

वल्जा उनके इस निर्णय के बारे में जानने के लिए उत्सुक थीं। दिद्दा ने कहा, 'मुझे पता है कि राजा अभिमन्यु बहुत विद्वान् नहीं हैं, पर जब समय आएगा, तो वे एक सक्षम शासक भी हो जाएँगे और अपने साम्राज्य की रक्षा भी कर लेंगे।'

वल्जा ने आगे कहा, 'मैं यह नहीं समझ पाई हूँ, दिद्दा।'

दिद्दा ने समझाया, 'बच्चों में हमेशा ही अपने पूर्वजों के पराक्रम की झलक होती है। अभिमन्यु के दादाजी ने राजा के विरुद्ध बगावत की थी और फिर कश्मीर पर शासन किया। वे बहादुर थे और मैं ऐसा मानती हूँ कि अभिमन्यु में भी वही सारे गुण हैं।'

दिद्दा यह जानती थीं कि जब तक वह जिंदा हैं, कश्मीर हर प्रकार के संकटों से मुक्त है। इसलिए, उन्हें अभिमन्यु को एक साथी की तलाश थी न कि किसी योद्धा की। दिद्दा अपने पुत्र के लिए एक सीधी-सरल लड़की चाहती थीं, जो उनके पुत्र की देखभाल कर सके और उसका आदर करे। वे हर प्रकार के रक्तपात एवं विश्वासघात का अंत चाहती थीं। कहीं-न-कहीं, उनके भीतर यह आशा

थी और वे यह प्रार्थना भी करती थीं कि कहीं संग्रामदेव का श्राप सत्य न हो जाए।

दिद्दा ने यह सुनिश्चित किया था कि उनके बेटे की शादी का कोई राजनीतिक मतलब न निकाला जाए। वे न तो किसी अमीर से संबंध करना चाहती थीं और न ही उनकी यह इच्छा थी कि वे किसी परंपरा का पालन करें। सिर्फ जो चीज उनके लिए मायने रखती थी वह थी कि अभिनवगुप्त सिर्फ इस हेतु अपना आशीर्वाद दें। अभिमन्यु अपनी भावी पत्नी के लिए कोई भी काम अपने इच्छानुरूप करने के लिए स्वतंत्र था और इसीलिए दिद्दा ने यह निर्णय लिया कि वह उसके स्वयंवर का एक वृहत् आयोजन करेंगी, जिससे वह अपने स्वभाव के अनुरूप अपने लिए पत्नी चुन सके।

वहाँ मौजूद सारी राजकुमारियाँ अभिमन्यु की पत्नी बनने से ज्यादा दिद्दा की बहू बनने के लिए लालायित थीं।

राजकुमारियों की उस भीड़ में दिद्दा की नजर आदित्यराज पर पड़ी, जो हिमवात के राजा थे और उनके साथ उनकी पुत्री वसुंधरा थी। आदित्यराज ने अपने आगमन के दौरान यह पाया कि अन्य सारी राजकुमारियाँ बहुत ही तेज और विभिन्न क्षेत्रों एवं कलाओं में पारंगत थीं। उसने सोचा कि उन लोगों के लिए यही अच्छा होगा कि वे इस कार्यक्रम से अलग हो जाएँ, क्योंकि उनकी पुत्री बहुत ही सीधी-सादी थी और उसे यही सिखाकर बड़ा किया गया था कि एक राजकुमारी के जीवन का असली उद्देश्य विवाह ही होता है। हालाँकि, दिद्दा को यह भान होने में थोड़ी भी देर नहीं हुई कि वसुंधरा अभिमन्यु के प्रति आसक्त हो गई थी। उसकी आँखें लगातार अभिमन्यु को देख रही थीं और सारे आयोजनों में उसकी कोई खास रुचि नहीं थी। दिद्दा उसकी आँखों में अपने पुत्र के लिए पनपते उस प्यार को देख सकती थीं। प्यार ही दिद्दा की एकमात्र कमजोरी थी। वे अपने पुत्र के भावी जीवन में सिर्फ प्यार ही चाहती थीं।

वसुंधरा की आँखें दिद्दा को हमेशा किसी की याद दिला रही थीं, पर वे समझ नहीं पा रही थीं कि वह कौन है। फिर उसी समय आदित्यराज अपनी पुत्री की ओर मुड़ा और कहा, 'तुम्हारा भाग्य यहाँ के लिए नहीं लिखा गया है।' जैसे ही वसुंधरा ने यह सुना, उसने तुरंत वहाँ से अपना ध्यान हटा लिया और महल छोड़कर जाने के लिए तैयार हो गई। वह एक बार भी अभिमन्यु को देखने के लिए पीछे नहीं मुड़ी। उसके पिता का आदेश उसे आगे खींचे जा रहा था, और उसने उस व्यक्ति

को पीछे छोड़ दिया, जिसके प्यार में वह आसक्त हुई जा रही थी। वसुंधरा, सच में एक आदर्श पुत्री थी।

उसके जाने से दिद्दा को परेशानी हो रही थी। वे चाहती थीं कि वसुंधरा अपने पिता को रोके, वे चाहती थीं कि वसुंधरा स्वयं यह बोले कि वह स्वयंवर का हिस्सा बनना चाहती है। पर उसने ऐसा कुछ भी नहीं किया। वह चुपचाप अपने पिता के पीछे-पीछे वहाँ से चली गई, पर दिद्दा को पता था कि उसके दिल और दिमाग में क्या चल रहा है। दिद्दा को याद आया कि कैसे कई साल पहले एक पुत्री ने अपने पिता के लिए चुपचाप ऐसे ही अपना बलिदान दे दिया था। दिद्दा ने चुप रहने में ही बेहतरी समझी, क्योंकि वे अपने पुत्र की जान बचाना चाहती थीं।

उस समय दिद्दा ने यह महसूस किया कि वसुंधरा उसे चंद्रलेखा की याद दिलाती है, उनकी मासूम आँखें, अपने पिता की ओर उनकी निष्ठा और क्षेमगुप्त की चिता पर उनकी मौत, उन्हें सब याद आने लगा। दिद्दा उस मौके की गवाह थीं, जब चंद्रलेखा अपने पिता की खातिर चिता की अग्नि में स्वाहा हो गई। वही लपटें उनके हृदय में भी जल रही थीं और इतिहास फिर से अपने आपको दोहरानेवाला था।

उन्होंने आदित्यराज को रोका और उनकी पुत्री का बहुत प्यार के साथ स्वागत किया। राजा आदित्यराज यह सब देखकर भ्रमित थे, तभी सहसा दिद्दा ने उठकर सभी लोगों के बीच में अभिमन्यु एवं वसुंधरा के विवाह की घोषणा कर दी। हर कोई इस बात से चकित था कि दिद्दा ने किस प्रकार की घोषणा कर दी।

विवाह शानदार और बहुत बड़े रूप में आयोजित किया गया। कश्मीर के लोगों को नई रानी से बहुत अपेक्षाएँ थीं कि वह कश्मीर को ज्यादा ऊँचाइयों पर ले जाएगी। पर किसी को क्या पता था कि नई रानी, दिद्दा के लिए अयोग्य होंगी।

वसुंधरा हर किसी के चेहरे को पढ़ सकती थी। उसके कानों में हमेशा एक बात कहीं-न-कहीं से यों ही पड़ जाती थी कि 'वह अभिमन्यु के लिए सही नहीं हैं।' रानी ने अपने बेटे से उसकी शादी कराकर उनपर उपकार किया है। वह हमेशा इस बात पर आश्चर्य करती थी कि दिद्दा ने इतनी सारी युवतियों के बीच उसे क्यों चुना?

किस्मत ने वसुंधरा की सरलता की परीक्षा लेनी शुरू की। वह एक साधारण-सी राजकुमारी थी, जो वहाँ राजकुमार के साथ नया जीवन शुरू करनेवाली थी, पर यह समझने में हमेशा असफल रही कि क्यों लोग उसके बारे में ऐसी राय रखते हैं।

उसे इस बारे में पता ही नहीं था कि हर प्रकार से उसकी तुलना दिद्दा से होती है। उसे जब लोग भाग्यशाली कहते थे, तो उसे लगता था कि लोग उसका मजाक उड़ा रहे हैं, इससे उसे हमेशा यह महसूस होता था कि वह उस राजमहल के लायक ही नहीं है। हालाँकि, वहाँ उसके मन की बात को साझा करनेवाला कोई नहीं था। उसे यह डर लगता था कि उसकी रानी से बार-बार तुलना होने पर उसका खुद का महत्त्व कम होता जा रहा है। वह सिर्फ यह सोचती थी कि अन्य लोगों की तरह उसके पति वैसा नहीं सोचे।

वसुंधरा भाग्यवान थी। अभिमन्यु के कोई भाई-बहन, दोस्त या रिश्तेदार नहीं थे। क्षेमगुप्त की असामयिक मौत के बाद राजकुमार के मस्तिष्क में समय से पहले कश्मीर एवं खुद को खोने का डर हमेशा ही लगा रहता था। उन्हें मारने की भी कई साजिशें हुईं, पर हर बार दिद्दा उन्हें बचा लेती थीं। दिद्दा ने अभिमन्यु को हमेशा सख्त निगरानी में रखा और उसे हमेशा ऐसा लगता था कि इस कारण उसका बचपन छिन गया। वह अभी तक कभी स्वतंत्र रूप से नहीं रह पाया था। हालाँकि, दिद्दा ने उसका प्रशिक्षण विक्रमसेन से कराया कि वह एक बहुत अच्छा योद्धा बने, पर फिर भी वह पूर्णरूपेण दिद्दा पर ही निर्भर था। उसे पूरा विश्वास था, जब तक दिद्दा जीवित हैं, कोई भी उसे नुकसान नहीं पहुँचा सकता।

वसुंधरा में राजकुमार ने अपना साथी पाया; ऐसी दोस्त जिसका जन्म सिर्फ उसके लिए ही हुआ हो। वे दोनों लगभग एक ही उम्र के थे, पर वसुंधरा कुछ ज्यादा बहिर्मुखी थी। किसी भी काम को करने से पहले उसे कभी किसी की आज्ञा लेने की जरूरत नहीं थी। अपने पिता के राज में उसकी सलाह एक कानून था। आदित्यराज ने उसे बहुत प्यार से पाला था, उसे किसी डर के बारे में पता ही नहीं था। उसकी इच्छाओं को कोई कम नहीं कर पाया था। उसे जो सही लगता था, वह वही करती थी, और पूरे साम्राज्य में अपनी सखियों के साथ इधर-उधर घूमना उसका सबसे पसंदीदा काम था।

राजा आदित्यराज का छोटा सा साम्राज्य तिब्बत एवं कश्मीर के मध्य ऊँचे-ऊँचे पर्वतों के बीच बसा हुआ था। उनपर कभी कोई हमला नहीं हुआ था, वहाँ कभी कोई चाक-चौबंद सुरक्षा नहीं थी। इसी माहौल के कारण वसुंधरा का स्वभाव भी उन्मुक्त था। पर विवाह के बाद, अगर तुलना की जाए तो अपने ससुराल में वह एकदम उलट वातावरण में रहती थी।

वसुंधरा इस बात से नाराज रहती थी कि उसके पति के मन में हमेशा एक भय बना रहता था, इस कारण अभिमन्यु सामान्य बचपन में होनेवाले खेलकूद से हमेशा दूर ही रहा। वसुंधरा को लगता था कि उसके पति के साथ गलत हुआ है। वह एक कमरे से दूसरे कमरे में सेवकों की सुरक्षा के बीच जाने से हमेशा परेशान रहती थी। इससे उसे दिक्कत थी, और वह कभी-कभी उन सैनिकों से पूछती, 'अगर कोई मुझ तक पहुँचना चाहे तो वह किस प्रकार पहुँचे?' पर अभिमन्यु को इस बात का पता ही नहीं था कि अन्य तरीके से किस प्रकार जीया जाता है। उसके दिमाग में हमेशा एक ही सवाल आता था, 'क्या इसे ही पूरी तरह से जीना कहते हैं?'

उसे यह नहीं पता था कि जब दिद्दा की क्षेमगुप्त से जब शादी हुई थी, तब कश्मीर की हालत खराब थी और वह टूटने की कगार पर था। आज कश्मीर की जो हालत है, वह सिर्फ दिद्दा के लगातार प्रयासों के परिणामस्वरूप थी। हजारों लोगों ने अपनी जिंदगी कुरबान कर दी थी, क्योंकि उन्हें दिद्दा की आत्मशक्ति पर विश्वास था कि कश्मीर एक-न-एक दिन एक संपन्न साम्राज्य बन जाएगा। चूँकि उस समय एक स्त्री शासन नहीं कर सकती थी, इसीलिए उसे बहुत विरोध एवं आलोचना का सामना करना पड़ा। फिर एक राजकुमार पैदा करने के बाद उसे जनता का सहयोग मिला, जिससे उन्होंने पूरे कश्मीर राज्य को पूर्ण साम्राज्य में बदल दिया। अभिमन्यु सिर्फ एक राजा नहीं था, वह लाखों कश्मीरियों की भलाई के लिए एक ताकत का प्रतीक भी था। अभिमन्यु की सुरक्षा दिद्दा का मुख्य उद्देश्य था।

अभिमन्यु को तब तक एक सुरक्षित एवं संकुचित जीवन जीना पड़ेगा, जब तक उसके अपने पुत्र नहीं हो जाते। एक बार उसने स्वयं को इन बंधनों से मुक्त करने की कोशिश भी की। पर वसुंधरा, इन सारी पेचीदगियों को समझने के लिए काफी छोटी थी।

अभिमन्यु वसुंधरा की ओर एवं उसके स्वतंत्र व्यवहार के प्रति काफी आकर्षित था। अपने पिता के साम्राज्य में मिली स्वतंत्रता की तुलना में यहाँ जी रहे जीवन को लेकर वह अभिमन्यु पर क्रोधित भी होती थी। पर अभिमन्यु को यह समझने में देर लग गई कि नासमझ वसुंधरा अपने मन में बिना बात के विद्रोह के विचार पैदा कर रही है। वह जवान थी और ऊर्जा से लबरेज थी, उसने पहले ही महल में रहकर कुछ कानूनों का उल्लंघन किया था, जो दिद्दा ने लागू कर रखे थे। इसकी शुरुआत अभिमन्यु के छज्जे में खड़े होने से हुई, पर दिद्दा को ऐसा लगता

था कि ऐसा करके वह दुश्मनों के निशाने पर आ जाएगा। हालाँकि, अभिमन्यु इतने प्रशिक्षित थे कि वे अपनी रक्षा स्वयं कर सकते थे, पर दिद्दा अपने जीवन में किसी भी प्रकार का खतरा मोल लेना नहीं चाहती थीं।

वहीं दूसरी ओर, वसुंधरा को लगता था कि अगर अभिमन्यु अपने ही देश में सुरक्षित नहीं हैं, तो वे अन्य किस जगह सुरक्षित होंगे! यह उसका अटूट विश्वास ही था कि अभिमन्यु को बालकनी में जाने से रोकने की बजाय, साम्राज्य के भीतर की सुरक्षा को सुधारा जाना चाहिए।

वसुंधरा बहुत ही सीधी थी, क्योंकि उसे मानव के दिमाग में चल रही चपलता का पता ही नहीं था। किसी को भी नहीं पता था कि कोई भी दिमाग बदल ले और फिर वह आक्रमण या पलटकर वार कर दे। दिद्दा को इस बात का पक्का पता था कि जंगली जानवरों के मन में भी इतनी घृणा नहीं होती, जितनी घृणा एवं जहर मानव मस्तिष्क में भरा होता है। इसी कारण उन्होंने सुनिश्चित कर रखा था कि नियत अंतराल में राजा अभिमन्यु के सुरक्षा घेरे में परिवर्तन होता रहे।

युवा वसुंधरा एक उत्साहित स्त्री थी और वह मानवों के दिमाग में बदलते रहनेवाले विचारों के प्रति अनभिज्ञ थी। इतनी बुद्धि होने के लिए वह काफी छोटी थी। वसुंधरा अभिमन्यु को अपने साथ कभी-कभी बरामदे में खड़े रहने के लिए जोर देती थी, और वहाँ से वितस्ता नदी में पड़ती चंद्रमा की खूबसूरत किरणों को देखने के लिए कहती थी। वह चाहती थी कि अभिमन्यु उसके साथ रहें और आसपास की खूबसूरती को निहारें। उसके अलौकिक रूप से प्रभावित अभिमन्यु असहाय था। वह कभी-कभार उसे महल के एक कोने में ले जाती तो कभी दूसरे कोने में, और वह शाही द्वारपालों की आँखों से बच-बचाकर यहाँ-वहाँ चले जाते थे, और इससे अभिमन्यु को यह एहसास कराती थी कि हम दोनों सुरक्षित हैं। इस प्रकार वे कभी-कभार वितस्ता नदी के किनारे भी घूमने चले जाते थे और नदी के पानी में बहते तारों की छवि देखकर आते थे। अभिमन्यु इस प्रकार से मिली इस नई आजादी को पूरे मजे से जी रहा था।

अब वह खुलने लगा था, लोग अब उनके हाव-भाव देखकर बता सकते थे कि समय के साथ उनका रिश्ता कितना गहरा गया है। उनके चेहरे में चमक आ गई थी और वसुंधरा अपने पति को अपनी इच्छानुसार ढलते देख खुश थी। उस शाही जोड़े के बारे में दूर-दराज तक खबर जाने लग गई थी कि वसुंधरा राजा अभिमन्यु

के जीवन में खुशियाँ लेकर आई हैं। इस तरह से लोग रानी वसुंधरा को काफी पसंद करने लग गए थे।

दिद्दा भी यह देखकर खुश थीं। दिद्दा इसलिए खुश थीं कि वसुंधरा लोगों के मन में अपने लिए आदर-सम्मान पाने में सफल रही। उन्हें लगने लगा कि अब यह सही समय है जब वह अपना परिवार बढ़ाएँ, आपस में प्यार बढ़ने से होनेवाला बच्चा भी काफी प्रसन्न होगा। वे चाहती थीं कि अभिमन्यु के बहुत सारे बच्चे हों, जिससे उन बच्चों को वह सब न भुगतना पड़े, जो अभिमन्यु को एक एकलौती संतान होने के कारण भुगतना पड़ा। वे नहीं चाहती थीं कि उनके पोते-पोतियों को किसी प्रकार की उम्मीदों के बोझ तले दबना पड़े। रानी दिद्दा यह जानते हुए भी चुप रहीं कि वसुंधरा और अभिमन्यु ने कई बार कानून तोड़े हैं, क्योंकि वे समय के साथ उनके बीच पनपते प्यार को देख रही थीं।

चूँकि वसुंधरा के इरादे नेक थे और वह मासूम थी, इसलिए दिद्दा ने उसे कभी नहीं रोका। उन्होंने यह भी कभी जताने की कोशिश नहीं की कि उन्हें उनके कामधामों का पता है। वे दोनों जिस प्रकार से आजादी से मजे ले रहे थे, वह दिद्दा की नजरों से अछूता नहीं था।

यहाँ तक कि पहले दिन से ही दिद्दा ने उनकी सुरक्षा सुनिश्चित कर दी थी। स्थितियाँ तब बिगड़ने लगीं, जब वसुंधरा अपने माता-पिता एवं अपनी सखियों से मिलने के लिए पिता के साम्राज्य, हिमवात जाना चाहती थी। अभिमन्यु ने सुनिश्चित किया कि वे अगले ही दिन उनके हिमवात जाने का प्रबंध कर देंगे, पर अब कानून तोड़ना वसुंधरा की आदत बन गई थी।

वसुंधरा ने अभिमन्यु का मजाक उड़ाते हुए कहा, 'हे राजा, तुम कब तक नियमों का पालन करते रहोगे?'

उसने आगे कहा, 'बिना किसी को बताए चुपचाप अकेले जाने में एक अलग अनुभव होगा।'

अभिमन्यु बाद में मान गया। उन्हें लगा कि वे रातभर में हिमवात पहुँच जाएँगे।

सुरक्षा सैनिक पहचान छुपाकर उनके साथ कश्मीर की सीमा तक गए, पर जैसे ही उन्होंने उन्हें राज्य छोड़कर जाते देखा, तो वे आगे आ गए और उन्हें यह करने से मना करने लग गए। अभिमन्यु उनका राजा था, इसलिए उसने सारे सुरक्षा सैनिकों को तुरंत वापस जाने की आज्ञा दी। हालाँकि, उन्होंने यह कहकर जाने से

मना कर दिया कि यह दिद्दा का आदेश है कि हम आपके साथ रहें और उन्हें राज्य की सीमा छोड़ने से रोकें।

वसुंधरा गुस्से में आ गई और एक रानी की हैसियत से उन्हें वहाँ से जाने के आदेश दिए। हालाँकि, वे सैनिक दिद्दा के अलावा किसी अन्य के आदेश का पालन नहीं करते थे। पर उन्हें जबरदस्ती वापस भेजा गया। वसुंधरा को बुरा लगा, उसने अपनी बेइज्जती महसूस की और कोई ऐसी चीज थी, जिसने उसकी छाती छलनी कर दी। वहीं दूसरी ओर, अभिमन्यु अपनी माँ पर गर्व महसूस कर रहा था कि किस प्रकार उनकी माँ साम्राज्य को सँभालने में सिद्धहस्त हैं।

वसुंधरा अपने ही साम्राज्य में कैदी सा अनुभव करने लगी। उसे लगने लगा कि वह असल में कोई रानी नहीं है, सिर्फ नाम की रानी है। असली रानी तो दिद्दा हैं। वसुंधरा स्वयं को बहुत बेसहारा सा और अपने पति के राजा होते हुए भी अधिकारहीन बन बिना किसी मतलब का महसूस करने लगी। उसे जो बात सबसे ज्यादा बुरी लग रही थी, वह यह थी कि उसके पति को इसमें कुछ भी बुरा नहीं लग रहा था।

किस्मत ने एक बार और अपना पासा पलटा और समय का एक और चक्र चला। इस बीच, उसे लगता था कि उसने अपने पति को पूरी तरह से जिंदगी जीना सिखा दिया है, पर अब उसे महसूस हुआ कि वह गलत थी। उसे समझ आ गया कि सैनिक हमेशा से ही उनके साथ थे और दिद्दा को इन सारी चीजों का पता भी था। एक युवा लड़की के रूप में वह इस बात से बेहद परेशान थी कि उसका ब्याह किस बुद्धू से करा दिया गया है।

वसुंधरा ने कई दिनों तक स्वयं को प्रतिशोध की आग में जलाए रखा और फिर न चाहते हुए भी ऐसे रास्ते में चली गई, जहाँ से जीवन बरबाद होने लगता है और इससे इतिहास भी बदल सकता है।

'असल में इस महल को कौन चलाता है? क्या यह राजा सिर्फ अपनी माँ के आदेशों को मानता है? ऐसे में, अभिमन्यु किस प्रकार का राजा है, जो एक निर्णय भी स्वयं नहीं ले सकता?' वसुंधरा के मन में ऐसे कई सारे प्रश्न उमड़-घुमड़ रहे थे।

कुछ दिनों के बाद वसुंधरा ने राजदरबार में होनेवाली प्रक्रियाओं में शामिल होने की इच्छा जताई। उसने अपने पिता को शासन करते हुए देखा था, अब वह

अपने पति को भी उस हिसाब से जाँचना चाहती थी। उसने वहाँ जो देखा, उससे उसक डर और प्रबल हो गया। उसने दिद्दा को दरबार में देखा और उन्हें देखकर उसके मन में यह बात बैठ गई कि वह प्रतापी रानी के आगे कुछ भी नहीं थी।

वह अब पहले की तरह प्रसन्नचित्त नहीं रहती थी। अधिकांश समय वह दुःखी रहती और स्वयं को अपने पति की तरह राजमहल में एक कैदी ही समझती। कुछ दिनों तक ऐसा सोचने-विचारने के बाद उसने सोचा कि दिद्दा को ही दरकिनार किया जाए और यह सुनिश्चित कर साबित किया जाए कि अभिमन्यु सही मायने में एक राजा हैं। उसने दिद्दा के विरुद्ध षड्यंत्र रचना शुरू किया और उन्हें बाहर निकालने के तरीके सोचने लगी। वह अब दिद्दा से बदला लेने की सोचने लगी।

गुस्से में तमतमाई, उसने सुना कि उसके पिता श्रीनगरम् पधार रहे हैं। वसुंधरा के लिए वह बहुत ही खुशी का मौका था। पिता-पुत्री एक लंबे समय के बाद मिले थे। हालाँकि, दिद्दा जानती थीं कि राजा आदित्यराज अपनी पुत्री के प्रेम के कारण नहीं अपितु तिब्बत के कारण हिमवात से कश्मीर में आया है। तिब्बत एक संपन्न साम्राज्य था और कश्मीर एवं महान् एशियाई मैदानों के बीच एक महत्त्वपूर्ण व्यापार मार्ग शुरू हो रहा था। आदित्यराज तिब्बत पर शासन करना चाहते थे। हालाँकि, वे कश्मीर के नीतिगत सहयोग के बिना यह नहीं कर सकते थे।

उस रात वसुंधरा ने अपने पति से एक वादा लिया कि वह उसके पिता को हर प्रकार से सहयोग करेंगे। उसने यह समझाया कि वे राजा हैं और उनकी यह जिम्मेदारी है कि वे आदित्यराज की मदद करें। अभिमन्यु ने यह बात फिर से दोहराई कि ऐसे किसी भी प्रकार के निर्णय उनकी माँ ही लेती हैं। अगर दिद्दा को सही लगेगा तो बिना किसी शक के वे ससुरजी को सहयोग अवश्य करेंगी।

वसुंधरा लंबे समय तक अपनी भावनाओं पर नियंत्रण नहीं रख पाई। बहुत दिनों तक उसका गुस्सा अंदर-ही-अंदर उबाल मार था, पर उसने उसे अपने भीतर दबाए रखा था। उसने एक बार अभिमन्यु से प्रश्न किया कि असली शासक दिद्दा हैं या अभिमन्यु, क्योंकि अगर दिद्दा ने 'न' कर दी, तो क्या वे उनके पिता की मदद नहीं करेंगे।

उस रात अभिमन्यु एवं वसुंधरा के बीच घमासान बहस छिड़ गई। उसे लगने लगा कि दिद्दा को भगवान् की तरह पूजा जाता है और इन शाही दीवारों के बीच दिद्दा के शब्दों के अलावा किसी अन्य चीज का कोई मान नहीं है। अभिमन्यु

अपनी पत्नी को उदास देखकर क्षुब्ध थे। उन्होंने आदित्यराज को मदद करने का वादा किया।

अगली सुबह आदित्यराज ने तिब्बत पर हमला करने का प्रस्ताव रखा। तिब्बत एक संप्रभु साम्राज्य था और कश्मीर का पुराना साथी भी, पर धीरे-धीरे वहाँ इसलामी सभ्यता एवं सरदार अपने पैर पसारने लगे थे। अभिमन्यु ने तुरंत ही उन्हें सहयोग देने पर हामी भर दी।

इस आक्रमण के दौरान तिब्बत कश्मीर के लिए समस्याएँ उत्पन्न कर सकता था। दिद्दा को इस बात पर कोई आश्चर्य नहीं हुआ, जब अभिमन्यु ने दिद्दा की हामी के बिना उनके पक्ष में अपना निर्णय दे दिया। दरबार को यह पता था कि राजा अपने रिश्तेदारों की मदद कर रहे हैं। हालाँकि, उन्होंने यह भी पाया कि इस दौरान दिद्दा शांत रहीं और यह कहा कि वे इस पक्ष में तभी कुछ बोलेंगे, जब इस विषय में दिद्दा अपने विचार रखेंगी।

वसुंधरा ने पहले ही अनुमान लगा लिया था कि दिद्दा इस संदर्भ में अपने पुत्र का ही समर्थन करेंगी, पर दिद्दा ने ऐसा करने से मना कर दिया। वसुंधरा इस बात से बहुत दुःखी हुई। उसने इसे अपने पति एवं पिता के अपमान के रूप में लिया। वहीं दूसरी ओर, अभिमन्यु अपने दरबारियों से आँखें मिलाने में असमर्थ था। दिद्दा ने चारों ओर देखा और हर किसी के भावों पर गौर किया। फिर उन्होंने यह बताया कि तिब्बत पहले से ही उनके साम्राज्य का एक सशक्त पुराना साथी है, और आदित्यराज का साम्राज्य अभी उनके साथ नया-नया जुड़ा है। वे नए रिश्ते के एवज में पुराने रिश्ते को तोड़ नहीं सकतीं। यह सुनकर राजदरबार ने दिद्दा की ही बात का समर्थन किया। राजा आदित्यराज खाली हाथ लौट आए और इससे वसुंधरा को और गुस्सा आ गया। उसने दिद्दा के विरुद्ध जो घृणा एवं दुश्मनी पाली थी, उसी गुस्से में वह दरबार से बाहर निकल आई।

उसने अभिमन्यु से बात करनी बंद कर दी और खाना-पीना छोड़ दिया। अब वह अपने पिता के पास वापस जाने की जिद् करने लग गई। इससे उसकी तबीयत और बिगड़ गई, ऐसे में जब राजवैद्य उन्हें देखने आए, तो उनके गर्भवती होने की खबर चारों ओर फैल गई।

दिद्दा एवं अभिमन्यु की तो खुशी का ठिकाना ही नहीं रहा। पूरा कश्मीर साम्राज्य खुशी में डूब गया और उत्सव मनाने लगा। हालाँकि, वसुंधरा अभी भी

उदास थी। उसके आसपास की सुरक्षा बढ़ा दी गई और उसे लगने लगा कि वह एक कैदी की तरह है। उसे हमेशा ही अपनी स्वतंत्रता प्यारी थी और कड़ी सुरक्षा घेरे ने उसे दबाकर रख दिया था। दिद्दा एवं अभिमन्यु ने उसे खुश रखने की बहुत कोशिश की, पर वे दोनों ही असफल रहे।

वसुंधरा इस बात को पचा नहीं पाई कि दिद्दा ने अपने पुत्र के शब्दों का मान नहीं रखा और न ही तिब्बत के साथ युद्ध में उसके पिता की रक्षा की। इतने करीबी रिश्तेदार होने के बावजूद अपने पिता को रणभूमि में अकेले छोड़ देने के लिए उसने दिद्दा को इस बात का जिम्मेदार ठहराया।

दिद्दा को अपनी बहू के भीतर गुस्से के कारणों के बारे में पता था, पर उन्होंने अपने व्यक्तिगत मुद्दों को राजकाज के काम में कभी आड़े नहीं आने दिया। दिद्दा ने अपने और वसुंधरा के बीच के रिश्तों को सही रखने के लिए अपना सर्वोत्तम किया, पर उन्हें इस बात का जल्दी अंदाजा हो गया कि जब भी वे मिले, वसुंधरा ने उनका विरोध ही किया। वसुंधरा दिद्दा की तरफ देखना भी नहीं चाहती थी। उसे फिर भी आशा थी कि चीजें धीरे-धीरे सुधर जाएँगी; हालाँकि उसने दिद्दा के साथ रिश्ते सुधारने के सारे प्रयत्नों को छोड़ दिया था। दिद्दा चाहती थीं कि वसुंधरा के अंदर पनपता विरोध कहीं उसके गर्भ में पल रहे बच्चे पर कोई दुष्प्रभाव न डाले, इसलिए उन्होंने वसुंधरा से मिलना-जुलना भी एकदम बंद कर दिया। अभिमन्यु को भी राजदरबार के काम से छुट्टी दे दी गई कि वह अपनी पत्नी का पूरा खयाल रखे। दिद्दा की तरफ से राजवैद्य उनसे विनती करते थे कि वे दोनों लोग सुरक्षा सैनिकों की निगरानी में वितस्ता नदी के आसपास थोड़ा चलकर आएँ। वसुंधरा को अच्छे से पता था कि ऐसा करके उसपर निगाह रखी जाएगी और इससे उसके भीतर का गुस्सा और बढ़ जाएगा।

अपने अंदर की उथल-पुथल के बीच वसुंधरा को पता चला कि तिब्बत हिमवात पर आक्रमण करनेवाला है। इस बार तिब्बत को सीरियाई सेनापतियों का समर्थन था। वसुंधरा अपने पिता एवं उनके साम्राज्य के बारे में बहुत चिंतित एवं व्यथित थी। उसने अभिमन्यु से लगातार प्रार्थना की कि वह उसके पिता का इस संकट की घड़ी में साथ दे, पर वह अपनी माँ के निर्णय के विरुद्ध जाने की हिम्मत नहीं दिखा पाया। हालाँकि, उसने वसुंधरा को अपनी तरफ से समझाने की बहुत कोशिश की कि तिब्बत कभी भी हिमवात पर आक्रमण नहीं करेगा। हालाँकि,

उसके ये प्रयास उलटे पड़ गए और वह समाचार को सुनकर बहुत दु:खी हो गया कि तिब्बत ने हिमवात पर आक्रमण कर दिया है।

वसुंधरा के पिताजी रणभूमि में थे, वहीं दूसरी ओर वह अपनी संतान के आने का इंतजार कर रही थी, और प्रसव पीड़ा का अनुभव कर रही थी। दो दिनों तक, वसुंधरा दर्द से जूझती रही। उसके पुत्र के आने की खुशखबरी के साथ ही राजा आदित्यराज की तिब्बत पर जीत की भी खबर आई।

अपने क्षेत्र के लोगों के बीच इस विजय से, हिमवात के राजा ने एक अतिसाहसी एवं बड़ा नाम स्थापित किया। वसुंधरा को यह लगा कि उसके पिता की जीत और उसके पुत्र का जन्म अपने में कोई खगोलीय घटना होगी।

वसुंधरा की खुशी का कोई ठिकाना नहीं रहा, कई महीनों से वह इतनी खुश पहले कभी नहीं दिखाई दी। हालाँकि, वह खुशी से भरी थी, पर दिद्दा के विरुद्ध उसकी कड़वाहट और दुश्मनी में कोई कमी नहीं आई, बल्कि वह दिनोदिन बढ़ती गई। राजमहल एवं साम्राज्य में वसुंधरा के आदर में उत्तरोत्तर कई गुणा बढ़ोतरी होती गई। उसने एक राजकुमार को जन्म दिया था, जो कश्मीर साम्राज्य का उत्तराधिकारी था। दिद्दा इस बात से आश्वस्त थीं कि एक नन्हे राजकुमार के आने के पश्चात्, अंतत: अभिमन्यु एक नेतृत्वपूर्ण जीवन बिता पाएगा।

हालाँकि वसुंधरा को दिद्दा पर भरोसा नहीं था। दिद्दा के प्रति उसकी नापसंदगी इतनी हो गई थी कि वह अब इस बात पर भरोसा करने लग गई थी कि दिद्दा सत्ता के लिए अपने पुत्र को भी मार सकती हैं।

परेशान वसुंधरा ने महामर्दन को बुलावा भेजा। वह उसके पिता की सेना का सेनानायक था। उसने उन्हें अपने पुत्र का संरक्षक बना दिया। वह एकदम भी नहीं चाहती थी कि उसके पति की तरह उसके पुत्र का बचपन भी बरबाद हो जाए।

जब राजदरबार ने इस बेसिर पैर की माँग को सुना, तो उन्होंने इसे नहीं माना और गुस्सा हो गए। कैसे हिमवात का सेनापति कश्मीर के राजकुमार का संरक्षक बन सकता है? हालाँकि दिद्दा ने इस बात पर अपनी सहमति से सबको चौंका दिया। दरबारियों को यह महसूस होने लगा कि यह रानी दिद्दा का निर्णय नहीं है, यह उस माँ का निर्णय है, जो तब असुरक्षा के कड़वे घूँट पी चुकी है, जब अभिमन्यु की जिंदगी बहुत ज्यादा खतरे में थी। उन्होंने कहा, 'आखिरकार वसुंधरा एक माँ है और हर माँ तो यह अधिकार है कि वह अपने बच्चे की सुरक्षा के संबंध में

चिंता करे।' उन्होंने आगे कहा, 'आप सबको तो खुश होना चाहिए कि राज्य के उत्तराधिकारी की सुरक्षा का जिम्मा अब दोनों साम्राज्यों के ऊपर होगा।'

राजदरबार ने दिद्दा के विचारों का सम्मान किया और वसुंधरा को फिर से छोटापन महसूस होने लगा।

दिद्दा की सहमति से वसुंधरा इस बात पर चकित हो गई कि सारे दरबारियों के विरुद्ध जाकर उन्होंने मेरे पक्ष में अपनी सहमति क्यों दी। 'आखिर वे क्या चाहती हैं?' हर गुजरते दिन के साथ वसुंधरा घृणा एवं अपने बच्चे के लिए एक अज्ञात भय से ग्रसित रहने लगी। उसे यह लगने लगा कि दिद्दा अब उसके पुत्र को भी मार डालेगी।

धीरे-धीरे बहुत नम्रता से वसुंधरा ने अपने पुत्र से संबंधित डर के बारे में अभिमन्यु को बताया। आदित्यराज की जीत से अभिमन्यु बहुत आत्मविश्वासी हो गया। वह आदित्यराज की जीत से कहीं ज्यादा अपनी पत्नी को प्यार करता था और अपनी पत्नी के लिए उसके मन में प्यार दिनोदिन बढ़ता जा रहा था।

अब अभिमन्यु को भी इस बात पर विश्वास हो चला था कि उसकी माँ ने उसे जानबूझकर सत्ता इसलिए नहीं सौंपी कि कहीं वह राजा की तरह काम करने न लग जाए। पहले भी कुछ मौकों पर उसके विरुद्ध दिद्दा के निर्णयों ने उसे बुरी चोट पहुँचाई थी। पर उसने इस बात पर गौर नहीं किया वह था। दिद्दा का निर्णय इसलिए था क्योंकि वह स्वतंत्र रूप से अभी निर्णय लेने में अक्षम था। वसुंधरा ने दिद्दा के मकसदों के बारे में, महामर्दन को महल में बुलाने और राजमहल के अंदर राजुकमार की सुरक्षा के संबंध में अपने विचार पहले ही रख दिए थे।

वैमनस्य और जहर का तो कोई धर्म, जाति एवं पंथ नहीं होता। जो उसको मारता है, वह उसी को पकड़ लेता है। अभिमन्यु इससे अछूता नहीं था, एक समय जो उसकी ताकत एवं सुरक्षा का गढ़ होता था, आज वह उससे दूर होता गया।

तिब्बत के विरुद्ध अपने पिता की जीत के बाद वसुंधरा को यह विश्वास हो चला था कि वह साहस एवं कौशल में दिद्दा की बराबरी में आ गई थी। वसुंधरा ने ऐसी कई कुटिल साजिशों को अंजाम दिया, जिससे लगे कि आदित्यराज दिद्दा के विरुद्ध चले जाएँगे। दिद्दा को बहुत अच्छे से पता था कि वसुंधरा के दिमाग में क्या चल रहा था। उन्होंने वसुंधरा को भी उसी मुश्किल में पाया, जैसे कई सालों पहले वह स्वयं को पाती थी। क्या दिद्दा ने अपने पति से प्यार नहीं किया और

अपने सत्ता में रहते हुए उन्हें एवं अपने पुत्र को बचाने के लिए सबकुछ किया। वे वसुंधरा के हृदय में अभिमन्यु के लिए वैसा ही प्यार देखती थीं, हालाँकि वह थोड़ी अविवेकी थीं। हृदय की गहराई से दिद्दा यही प्रार्थना करती थीं कि वसुंधरा अपने आपको फिर से समेट ले।

दिद्दा यह बात सोचने लगीं कि 'क्या वसुंधरा राजकाज को उतनी कुशलता से चला पाएगी, जैसा वह अपने पति क्षेमगुप्त को आगे रखकर कर पाती थी?' उन्होंने वसुंधरा के इस निर्णय की बहुत तारीफ की कि कैसे उसने अपने छोटे से राजकुमार की सुरक्षा के लिए आदित्यराज के सेनानायक को बुलाया।

उन्हें पता था कि अगर इस लड़की में उनके विरुद्ध जाने की हिम्मत एवं क्षमता है, तो अपने पुत्र की सुरक्षा हेतु निर्णय लेनेवाली रानी और भी बहुत कुछ करने में समर्थ थी।

यह सबको स्पष्ट दिख रहा था कि वसुंधरा दिद्दा के विरुद्ध जा रही है, और लोगों के बीच यह कानाफूसी जोरों पर थी कि साम्राज्य के भीतर उन लोगों के बीच मतभेद बढ़ते जा रहे थे। हालाँकि, दिद्दा इस बात से परेशान नहीं थीं कि इस भिड़ंत से राज्य में नए रूप से एक स्त्री का साम्राज्य स्थापित होगा। दिद्दा यह समझ गई थीं कि उनका पुत्र किसी भी प्रकार की जिम्मेदारी लेने में सक्षम नहीं है और वे यह जाँचना चाहती थीं कि वसुंधरा क्या उसकी तरह साम्राज्य को चलाने में सक्षम है अथवा नहीं। दिद्दा को यह भी पता था कि वसुंधरा इस समय इसके लिए तैयार नहीं है और उसे बहुत कुछ सीखने की जरूरत है, जिसके बाद उसके ऊपर यह सारी जिम्मेदारियाँ डाली जा सकें।

वसुंधरा को इसी तरह से स्वीकार करके दिद्दा उसे सिंहासन के लिए तैयार कर रही थीं और यह प्रयास किसी भी प्रकार से गलत नहीं होता। उन्हें पता था कि अपने साम्राज्य की खातिर वसुंधरा सबकुछ कर सकती है। इस आशा के साथ, अब समय आ गया था कि वसुंधरा को प्रशिक्षण दिया जाए। श्रीनगरम् का सिंहासन दूसरी रानी को देने की तैयारी शुरू हो गई थी। दिद्दा ने वसुंधरा को अपना उत्तराधिकारी घोषित करने की योजना बना ली थी।

'मैं अभी तुम्हारी ओर से निश्चिंत नहीं हूँ।' किस्मत ने दिद्दा के कानों में फिर से फुसफुसाहट की।

कुछ दिनों के बाद राजवैद्य ने दिद्दा को सूचित किया कि राजकुमार शारीरिक

रूप से कमजोर हैं, और उनका विकास उस अनुरूप नहीं हो रहा है। उन्होंने कहा कि हो सकता है कि राजकुमार का विकास पूरी तरह से न हो पाए। इस तरह पहली बार ऐसा हुआ कि दिद्दा भयभीत हो गईं, वे किसी सिंहासन के लिए नहीं परंतु एक माँ के गुस्से से डर गई थीं। उन्होंने देखा कि किस्मत उनपर हँस रही थी। वसुंधरा की पीड़ा एवं क्रोध इकट्ठा होकर जल्द ही उनका भी दरवाजा खटखटाएगा।

इस मुश्किल की घड़ी में वे सिर्फ अभिनवगुप्त के बारे में ही सोच सकती थीं।

दिद्दा उनके सामने गिड़गिड़ाने लगीं, 'अब मैं यह सबकुछ सह नहीं सकती। मुझे यह कब तक सहना होगा?'

अभिनवगुप्त ने मुसकराते हुए कहा, 'जब तक किस्मत तुम्हें कुछ और न दे।'

दिद्दा वापस महल में आ गईं और अब सबकुछ नष्ट होते देख डरने लग गईं। पूरी रात उन्हें संग्रामदेव की जोर-जोर से हँसी सुनाई दे रही थी कि उसका श्राप खाली नहीं गया।

अगले ही दिन वे काफी दिनों के बाद वसुंधरा के कक्ष में अपने पोते को देखने को गईं। उनके आने की खबर सुनते ही वसुंधरा परेशान हो गई और उसका दिल बहुत तेजी से धड़कने लगा।

उसके दिमाग में बार-बार यह आ रहा था, 'दिद्दा एक अपशगुन है।' वह यह सोचकर परेशान हो गई कि जरूर कोई बुरी खबर होगी, नहीं तो दिद्दा यहाँ क्यों आती, क्योंकि वे राजकुमार के जनमने के बाद अभी तक एक ही बार उसे देखने आई थीं, वे आज अचानक क्यों उसे देखने आ रही थीं?

दिद्दा ने कक्ष में प्रवेश किया और छोटे राजकुमार को अपनी बाँहों में उठा लिया। उन्हें पता था कि वसुंधरा क्या सोच रही है, पर उन्हें पता था कि एक माँ ही दूसरी माँ के दर्द को समझ सकती है।

दिद्दा के लिए उन्हें यह खबर बताना मुश्किल था। यह स्वीकारने से ज्यादा मुश्किल था कि वह अशुभ हैं।

वसुंधरा का डर शैतानी रूप लेनेवाला था। उसे लगने लगा कि उसका दिल अभी फट जाएगा और वह बेहोश हो जाएगी। जब वह होश में आई तो उसने अपने पास राजवैद्य को पाया। उन्होंने उसे यह सूचित किया कि राजकुमार के विकास एवं ताकत को और बढ़ाने के लिए विभिन्न चीजें बनाई जा रही हैं।

दिद्दा भी वहाँ पहुँच गईं और उन्होंने वसुंधरा को यह सलाह दी कि एक बच्चे की तबीयत के कारण माँ के मानसिक स्वास्थ्य पर भी असर पड़ता है। उन्होंने उसे अपने पुत्र के स्वास्थ्य के बारे में सोचने को कहा और वह किसी अन्य चीज पर ध्यान न दे।

दिद्दा ने सहानुभूतिपूर्वक वसुंधरा को समझाते हुए कहा, 'सारी चिंताएँ मुझ पर छोड़ दो, मैं अन्य हर चीज का खयाल रखूँगी।'

पर वसुंधरा अब सिर्फ एक माँ ही नहीं थी, वह अब एक ऐसी महिला बन चुकी थी, जिसके अंदर सभी से बदला, गुस्सा व घृणा की भावना घर कर चुकी थी।

'दिद्दा तुम्हारे बेटे को खा गई।' ऐसा उसके अंदर की आवाज उससे कह रही थी।

दिद्दा के यह शब्द उसके कानों में गूँज रहे थे कि 'सबकुछ मुझ पर छोड़ दो।'

वसुंधरा स्वयं को कहीं खोती जा रही थी और उसने अभिमन्यु को राजवैद्यों से मदद न लेने की सलाह दी।

'सबकुछ मुझ पर छोड़ दो'—उसके दिमाग में यह शब्द बैठ ही नहीं रहे थे। वह इस बात के लिए निश्चित थी कि दिद्दा ने उसके बेटे को मिटा देने की तैयारी कर ली होगी।

हालाँकि अभिमन्यु को उसके भीतर के डर के बारे में अभी भी नहीं पता था।

अभिमन्यु ने कहा, 'कोई माँ अपने ही लोगों को कभी नुकसान नहीं पहुँचा सकती।'

लगातार रोती हुई वसुंधरा ने कहा, 'वे मेरे बेटे को मार देंगी और तुम्हारा विवाह किसी और से करा देंगी।'

अभिमन्यु विचारों के भँवर में खो गया। उसे पता था कि उस समय तक दिद्दा उसे राजगद्दी के लिए उपयुक्त नहीं समझती थीं, पर क्या वे अपने छोटे से पोते के विरुद्ध साजिश रचेंगी? वसुंधरा अभिमन्यु के निर्णय को लेकर सशंकित थी। वह चाहती थी कि अभिमन्यु इस बात का विश्वास करे कि दिद्दा सिर्फ नाम के लिए उत्तराधिकारी चाहती हैं। असल में, वह सत्ता की डोर अपने हाथ में रखना चाहती थीं। उसने अभिमन्यु के सामने बेबुनियादी तथ्य रखकर यह कहने की कोशिश की कि कैसे दिद्दा ने उसके पिता को प्यार के नाम पर बेवकूफ बनाया और उसकी

शादी करा दी; उसने कैसे फाल्गुन को अलग किया और नरवाहन के साथ मिलकर चंद्रलेखा की हत्या की साजिश रची; उन्होंने कैसे क्षेमगुप्त के भानजों को उनके ही राज्य से बाहर निकलवा दिया।

अभिमन्यु अभी भी अपनी पत्नी की बातों पर विश्वास करनेवाला नहीं था और ढीठ बना रहा। उसने वसुंधरा की बातों को अस्वीकार कर दिया और बताया कि उसके मन में आनेवाली बातें बस एक मनगढ़ंत कहानियाँ हैं। वह निश्चित था कि दिद्दा का ऐसा कोई उद्देश्य नहीं रहा होगा। वसुंधरा भी जिद की पक्की थी। उसने कहा कि दिद्दा ने उसे अपनी बहू इसलिए चुना, क्योंकि वे नहीं चाहती थीं कि उनसे ज्यादा शक्तिशाली कोई वहाँ एक बहू के रूप में न आ जाए, नहीं तो अपना शासन एवं अपनी सत्ता वह कैसे काबिज रह पाएँगी?

वह चिल्लाई, 'अगर तुम अपने पुत्र को बचाने के लिए कुछ नहीं कर सकते, तो उसकी सुरक्षा के लिए मुझसे जो बन पड़ेगा, मैं करूँगी। अब तुम्हें निर्णय लेना है कि तुम पीछे अपनी कमर में हाथ बाँधकर रहोगे या अपने परिवार के लिए कुछ करोगे।'

अभिमन्यु यह सुनकर भौचक्का हो गया। उसकी पत्नी के अनुसार, उसकी माँ शासन करना चाहती थीं, पर अगर माँ को सिर्फ सिंहासन एवं सत्ता ही चाहिए थी, तो फिर उसकी पत्नी को क्या चाहिए? वह इस संबंध में कुछ मदद तो नहीं कर सकता था, पर वह वसुंधरा से यह जरूर पूछ सकता था कि क्या उसे वह सत्ता स्वयं के लिए चाहिए?

अभिमन्यु ने नन्हे राजकुमार को अपनी बाँहों में लिया और कहा कि हमें तुरंत ही हिमवात के लिए निकलना चाहिए।

वे तीनों—वसुंधरा, अभिमन्यु व नंदीगुप्त (छोटा राजकुमार)—दिद्दा के कक्ष में पहुँचे। अभिमन्यु ने कहा, 'मुझे इस सिंहासन, सत्ता या अन्य किसी भौतिक वस्तु का कोई लालच नहीं है। आप अपना सिंहासन रखिए, हम यह शाही जीवन छोड़कर कहीं और जा रहे हैं।'

दिद्दा ने साफ-साफ सारी बातें सुन ली थीं, पर वे चुपचाप अपनी जगह पर बैठी रहीं और परेशान भी नहीं लगीं। वल्जा उनसे पूछना चाहती थी कि वे राज्य छोड़कर क्यों जा रहे हैं, पर दिद्दा ने उन्हें रोक दिया। फिर वे वसुंधरा और अभिमन्यु की ओर मुड़ीं और कहा, 'ठीक है, अगर तुम जाना चाहते हो, तो तुम्हारी इच्छा।'

उन्होंने उन दोनों से कुछ और नहीं पूछा और न ही उन्हें रोकने की कोशिश की। अभिमन्यु एवं वसुंधरा दोनों यह देख भौचक्के रह गए।

उन दोनों ने सोचा, 'यह किस प्रकार की माँ हैं?'

गुस्से से भरी वसुंधरा ने अपना आपा खो दिया। वह अभिमन्यु की ओर मुड़ी और कहा, 'अब तो तुम्हें समझ आ गया होगा कि तुम्हारी माँ एक डायन हैं। कश्मीर की सत्ता एवं ताकत ही उनका मुख्य लक्ष्य है। हम यहाँ रहें या यहाँ से जाएँ, उससे उन्हें कोई मतलब नहीं। तुम मेरी बात का विश्वास नहीं करते थे, पर अब तुमने स्वयं ही देख लिया है।'

फिर वह दिद्दा की ओर मुड़ी और कहने लगी, 'आपको अब साम्राज्य छोड़ देना चाहिए, पर हम नहीं छोड़ेंगे, क्योंकि हम सिंहासन के असली उत्तराधिकारी हैं। अभिमन्यु एवं उनका पुत्र ही असली राजा होंगे। अगर अब कोई साम्राज्य छोड़ेगा तो वह आप हैं, हम नहीं।'

वसुंधरा ने फिर अभिमन्यु को देखकर कहा, 'अगर जरूरत पड़ेगी, तो मैं अपने पिता को बुला लूँगी और वे मेरे कहने पर तुरंत ही आ जाएँगे। अब समय आ गया है कि तुम यह निर्णय ले लो कि तुम अपनी माँ के साथ क्या करना चाहते हो।'

वसुंधरा अपने कक्ष की ओर चली गई और उसके पीछे-पीछे एक हारा हुआ बेटा, उसका अनुसरण करता हुआ चला गया।

वहाँ जो भी हुआ उसकी परिकल्पना अभिमन्यु ने कभी नहीं की होगी। उस समय उसका मन बहुत दुःखी हुआ, क्योंकि उसे लग गया कि उसने अपनी माँ को खो दिया है। वह न सिर्फ स्वयं को अनाथ महसूस कर रहा था, पर ऐसा भी लग रहा था कि उसने अपनी माँ के प्यार का अनादर किया है। उसका दुःख अंततः गुस्से में बदल गया और उसने महामर्दन को आदेश दिया कि वह दिद्दा को महल से निकाल दे।

वहीं दूसरी ओर, वल्जा को यह समझ में ही नहीं आया कि दिद्दा चुप क्यों हैं। वह दिद्दा को समझाने लगी कि अब भी समय है, वह स्थितियों को अपने नियंत्रण में कर ले, नहीं तो यह और खराब हो जाएगी। दिद्दा ने बहुत सरलता से कहा, 'मैंने हमेशा अपने आपको समझाने की कोशिश की, मेरा बेटा बहुत बुद्धिमानी से शासन करने में सक्षम होगा, पर आज उसने मुझे गलत साबित कर दिया। उसके ही कंधों पर इस साम्राज्य का भार है, पर अगर एक राजा ही अपने कर्तव्यों का

सही तरह से निर्वहन न करे, तो वह उस मुकुट का अधिकारी नहीं है। उसने अपना निर्णय लेने से पहले एक बार भी नहीं सोचा कि ऐसा करके वह अपना साम्राज्य व अपने लोगों को साँसत में डाल देगा। इससे लोगों की जिंदगियाँ एवं अर्थव्यवस्था दोनों ही बरबाद हो जाएगी। भावनाओं में बह जाना कश्मीर के राजा को शोभा नहीं देता। अगर वह साम्राज्य छोड़कर जाना चाहता था, तो उसे अपने बदले किसी अन्य को यह जिम्मेदारियाँ देकर जाना चाहिए था, जो उसके वहाँ नहीं होने पर कार्यभार सँभाल ले। पर उसने ऐसा कुछ भी नहीं किया। बल्कि वह यहाँ आया और ऐसे ही यहाँ से जाने का अपना निर्णय सुना गया, उसने उसके प्रभावों के बारे में एक बार भी नहीं सोचा। इसलिए राज्य में उसकी उपस्थिति एवं अनुपस्थिति का कोई मतलब नहीं रह जाता और उसने मुझे उसे रोकने का कोई कारण ही नहीं दिया।' दृढ़निश्चयी दिद्दा ने यह बातें कहीं।

वल्जा ने हस्तक्षेप करते हुए कहा, 'पर वह आपका बेटा भी है; एक माँ की हैसियत से आपको उससे पूछना चाहिए था।'

'आजकल वह अपनी माँ की बातें नहीं समझता। अगर वह समझता, तो उसे पता होता कि उसपर की जानेवाली लगातार निगरानी सिर्फ उसकी सुरक्षा के लिए ही है। मुझे उसकी पत्नी से बहुत सारी उम्मीदें हैं, पर वह भी उसके साथ निकल पड़ी। यह उसका धर्म था कि वह उसे सही और गलत निर्णय के बीच के अंतर को समझाए। उसे समझना चाहिए था कि मेरा बेटा इतना परिपक्व नहीं है कि वह अपने निर्णय स्वयं ले सके, इसलिए मुझे हर बार बीच में हस्तक्षेप करना पड़ता है। अगर ऐसा करने पर मुझे गलत समझ लिया गया तो ऐसा ही सही। मैं उस दिन का इंतजार करूँगी जब उसे इतना ज्ञान हो जाए कि वह सही निर्णय ले पाए। मैं अपना प्यार जताकर उसे और कमजोर नहीं बनाना चाहती। हो सकता है कि वह आज गलत हो, पर मैं खुश हूँ कि उसने कम-से-कम अपने लिए एक निर्णय तो लिया और उसे इसके परिणाम के साथ जीना पड़ेगा, मुझे इस बात पर कोई शक नहीं कि वह एक अच्छा इनसान बनकर निखरेगा। एक माँ के रूप में मैं चाहूँगी कि मैंने जो आज उसे रोका नहीं है, आगे जिंदगी में उसके लिए हर रास्ते खुलते जाएँ।'

वल्जा इस परिणाम से दु:खी थी। उसी समय दिद्दा ने यह गौर किया कि सेना के प्रमुख महामर्दन राजमहल छोड़कर आदित्यराज की ओर आ रहे हैं। उसने गौर किया कि अचानक से अभिमन्यु के महल के आसपास हलचल बढ़ गई है और

सुरक्षा घेरा भी बढ़ गया है। उन्होंने वल्जा की ओर देखा और कहा कि अब उनकी चिंताएँ खत्म हो गई हैं। वल्जा समझ नहीं पाई कि वे क्या कह रही हैं और उनसे आगे जानना चाहा।

दिद्दा ने कहा, 'मेरी बहू ने राजमहल नहीं छोड़ने का सही निर्णय लिया है, पर मेरे पुत्र ने ऐसा निर्णय नहीं लिया है।'

उसके कुछ ही देर के बाद महामर्दन आया और उसने कहा, 'यह कश्मीर के राजा का आदेश है कि आप तुरंत राजमहल छोड़कर चली जाएँ। उनके आदेश की अवहेलना करने पर मैं आपके विरुद्ध कड़ी काररवाई करने के लिए विवश हूँ।'

एक क्षण के लिए यह समाचार सुनकर दिद्दा भी घबरा गईं पर महामर्दन को अपने साथ खड़ा देखकर उन्होंने अपनी भावनाओं पर नियंत्रण रखा। हालाँकि, उन्हें इसकी उम्मीद नहीं थी, पर वे मुसकराकर महामर्दन से बोलीं, 'क्या तुम्हारी तलवार में इतनी ताकत है कि वह मेरे विरुद्ध उठ जाए?'

वह बहुत अच्छे से जानता था कि उनके यह कहने का क्या भाव है? इससे पहले कि वह जवाब दे पाता, दिद्दा वल्जा की ओर मुड़ीं और कहा, 'अपना सामान बाँध लो, महल छोड़ने का समय आ गया है।'

विक्रमसेन को भी इस बात का आभास हो चला था कि महल के भीतर कुछ तो चल रहा है। वह दिद्दा के कक्ष की ओर दौड़ा। वल्जा ने उन्हें आते देखा और उन्हें बीच में आने से रोका। विक्रमसेन को अपनी बात थोपते देख महामर्दन अभिभूत हो गया। वह वहाँ चुपचाप खड़ा रहा। विक्रमसेन ने दिद्दा से कहा, 'यह आपका साम्राज्य है और आपको यह ऐसे ही नहीं छोड़ना चाहिए।'

दिद्दा ने जवाब दिया, 'मैंने साम्राज्य के लिए जितना कर दिया था, कर दिया। मेरा बेटा, जो राजा है, वह चाहता कि मैं अब यहाँ नहीं रहूँ और मैं उसकी इच्छा की इज्जत करती हूँ। यद्यपि मैं यह नहीं चाहती कि मैं अभिमन्यु एवं वसुंधरा के बीच आपसी विरोध का कारण बनूँ। वसुंधरा राज करे और मैं चाहती हूँ कि आप उसके प्रयत्नों का समर्थन करें। चूँकि आप अब इधर हैं तो मैं कश्मीर के भविष्य के बारे में थोड़ी भी चिंतित नहीं हूँ।'

विक्रमसेन ने जवाब दिया, 'आपके जाने से साम्राज्य की शांति भंग हो जाएगी। सबकुछ बिखर जाएगा, आपकी जनता आपसे प्यार करती है। साम्राज्य से आपको निकालने से लोगों में गुस्सा एवं बेचैनी बढ़ जाएगी और संभव है कि

अभिमन्यु के जीवन पर भी खतरा बढ़ जाए।'

दिद्दा को पता था कि वे सही हैं, पर वे इस समस्या और कठिन स्थिति का समाधान करने में असमर्थ थीं। वे राजमहल में तब से रहना नहीं चाहती थीं, जब से उनके पुत्र ने उन्हें राजमहल छोड़ने की आज्ञा दी थी, उसका राज्याभिषेक किए हुए अभी ज्यादा समय नहीं हुआ था। एकांगी सेना का नायक होने के कारण, उन्होंने महामर्दन को तेज आवाज में आदेश दिया कि वह उनका संदेश राजा अभिमन्यु तक पहुँचा दें। उन्होंने कहा, 'अगर आपका राजा अपने जीवन को खतरे में नहीं डालना चाहता, तो वह अपने निर्णय को वापस ले, जिसमें उन्होंने दिद्दा को राज्य छोड़ने का आदेश दिया था। जहाँ तक दिद्दा के रहने की बात है, वह अपने लोगों के बीच में ही रहेंगी। अगर यह उसे स्वीकार्य नहीं, तो उसे यह निर्णय लोगों पर छोड़ देना चाहिए, फिर वही निर्णय लेंगे कि महल में कौन रहेगा और कौन महल छोड़ेगा।'

महामर्दन ने तुरंत ही यह संदेश अभिमन्यु तक पहुँचाया। यह सुनकर वसुंधरा की जान में जान आई। उसने पहले ही यह अनुमान लगा लिया था कि दिद्दा अगर उसके सामने ही रहें तो ठीक है, क्योंकि वे उनकी साजिशों के बारे में समझती थीं। अगर वे राज्य छोड़कर चली गईं, तो वसुंधरा यह नहीं बता पाएगी कि कब दिद्दा उनके विरुद्ध साजिश कर उनपर हमला कर सकती हैं।

इन कारणों से अभिमन्यु एवं वसुंधरा ने अपने आदेश वापस ले लिये और दिद्दा को आम जनता के बीच रहने की अनुमति दे दी।

बहुत भारी दिल के साथ दिद्दा ने महल छोड़ दिया।

जैसे ही वसुंधरा के पिता ने यह समाचार सुना, वे भागते हुए कश्मीर आए। उन्हें चुप रहने के लिए कहा गया था, क्योंकि वे दिद्दा के साथ वचनबद्ध थे, पर वे अभिमन्यु व अपनी पुत्री को बताना चाहते थे कि उनकी विजय का असली कारण दिद्दा का सहयोग था। उन्होंने अभिमन्यु को बताया कि उसने एक दयालु एवं भद्र महिला दिद्दा पर शक करके बहुत बड़ी गलती की। जब उन्हें इन सारी बातों के पीछे का कारण पता चला कि इन सारी चालबाजियों के पीछे उनकी ही बेटी का हाथ है, तो उन्होंने यह प्रतिज्ञा कर ली कि अब वे जीते-जी कभी भी उसका मुँह नहीं देखेंगे।

वसुंधरा अपने पिता के निर्णय से दुःखी हो गई। उसने दिद्दा के विरुद्ध कदम यह सोचकर उठाया था कि उसे अपने पिता का बिना शर्त समर्थन मिलेगा।

पर अपने पिता का निर्णय जानकर वसुंधरा व्याकुल हो गई। उस दिन के बाद से न ही अभिमन्यु और न ही वसुंधरा शांतिपूर्वक सो पाए। हालाँकि, दिद्दा तो महल छोड़कर जा चुकी थीं, पर उनका डर उनके मन से कभी नहीं गया।

अभिमन्यु ने दरबार में जाना छोड़ दिया था, क्योंकि उसे डर था कि लोग उसके निर्णय के बारे में उससे प्रश्न करेंगे। वह उसी चीज से दूरी बनाने लग गया जो उसकी पत्नी उससे चाहती थी। सिंहासन का बोझ उसपर हावी होने लग गया। वसुंधरा भी इसके दुष्परिणामों को लेकर घबराई हुई थी। उसने सोचा कि दिद्दा ने विक्रमसेन को किसी कारण से उनके पीछे छोड़ रखा है, और वह दिद्दा के पीछे से अभिमन्यु के शासन का विनाश कर देगा। उसकी मौजूदगी वसुंधरा के दिमाग को खलने लग गई। उसने उन्हें आदेश दिया कि वह अपने राज्य लोहारिन वापस लौट जाएँ और अगर फिर से जरूरत पड़ी तो उन्हें वापस बुला लिया जाएगा।

वह पागलों सा व्यवहार करने लगी थी और सोचने लगी कि दिद्दा उसके कुकर्मों का बदला लेने के लिए उसके पुत्र को मार देंगी। इसलिए, वह बंद दरवाजों के पीछे रहने लग गई, यहाँ तक कि सूर्य की किरणों को भी उस तक पहुँचने की इजाजत नहीं थी। अभिमन्यु एवं वसुंधरा दोनों इस बात से परेशान थे कि दिद्दा ने कितनी आसानी से उन्हें वह सत्ता एवं पद दे दिया और बिना कोई प्रश्न किए या ना-नुकुर किए बगैर सबकुछ छोड़कर चली गईं।

इस बीच दिद्दा ने अपने मन की सारी शंकाएँ अपने गुरु अभिनवगुप्त से कहीं। उसने उनसे लगातार पूछा, 'मैंने जिस-जिस को प्यार किया, वे सब मुझे एक-एक कर छोड़कर चले गए, पर इसमें मेरा क्या दोष है—पहले मेरे पति, फिर नानाजी, नरवाहन और अब मेरे पुत्र ने मुझे महल छोड़कर जाने को कह दिया। उसके पैदा होने के बाद से मैंने तो उसे अपने जीवन में एक दिन भी स्वयं से अलग नहीं किया। मुझे सत्ता, पद या इस जीवन का कोई लालच नहीं है। मैं नानाजी की ही तरह स्वयं को शिव को समर्पित कर देना चाहती हूँ; मैं पूर्णतया भक्ति में रम जाना चाहती हूँ।' उसके गुरु उसे धैर्यपूर्वक सुनते रहे और शांत रहे।

सही मायनों में अभिनवगुप्त एक आध्यात्मिक गुरु थे। अगर उन्होंने किसी को अपना शिष्य बनाया तो वे ऐसे किसी मुश्किल भरे दिनों में भी उसे शिक्षित करने की पूरी जिम्मेदारी उठाते हैं। उन्होंने दिद्दा की पूरी बातें सुनीं, पर उसे आराम करने के सिवा और कुछ नहीं कहा।

दिद्दा के राजमहल में लगातार न दिखाई देने से राज्य में फैलनेवाली अराजकता को रोकने के लिए अभिनवगुप्त ने दिद्दा की यात्रा की खबर फैलाई। अभिनवगुप्त को लगता था कि कश्मीर दिद्दा की जिम्मेदारी थी। उन्होंने यह सुनिश्चित किया कि दिद्दा ने अच्छे से आराम किया और फिर उन्हें उन्मुक्त तरीके से सोचने की अनुमति दी।

यह पहली बार था, जब दिद्दा ने अपना दुःख प्रकट किया। उन्होंने इतने सालों तक अपनी भावनाओं को दबाकर रखा था। अभिनवगुप्त ही सिर्फ वह व्यक्ति थे, जिनके साथ उन्होंने अपनी दुविधाएँ बाँटीं। हालाँकि, अभिमन्यु के लिए उनकी चिंताओं ने उन्हें अस्वस्थ कर दिया था। वल्जा सारे समय उनके साथ थी, पर वह भी तो बूढ़ी हो चली थी। अभिनवगुप्त ने राजवैद्यों की सलाह से स्वयं दिद्दा के लिए दवाइयाँ बनाईं।

एक हफ्ता बीत गया। दिद्दा कभी भी बीमार होकर बिस्तर पर पड़ने की आदी नहीं थीं, इसलिए उन्होंने धीरे-धीरे करके अपनी ताकत जुटाई और बाहर निकल गईं। ऐसा लग रहा था कि सिर्फ उनका शरीर जिंदा है, उनकी आत्मा क्षेमगुप्त की तलाश में पहले ही निकल चुकी है। जीने के लिए उनकी सारी प्रेरणा समाप्त हो चुकी थी और वे कभी-कभार स्वयं से प्रश्न करती थीं कि वे जीवित क्यों हैं? वे तो उसी दिन मर गई थीं, जिस दिन उनके पुत्र ने उन्हें साम्राज्य छोड़कर जाने को कहा। वे हमेशा इस बात की भी चिंता करती थीं कि वे क्षेमगुप्त से क्या कहेंगी कि जिस बालक को उन्होंने जन्म दिया, उसने न तो अपनी माँ की इज्जत की, न ही उस साम्राज्य की। उसे अच्छी शिक्षा देने में क्या कमी रह गई? उन्हें कभी-कभार इस बात पर आश्चर्य होता था।

वल्जा अपनी रानी को इस हालत में देखकर परेशान हो जाती थी। वह उनकी मुश्किलों को समाप्त कर देना चाहती थी। वह उनके जन्म से लेकर उनके सारे संकटों की गवाह रही है, पर असहाय थी। एक दिन वह अचानक उठी और स्वयं को आग लगा दी। दिद्दा सचेत थीं और उसे बचा पाने में सफल रहीं। इस बात से हैरान, उन्होंने वल्जा से पूछा, 'आपने ऐसा क्यों किया?' वल्जा ने इसका जवाब दिया, 'मैं आपके दुखों का अंत करने में अक्षम हूँ, इसलिए मैं स्वयं का ही अंत कर देना चाहती थी, आपको इस तरह देखकर मुझे बहुत दुःख होता है।'

अभिनवगुप्त ने दिद्दा को समझाया, 'आपके बेटे के निर्णय एवं रवैए ने मुझे

बहुत दुःखी किया है, पर आपने उस समय भी जीना नहीं छोड़ा, क्यों? क्योंकि अब भी कुछ चीज बाकी रहती है।'

दिद्दा ने पूछा, 'अब क्या बाकी रहता है?'

अभिनवगुप्त ने कहा, 'जीवन। हर किसी को एक दिन मरना होता है। पर मरने की कोशिश करना या इसका इंतजार क्यों करना होता है। जिस दिन मौत आनी होगी, आ जाएगी, तब हम इसे न तो रोक पाएँगे, न ही आगे बढ़ा पाएँगे। इसके लिए इंतजार क्यों करना? आपकी समस्या इस जिंदगी को जीने में है, पर जिस दिन जीने की नई प्रेरणा और नया उद्देश्य मिल जाएगा, उस दिन से सारी चीजें अपने आप ठीक हो जाएँगी।' दिद्दा ने उन्हें परखते हुए नम्रतापूर्वक पूछा, 'आप ही मुझे बता सकते हैं कि जिंदगी क्या है?'

अभिनवगुप्त मुसकराए और दिद्दा को आदेश दिया कि वे अगली सुबह भैरवनाथ की गुफा की ओर प्रस्थान करें। उन्होंने दिद्दा को बताया कि उन्हें वहाँ बुयादेव मिलेंगे। उन्होंने अभिनवगुप्त को अपने आंतरिक मार्गदर्शक और आध्यात्मिक गुरु के रूप में स्वीकारा है। दिद्दा को उनके साथ रहकर उनकी सेवा करनी होगी।

अपने गुरु की आज्ञा पाकर दिद्दा भैरवनाथ गुफा की ओर चल दीं। बुयादेव से मिलने के बाद उन्होंने स्वयं को पूरी तरह से सेवा में लगा दिया और आदेशानुसार सारे नियमों का पालन किया। बुयादेव तांत्रिक साधना में लीन थे। बिना किसी उद्देश्य के वहाँ बात करना पूरी तरह से मना था। गुफा के भीतर सभी का एक ही उद्देश्य था—अपने को भगवान् की सेवा में लगाए रखना।

अद्वैत को समझना इतना आसान नहीं है—आत्मन् एवं ब्रह्म का दर्शन एक ही माना जाता है। इस संबंध में ज्ञान पाने में कई साल लग जाते हैं। दिद्दा ने अद्वैत के संबंध में ज्ञान पाने की सोची और सच्चाई के सिद्धांत पर उसे पाना अपनी जिंदगी का मकसद बनाया।

प्रतिभिज्ञा का अर्थ चेतनता से ऊपर उठ जाना और सच्चाई को जानना और स्वयं को समझना है, यह मानना एवं स्वीकारना है कि हम एक शरीर नहीं एक आत्मा हैं। दिद्दा यह समझ गईं कि इस संसार में सभी चीजों के पीछे एक ही चीज हैं और वह है शिव। बुयादेव ने समझाया, 'यह धरती विभिन्न वस्तुओं की बनी हुई है, पर यह शिव की इच्छा से चलती है। वे जब चाहते हैं इस धरती का विस्तार कर

सकते हैं और उसे मिटा सकते हैं। इस प्रकार की शक्ति की इच्छा को माहेश्वरी शक्ति भी कहा जाता है, जिसमें वही रचना करता है, अस्तित्व को जीने लायक बनाता है और फिर विध्वंस भी करता है।'

उन्होंने फिर बताया, 'इस प्रकार हर प्रकार के जीव, वनस्पति एवं नदियाँ, जिसमें पाँच तत्त्व भी शामिल हैं (प्रकृति, बुद्धि, गर्व, घमंड व आत्मा) ये सब शिव के ही तत्त्व हैं। अगर हम सब एक जैसे होते, तो द्वंद्व क्यों होता? और अगर द्वंद्व नहीं होता, तो हम सब शिव क्यों होते? यह अन्य एवं स्वयं के द्वंद्व की अवधारणा है।'

उन्होंने आगे बताया, 'हमें सिर्फ शिव की ही खोज करनी चाहिए, तभी हम भौतिकवाद के प्रभाव से दूर होंगे और शिव से मिल जाएँगे। साधना या मनन, इसे पाने का एक तरीका है, जो शिव से मिलने का भी एक तरीका है। मानव जीवन का एक ही उद्देश्य है—जन्म एवं पुनर्जन्म के चक्र से दूर, उस अलौकिक शिव से हमेशा के लिए मिल जाना। इसे मोक्ष पाना कहते हैं। अगर हम साधारण शब्दों में इसे अपना उद्देश्य मान लें, तो जीवन बहुत आसान हो जाएगा।'

दिद्दा ने कहा, 'अगर हम सभी शिव हैं तो हम एक-दूसरे से इतने अलग क्यों हैं?'

बुयादेव ने फिर कर्म के सिद्धांत को समझाया। उन्होंने कहा, 'अगर हम भौतिकवाद और सांसारिक सुख में पड़े रहेंगे, तो हमें अपनी पसंद रखनी ही पड़ेगी। इन रुचियों से विभिन्न परिणाम हो सकते हैं। यह पसंद ही कर्म है। अगर हम प्यार को चुनते हैं, तो यही हमारी किस्मत भी हो जाएगी। आपकी किस्मत ही आपका शरीर, आपका बाह्य स्वरूप निर्धारित करती है। आप अपने लिए आत्मसम्मान, घमंड या पवित्र विचार कुछ भी चुन सकते हैं, इन सबके अपने ही परिणाम होते हैं। हमारे पारस्परिक कर्म हमें बाँधकर रखते हैं। यह गणित की तरह है। अपने अच्छे विचारों के साथ हम किसी के लिए अच्छे काम करते हैं, जिससे कुछ ही दिनों में, महीनों, सालों में या अगले जन्म में फल आने लगते हैं। यह अच्छे एवं बुरे का गणित है, जिसके कारण हमें बार-बार जन्म लेकर आते-जाते रहना पड़ता है। अगर आपने अच्छे कर्म किए हैं तो आपको अपने अच्छे कर्मों का फल भुगतने के लिए पुनर्जन्म लेना पड़ता है, इस प्रकार आप अपने शिव से अलग हो रहे होते हैं।'

दिद्दा ने फिर पूछा, 'अगर हम फिर से मानव रूप में जन्म ले रहे हैं तो क्या

हम हमेशा ही कर्मों में ही फँसे रहेंगे। हम स्वयं को इससे कैसे अलग कर सकते हैं?'

बुयादेव ने आगे समझाया, 'अगर हम इन विचारों के साथ रहेंगे कि हर चीज शिव की ही है, तो मुक्ति पाना आसान हो जाएगा। अगर हम हार भी गए, तो हमें शोक नहीं करना चाहिए; अगर हम लाभ पाते हैं तो हमें जश्न नहीं मनाना चाहिए, क्योंकि अगर आप शिव को जानते हैं तो आपके लिए दुःख या खुशी का क्या अर्थ?' तुम्हारे न तो माँ-बाप, न कोई दोस्त, न बच्चे और कोई वस्तु है। शिव सभी के लिए सोचते हैं। हमें किसी चीज के लिए या किसी भी व्यक्ति के लिए कभी चिंता नहीं करनी चाहिए। असल में सच्चाई शिव ही है। उपभोक्तावाद मानव शरीर को प्रभावित करता है; हालाँकि भगवान् भी इससे बचे नहीं हैं।

'जब शिव और शक्ति को अलग किया गया, शिव परेशान होकर इधर-उधर घूमने लगे। राम सीता की खोज में चल पड़े, पर उन्होंने हमारे लिए एक अच्छा उदाहरण पेश किया—मानव शरीर को दर्द होता है पर इस दर्द से मुक्ति के लिए इसे आप पर हावी नहीं होना चाहिए, जीवन में इतने मुश्किल भरे समय में हमें अपनी इच्छाएँ एवं कर्म सही रखने चाहिए।'

दिद्दा को समझ आ गया था कि इतना ज्ञान उसके लिए काफी है। इसीलिए, इसके बाद दिद्दा ने शिव पर ध्यान केंद्रित रखा। वे हर चीज को भूल गईं—खासकर अपने बेटे एवं अपने राज्य को भी। वे बाह्य दुनिया में होनेवाली चीजों से पूर्णतः अप्रभावित थीं। वे मनुष्यों, पक्षियों और जानवरों को एक ही नजर से देखती थीं और उनमें कोई अंतर नहीं रखतीं। उन्होंने सीख लिया था कि शिव ने ही सारी चीजें बनाई हैं और उनके कर्म के अनुसार उन्हें विभिन्न रूप दिए। जब वे इन सारी बातों का अभ्यास कर रही थीं, तो उन्हें गुरु से वापस आने का आदेश मिला, उन्हें लग गया था कि दिद्दा ने आवश्यक सारी चीजें सीख ली होंगी। दिद्दा उन्हें मना नहीं कर पाईं।

जब वे भैरव नाथ की गुफा से बाहर निकलीं, तो वे एक तेजस्वी साध्वी बन चुकी थीं। उन्होंने नंगे पैर चलना शुरू किया, चाहे वे लड़खड़ाती, लँगड़ाती थीं पर वे नियंत्रण में थीं, उनके भीतर सबकुछ परिवर्तित हो चुका था। अचानक, उन्होंने यह महसूस किया, जो लोग उनके साथ-साथ चल रहे थे, वे भी उनके साथ हो लिए। उन्होंने उन्हें ध्यान से देखा और फिर महसूस किया कि वे तो दिद्दा ही हैं।

उन्होंने पूरे साम्राज्य में होनेवाली गतिविधियों के बारे में उन्हें बताया। उन्होंने

बताया कि जब से उन्होंने महल छोड़ा है, पूरे साम्राज्य में उथल-पुथल मच चुकी है। अभिमन्यु अपना कामकाज सही से सँभाल नहीं पा रहे। पर दिद्दा चुप रहीं। वे लगातार तब तक चलती रहीं, जब तक वे अपने गुरु अभिनवगुप्त के महल में न पहुँच गईं, लगभग पूरा शहर उनके साथ चल रहा था। दिद्दा ने गुरु से अपने लिए नए कार्यभार के लिए पूछा। अभिनवगुप्त ने कहा, 'तुम अपनी किस्मत के साथ-साथ चल रही हो। इन लोगों को तुम्हारी जरूरत है। अब तुम्हें यहाँ अपने लिए विकल्प बनाने की आवश्यकता है। उनके मुद्दों को सुनो, उनकी समस्याओं को सुनो और उन्हें सुलझाने की कोशिश करो।'

दिद्दा ने उसे अपने गुरुमंत्र के रूप में अपनाया। उन्होंने विनम्रता से आगे पूछा, 'वल्जा कहाँ है?' भीड़ में से एक विश्वसनीय पुरुष ने उनसे कहा, 'रानीजी, वह गाँव में है। हमें उन हाथों की सेवा करने का मौका मिला, जिन्होंने आपकी सेवा की है। हम इस अवसर को कैसे खो सकते हैं? वे आपका इंतजार कर रही हैं, रानी दिद्दा; आप हमारे साथ चलिए।' दिद्दा उस व्यक्ति को जानती थीं।'

उन्होंने कहा कि 'पहले मैं अपने गुरु अभिनवगुप्त के पास जाऊँगी।' और वे उनके आश्रम में चलकर गईं।

दिद्दा ने झुककर अपने गुरु के पैर छूए और उनसे आशीर्वाद लिया। अभिनवगुप्त ने उन्हें गुरुमंत्र दिया, 'आपके जैसे व्यक्तित्व को किसी सिंहासन या शाही स्वीकृति की जरूरत नहीं है। अगर आप अपने लोगों की सेवा करना सीख जाती हैं, तो आप एक बेहतर जिंदगी जी पाएँगी। हमेशा यह याद रखें कि आपके किसी भी अच्छे या बुरे कदम से अगर साम्राज्य को फायदा होता है, तो उस निर्णय को लेने में न हिचकें। हमारे शास्त्र भी यही कहते हैं। इसलिए, भविष्य में अगर आपके समक्ष ऐसी स्थिति आती है, तो बिना किसी हिचक के और दोबारा सोच लें।'

अपने गुरु के ये शब्द सुनकर, दिद्दा ने यह समझने में थोड़ी भी देर नहीं लगाई कि किस्मत उसे साध्वी नहीं बनने देना चाहती, नहीं तो अब तक उनके कई अनुयायी होते।

दिद्दा अपने विश्वसनीय लोगों के साथ वहाँ से चली गईं। वे यह देखकर बहुत प्रसन्न थे कि उसके लोगों ने वल्जा की बहुत अच्छे से सेवा की है। उन्होंने, उन्हें एक रानी की तरह रखा। वल्जा भी दिददा को देखकर फूली नहीं समाई और

आश्चर्यचकित होकर पूछने लगी, 'आप यहाँ तक कैसे पहुँचीं?' दिद्दा ने जबाब दिया, 'आपके लोग मुझे इस गाँव में लेकर आए। क्या आप मुझे अपने साथ रहने की अनुमति देंगी?'

दिद्दा में इस प्रकार का परिवर्तन देखकर वल्जा बहुत प्रसन्न हुई। वल्जा ने दिद्दा के प्रश्न का नम्रतापूर्वक और चालाकी से जवाब देते हुए अपना सिर झुकाया और कहा, 'क्या आप इस गाँव में रहने की विनती को स्वीकार कर मुझे और इन ग्रामीणों को अनुगृहित करेंगी?'

उस दिन से वह गाँव वल्जामठ के नाम से पहचाना जाने लगा।

जनता यह देखकर चकित रह गई कि दिद्दा वापस अपने महल में नहीं आईं, और न ही उन्हें वापस जाने की कोई इच्छा थी। इसके बदले, उन्होंने अपनी यह इच्छा प्रकट की कि वे वल्जा के लोगों के बीच में रहेंगी, वनाश्रम की अवस्था को पार कर वे राजकीय जिम्मेदारियों से सेवानिवृत्त होना चाहती हैं। हालाँकि, वल्जामठ के लोगों के लिए सबसे अच्छी बात यह थी कि उनकी रानी उन्हीं के साथ थी। अब उन्हें उनसे मिलने के लिए किसी स्वीकृति की जरूरत नहीं थी न ही सुरक्षा घेरे को पार करना पड़ेगा, जो उन्हें उनसे मिलने से रोकता था।

दिद्दा एक पैदाइशी राजनेता थीं। वे लोगों से मिलती, उनकी समस्याओं और मुद्दों को समझतीं। वे यह सोचने लग गईं कि वे कैसे उनकी जिंदगी में सुधार कर सकती हैं। इसके लिए बहुत सारी योजनाओं की शुरुआत हुई, वे उनके सही से कार्यान्वयन में जुट गईं। बहुत जल्द ही लोगों की जिंदगी बदलने एवं सुधरने लगी।

वहाँ काम करते हुए उन्होंने पाया कि औरतें बहुत मेहनती, समर्पित एवं ईमानदार हैं। उन्होंने निर्णय लिया कि औरतों को सशक्त बनाया जाए और उनकी शक्तियों को बढ़ाया जाए और इस अच्छे काम की शुरुआत वल्जा के गाँव से हो। उन्होंने स्त्रियों के लिए शिक्षा के दरवाजे खोले, क्योंकि उस समय में औरतों को सामान्य तरीके से शिक्षा नहीं दी जाती थी। दिद्दा इस बात को बहुत अच्छे से मानती थीं कि किसी भी प्रकार की शिक्षा जो दो लिंगों के बीच भेद उत्पन्न करती है, वह समाज के विकास में बाधा उत्पन्न करती है। अपने गुरु के दिशा-निर्देश एवं मदद से उन्होंने शिक्षकों की भरती शुरू की और अपने नए साम्राज्य में कई गाँवों में विद्यालय खोले।

उन्होंने लोगों के स्वास्थ्य को ध्यान में रखते हुए कई स्वास्थ्य केंद्र खोले और

यह सुनिश्चित किया कि वे सभी लोगों के लिए सुलभ हों। लोग अब स्वास्थ्यकर्मियों एवं चिकित्सकों के लिए भागे नहीं फिरते थे।

उन्होंने यह देखा कि गाँवों के मकान इतने मजबूत नहीं हैं कि वे खराब मौसम में खड़े रह पाएँ। वे बहुत तेज गरमी या लगातार होती बारिश से बरबाद हो जाते थे।

दिद्दा ने उन लोगों की मदद ली, जो महल बनाते थे। गाँवों की औरतों ने भी उन्हें मदद की और खुद से ही पक्के मकान बनाए। यह पहल अन्य गाँवों के लिए भी एक मिसाल थी।

उन दिनों कश्मीर से होकर रेशम-मार्ग जाता था। दिद्दा ने वह स्थानीय वस्तुएँ चिह्नित कीं, जो व्यापार के लिए लाभप्रद हो सकती थीं, और उन्हें यूरेशियाई बाजार में उतारा, जिससे गाँव की अर्थव्यवस्था आत्मनिर्भर हो गई।

लागूर एवं गुजरात के बीच आने-जानेवाले व्यापारियों एवं व्यवसायियों के लिए आरामगृह बना दिए गए। इन सुविधाओं से भी व्यापार को बढ़ावा मिला।

खाली बंजर पड़ी जमीनों पर बागान बनाए गए। उन्होंने अपने लोगों से यह शपथ दिलवाई कि वे स्वैच्छिक रूप से समाज को मजबूत बनाने में अपना सहयोग देंगे। इससे छोटे-छोटे गाँव साम्राज्य पर हर छोटी चीज के लिए निर्भर नहीं रहे। उन्होंने वल्जा के लिए एक अलग गाँव का निर्माण कर दिया और वहाँ एक मंदिर भी बनाया। वे दिद्दा की एक सच्ची दोस्त रहीं, जो दिद्दा के साथ हर हालात में खड़ी रहीं और दिद्दा की ओर से यह उनके लिए एक दिल से किया गया काम था। उन्होंने यह सुनिश्चित किया कि गाँव में मौजूद हर चीज गाँव की खूबसूरती में अपने आप योगदान देगी।

जहाँ दिद्दा समाज के उत्थान में व्यस्त थीं, वहीं वसुंधरा इस बात पर विश्वास ही नहीं कर पाई कि क्षेत्रीय महत्त्वाकांक्षाओं के बिना दिद्दा एक योद्धा से एक साध्वी के रूप में परिणत हो गईं। अभिमन्यु ने राज्य के कार्यभार को सँभालने की अधिकतम कोशिश की, पर वह अच्छे से जानता था कि एक राज्य चलाना और एक साम्राज्य चलाना कोई आसान काम नहीं है। उसके कई निर्णय गलत साबित हो गए और साथ ही साम्राज्य भी उथल-पुथल हो गया। उसके बहुत सारे अधिकारी भ्रष्ट और धोखेबाज थे और वे राजा द्वारा दिए गए सीधे-साधे निर्णयों का फायदा उठा रहे थे। अभिमन्यु इन गलत कामों को जानने के अलावा और कुछ नहीं कर पा रहा था।

वह बहुत दु:खी था और पश्चात्ताप से भरा था कि उसने अपनी माँ के इरादों को गलत समझा और उनके साथ कितना गलत व्यवहार किया। अभिमन्यु एवं वसुंधरा के बीच पनपता रिश्ता अब धूमिल हो चुका था। हालाँकि, वह उसपर विश्वास करता था, पर वैसे ही पुरानी तरह साथ रहने में उसे मुश्किल हो रही थी। वहीं दूसरी ओर, वसुंधरा के पिता ने उससे दूरी बना ली थी। वह यह देख सकती थी कि उसका पारिवारिक जीवन खतरे में है। अभिमन्यु उससे कई दिनों से नहीं बोल रहा था और वह महल से दूर रहता था।

जब अभिमन्यु को पता चला कि दिद्दा वल्जा गाँव में शांतिपूर्वक रह रही हैं, तो वह उनके लिए बहुत खुश हुआ। हालाँकि, वसुंधरा अभी भी परेशान थी। वह इसलिए परेशान थी कि उसका पति उसके हाथ से निकल न जाए। उसे पता था कि अगर दिद्दा वापस आ गईं, तो वह उनके साथ अपने रिश्ते ठीक कर लेगा। वसुंधरा को यह आश्चर्य था कि जब उसके पिता ने उसके साथ सारे रिश्ते तोड़ दिए, तो अगर उसके पति ने भी उसे बहिष्कृत किया, तो उसका क्या होगा? फिर उसकी तरफ सिर्फ महामर्दन रह जाएगा।

इस बीच महामर्दन अपने लाभ के लिए इस स्थिति का फायदा उठाने लगा। उसने कश्मीर पर अपनी दृष्टि गड़ा दी थी। वह नहीं चाहता था कि दिद्दा महल में वापस आए, इसलिए वह वसुंधरा को उनके विरुद्ध भड़काता रहा। उसने यह अफवाह फैलाई कि दिद्दा वसुंधरा के विरुद्ध साजिश रच रही हैं; वे सामान्य जनता के साथ रहकर रानी के विरुद्ध उनके दिमाग में जहर भर रही है। महामर्दन ने राजकुमार के रक्षार्थ उनपर एक हमला भी कर दिया था। वसुंधरा, जिसे धोखेबाजों और साजिशकर्ताओं के बारे में कोई खबर नहीं थी और वह बहुत सीधी थी, ने महामर्दन पर पूरा विश्वास रखा।

वहीं दूसरी ओर रानी दिद्दा ने बहुत सारे झंझावातों का सामना कर रखा था, वे महलों की दीवारों के पीछे सारी साजिशें बुनती देख रही थीं, पर उन्होंने इसपर से ध्यान हटाने में ही भलाई समझी। वह इन दिनों जो भी कर रही थीं, उसपर से उन्होंने अपना ध्यान नहीं हटाया और करती रहीं। उनके लिए, अपने लोगों के प्रति जिम्मेदारी एवं शिव के प्रति भक्ति सर्वप्रथम थी। उन्होंने सिर्फ अपने गुरु के निर्देशों का पालन करने की सोची। दिद्दा ने गाँव में पहले से ही सफलतापूर्वक बहुत सारी कल्याणकारी योजनाएँ शुरू कर दी थीं। चाहे वह वितस्ता नदी में जलप्रपात बनाना

हो, मंदिर निर्माण करना, लोगों ने स्वेच्छा से श्रम में अपना सहयोग दिया था और बिना किसी कोष के भी योजनाएँ चलती रहीं।

चूँकि लोग बौद्ध धर्म के प्रति आकर्षित हो रहे थे, इसलिए दिद्दा ने लोगों में एक बड़े स्तर पर शैववाद को फैलाया। दिद्दा ने कश्मीर में बड़े स्तर पर हिंदुत्व और शैववाद को बढ़ावा दिया। इसके अलावा उन्होंने वहाँ बहुत सारे वैष्णव मंदिर भी बनाए।

दिद्दा ने एक अन्य महत्त्वपूर्ण कदम उठाया। उसने चार युवा ब्राह्मणों को अभिनवगुप्त के आश्रम से चुना, उन्हें प्रशिक्षित किया और उन्हें अभिमन्यु के राजदरबार में सलाहकार के रूप में भेजा। वे अभिमन्यु को राजदरबार के मामले में सलाह दे सके और वह साम्राज्य के हित में भी सर्वोपरि होगा।

एक नेता के विपरीत अगर वह शासन जारी रखता तो अभिमन्यु को सिंहासन से हटना पड़ता। वह उन चारों ब्राह्मणों से बहुत प्रभावित हुआ। उसे पता था कि दिद्दा ने उन्हें राजदरबार के मामले में सहायतार्थ भेजा है। उन्होंने दरबार के भीतर एकजुटता बनाए रखी।

सलाहकार अपने विवेक के लिए पहचाने जाने लगे और और महामर्दन की भूमिका धीरे-धीरे कम होने लगी। राजा के साथ मिलकर इन प्रबुद्ध जनों ने राज्य की हालत को बहुत ज्यादा ठीक कर दिया। अभिमन्यु की एक बार फिर से इज्जत बढ़ गई।

यह बात 972 ई. की बसंत ऋतु की थी, दिद्दा ने स्वयं को भगवान् शिव की आराधना में पूरी तरह से डुबो दिया था। ध्यान के साथ-साथ वे राज्य और उसके लोगों के कल्याण में लगी हुई थी, जिसमें बुनियादी ढाँचा बनाना, नए गाँवों का निर्माण और मंदिर बनाना शामिल था। दिद्दा ने एक शहर बसाया और उसका नाम अभिमन्युपुरा रखा। हर किसी को आश्चर्य हुआ कि उन्होंने उस नगर का नाम अपने पुत्र के नाम पर रखा है। अंदर से कहीं-न-कहीं, वे अपने पुत्र को याद करती थीं। फिर वे दिद्दापुरा गईं और वहाँ भगवान् दिद्दास्वामी का अभिवादन किया, और जो श्रद्धालुगण देश के विभिन्न भागों से भ्रमण करने आते थे, उनके लिए एक मंदिर बनाया। अपने स्वर्गीय पति की याद में उन्होंने कंगकनपुरा बनाया, जिसमें भगवान् विष्णु की सफेद पत्थर की मूर्ति स्थापित की, जिसे दिद्दास्वामी भी कहा जाने लगा। उन्होंने अपने साम्राज्य के व्यापारियों एवं यात्रियों के लिए एक सराय

भी बनवाई। दिद्दा ने लोहार से आनेवाले ब्राह्मण यात्रियों की सुविधा के लिए भी एक सराय बनवाई और अपने पिता की याद में सिंहस्वामी मंदिर बनाया। वितस्ता एवं सिंधु नदी के संगम पर उन्होंने मंदिर बनाए और देवताओं का निवास बनाया, जिससे वह स्थान और पवित्र हो गया। दिद्दा ने 64 अंकों के चक्कर में 64 भगवानों को ध्यान में रख उनकी मूर्तियाँ बनवाईं, क्योंकि वैदिक महत्त्व में 64 का बहुत ही महत्त्वपूर्ण स्थान है।

इन सबसे वसुंधरा का गुस्सा बढ़ता ही जा रहा है। वह अपने प्रतिशोध के कारण कैदी सी हो गई थी। बिना किसी साम्राज्य या प्रभुत्व के दिद्दा ने जो लोगों का दिल जीत लिया था, उसे देखकर वसुंधरा हताश थी। उसे लगा कि उन चार ब्राह्मणों ने दिद्दा की जगह महल में कब्जा कर लिया है और एक समांतर प्रशासन स्थापित कर लिया है, जिससे आगे वसुंधरा का आधिपत्य कम होता जा रहा है। अगर लोगों को अपनी समस्या बतानी होती थी, तो वे राजदरबार जाने की बजाय दिद्दा के पास आ उन्हें अपना दुःख बताते थे। उसने देखा कि मंत्री भी उनके पास सलाह लेने के लिए जाते थे। सबसे महत्त्वपूर्ण बात, उसके पिता भी अपनी पुत्री वसुंधरा से न मिलकर उनसे ही मिलने गए। आदित्यराज ने दिद्दा से प्रार्थना की कि वे महल में वापस आ जाएँ। वसुंधरा को इससे बहुत दुःख हुआ, और अब वह दिद्दा को अपने रास्ते से हटाने के लिए सोचने लगी। निष्ठावान एकांगी सेना के लौहनुमा सुरक्षा घेरे को पार करना सिर्फ एक शोचनीय कृत्य था। उसने ऐसा मान लिया कि उसके पिता एवं पति द्वारा उससे दूरी बनाने के पीछे का कारण दिद्दा ही हैं। वसुंधरा को यह बात समझ आ गई थी कि आम जनता ही दिद्दा की असली शक्ति है। वह वैसे तरीके सोचने लग गई कि जिससे उनकी सत्ता को छीना जा सके। वे चाहती थी कि जनता दिद्दा के विरुद्ध हो जाए।

विफल हुई वसुंधरा राजदरबार में जाने लगी, जिससे वह सुनिश्चित कर सके कि अभिमन्यु के हाथ से सिंहासन न छूट जाए। उसने यह देखा कि वे चारों ब्राह्मण सलाहकार असल में बहुत बुद्धिमान हैं और वे साम्राज्य के हित में ही सलाह देते हैं। अभिमन्यु उन्हें बहुत ही काबिल मानता था और उनपर पूरा विश्वास करता था। जो लोग राजदरबार में अपनी प्रार्थनाएँ लेकर आते थे, उन लोगों की शिकायतें सुनते समय वह उनसे सलाह लेता था।

वसुंधरा ने एक युक्ति निकाली, जिससे दिद्दा को उसमें शामिल किए बिना

वह उन्हें बाहर निकाल दे। उसने महामर्दन की सहायता माँगी। उन्होंने दरबार में एक व्यक्ति को पेश किया और उसपर साम्राज्य की जासूसी का आरोप लगाया। वह विभिन्न आरामगृहों में व्यापारी के भेस में रहता था। वसुंधरा ने दिद्दा को इन आरामगृहों के निर्माण की अनुमति देकर साम्राज्य को बाहरी रूप से खतरे में डालने का आरोप लगाया। उस व्यक्ति ने यह बात भी स्वीकारी कि दिद्दा ने उन्हें हर प्रकार से मदद की है। उसने फिर चारों ब्राह्मणों से भी सलाह ली। दिद्दा का नाम सुनते ही, वे परेशान हो गए। उन्होंने समवेत स्वर में यही कहा कि इससे पहले उनकी ओर से ऐसे किसी प्रकार के गलत काम की कोई चर्चा नहीं है, इसलिए उन्हें जेल में नहीं डाला जा सकता है। हालाँकि, वे जहाँ रह रही हैं, उन्हें वहीं कैद किया जा सकता है। वे कठोर देखरेख में रहेंगी और उनकी हर गतिविधियों पर बहुत ही सूक्ष्मता से नजर रखी जाएगी। उन्हें स्वतंत्र रूप से घूमने की अनुमति नहीं होगी, न ही वे किसी से मिल सकती हैं और न ही किसी को बुला सकती हैं।

वसुंधरा दिद्दा को जेल में डालना चाहती थी, पर सलाहकारों ने स्थिति को समझकर अपना निर्णय दे दिया था। वसुंधरा ने यह भी गौर किया कि उन ब्राह्मणों ने अपने निर्णय में इनसाफ किया है। उन्होंने यह महसूस किया कि उन लोगों के साथ, अभिमन्यु भविष्य में बहुत सफलतापूर्वक राज कर सकते हैं।

वसुंधरा यह नहीं देख रही थी कि अभिमन्यु दिद्दा के लिए क्या सोच रहे हैं। पर वह उनकी गतिविधियों में पश्चात्ताप का वह भाव देख सकती थी।

उस रात वसुंधरा और अभिमन्यु में बहुत तेज बहस हुई। अभिमन्यु ने उसे एक बार फिर से समझाया कि अगर दिद्दा वसुंधरा या उसके बच्चे को मारना चाहतीं, तो वे हर प्रकार से ऐसा कर सकती थी, पर उन्होंने ऐसा कुछ भी नहीं किया। दिद्दा ने जो किया, वह उनकी भलाई के लिए ही किया और वह भविष्य में भी उनके बारे में एक शब्द भी गलत नहीं सुनना चाहता। उसने वसुंधरा को चेताया कि अगर उसने फिर से यह व्यवहार दोहराया, तो वह उसे साम्राज्य से निकालने के लिए मजबूर हो जाएगा और दिद्दा को महल में वापस लेकर आ जाएगा। ऐसा कहकर अभिमन्यु अक्षुब्ध रूप से बाहर निकल आया।

अभिमन्यु की इस आक्रामक घोषणा को सुनते ही वसुंधरा को बहुत तेज गुस्सा आया। वह दिद्दा से बदला लेने के लिए आतुर हो गई। वह राजदरबार में पहुँची, राजगद्दी पर बैठी और कहने लगी, 'अगर अब से कोई किसी भी चीज के

लिए दिद्दा से मिलने या बात करने की कोशिश करेगा, उसे बिना किसी काररवाई के सीधे मार दिया जाएगा।'

उसने अभिमन्यु से परामर्श किए बिना जल्दबाजी में यह आदेश पारित कर दिया। चारों ब्राह्मण सलाहकारों ने इसका विरोध किया, पर वसुंधरा ने महामर्दन को उन्हें मार देने को कहा। महामर्दन ने तुरंत उसका आदेश माना। वसुंधरा पूरी तरह से फूट पड़ी थी और उसने कहा कि अगर दरबार में स्थित किसी अन्य व्यक्ति को विरोध करना है, तो बताए। वहाँ अब एकदम शांति थी।

वसुंधरा को अपने भीतर सत्तात्मक ताकत महसूस होने लगी। उसे भीतर से बहुत शांति मिल रही थी। उसने अभिमन्यु से दुश्मनी एवं घृणा के बाद सिंहासन को चुना था। उसने यह सोच लिया था कि जो भी व्यक्ति उसके व सिंहासन के बीच में आएगा, वह उसे रास्ते से हटा देगी। उसने सोच लिया कि अब की बारी दिद्दा की उस सेना की है, जो उसकी रक्षा करती है। वह एकांगी सेना से मुक्ति पाएगी। अगर दिद्दा ने अपनी स्वयं की सेना रखने की माँग की, तो वह 'राजद्रोह' कहलाएगा। दिद्दा अपने ही राजदरबार के अधिकार क्षेत्र में होगी। वसुंधरा रानी थीं, और उन्हें जो पसंद आएगा, वहीं करेंगी। सिंहासन की शक्ति ने वसुंधरा के अंदर के राक्षस को जगा दिया था।

दिद्दा को पता था कि व्यापारी द्वारा दिद्दा पर आरोप लगाने की झूठी बात वसुंधरा के शैतानी दिमाग की उपज थी। एक बार के लिए तो उन्होंने वसुंधरा की इस सोच एवं तैयारी की तारीफ की, जिसके कारण दिद्दा के ही सलाहकार उनके विरुद्ध हो गए।

उन्होंने इस बात के लिए भी उसे सराहा कि उसने यह साजिश इतनी अच्छी तरह से की कि दिद्दा को उन्हें प्रतिक्रिया देने का मौका ही नहीं मिला। हालाँकि, दिद्दा को इससे कुछ फर्क नहीं पड़ा। अगर अभिमन्यु भी उन्हें जेल की सलाखों के पीछे डाल देते, तो वे उसे अपनी किस्मत मानकर स्वीकार कर लेतीं।

अगले दिन, वसुंधरा का आदेश पूरे गाँव में जंगल में आग की तरह फैल गया। वल्जा गाँव से भी लोगों ने अपना बोरिया-बिस्तर बाँधना शुरू कर दिया। घोड़ागाड़ी में बैठ लोगों ने गाँवों एवं अपने घरों को धीरे-धीरे खाली करना शुरू कर दिया। उन्होंने दिद्दा से माफी माँगी और उन्हें बताया कि अब वे उनके साथ वहाँ रुक नहीं सकते हैं। औरतें रो रही थीं, क्योंकि उन्हें अपना घर छोड़कर जाना पड़

रहा था। बहुत जल्द ही पूरा गाँव खाली हो गया। पूरे तरीके से सबकुछ उजड़ा हुआ लग रहा था। गाँव में सिर्फ दिद्दा और वल्जा ही थे, जो बाकी रह गए थे।

दिद्दा यह देखने के लिए रुकी थीं कि किस हद तक वसुंधरा अपने दुश्मनों से निजात पाना चाहती थी। वे चाहती थीं कि वसुंधरा इस प्रकार के कड़े कदम उठाए। वे असल में उसकी जाँच कर रही थीं। पूरा गाँव खाली हो गया था, पर वल्जा जानती थी कि यह जो शांति छाई है, वह अभी एक झलकी है, क्योंकि यह तूफान से आने से पहले की शांति थी।

बहुत जल्द दिद्दा को महामर्दन के सैनिकों ने घेर लिया। उन्होंने चुपचाप तरीके से घूम रही अपनी एकांगी सेना को आदेश दिया कि घूमना तुरंत बंद कर दे। उन्हें पता था कि उन पर नजर रखी जा रही है।

सूर्यास्त होते तक जो राजदरबार में हुआ, उसकी खबर जंगल में आग की तरह फैल गई। लोगों को पता था कि उन्हें दिद्दा एवं वसुंधरा के बीच के युद्ध का खामियाजा भुगतना पड़ रहा है। चारों ब्राह्मणों की हत्या को वह पचा नहीं पा रहे थे। सारी जनता ने वसुंधरा के विरुद्ध विरोध शुरू करने के लिए स्वयं को तैयार कर लिया था। वह चाहती थी कि दिद्दा फिर से राजकाज सँभालें।

हालाँकि, वसुंधरा ने यह सुनिश्चित किया कि वह हमेशा ही अभिमन्यु के आसपास रहे, ताकि या तो वह उन्हें रोकें या उनके कानों तक कोई खबर न पहुँचे, इसलिए वहाँ पर रहे।

वसुंधरा के साथ इस झगड़े के बाद राजा को इस बात का अफसोस हुआ कि यहां जो भी कुछ हो रहा है, उसमें वह अपनी माँ की सुरक्षा करने में असमर्थ हैं। पूरा महल वसुंधरा एवं महामर्दन के कारण आतंकित था। सभी को पता था कि अगर एक शब्द भी कहा, तो वे मार दिए जाएँगे।

उस रात दिद्दा पूजा करने में व्यस्त थीं, और वल्जा ने देखा कि घर के बाहर किसी की छाया दिखाई दे रही है। वह तुरंत समझ गई कि दिद्दा पर आक्रमण होनेवाला है। उन्होंने दिद्दा को उठने के लिए कहा, पर दिद्दा ने अपना अभ्यास नहीं छोड़ा और अपने ध्यान में से उठीं नहीं। वे बिना डरे, आँखें बंद कर ध्यान में मगन रहीं।

वल्जा को दिद्दा को बचाने का कोई रास्ता नहीं सूझा। उन्होंने तुरंत ही अभिमन्यु की मदद लेने की सोची। सिर्फ एक वही था, जो दिद्दा को उस समय

उस अमंगलकारी आक्रमण से बचा सकता था। वह तेजी से महल की ओर भागी, हालाँकि उन्हें अपने पीछे पचर-पचर की सी आवाजें आ रही थीं। जब तक महामर्दन वल्जा पर आक्रमण कर पाता, एक सेविका ने वल्जा को अपने कक्ष के अंदर झटके से खींच लिया और वल्जा से हाथ जोड़कर सहायता हेतु प्रार्थना की।

'कृपया रानी दिद्दा को यहाँ ले आइए। यहाँ पर सारे पंडितों को मारा जा चुका है। वसुंधरा ने राजसत्ता हथिया ली है। राजा को भी बंदी बना लिया गया है और वह हमेशा सुरक्षा घे. में ही रहते हैं।' वल्जा यह सुनकर हैरान रह गई। वल्जा को इस संकट की घड़ी में बहुत चपलता से काम करना था। महल में रहते-रहते उन्हें महल के भीतर से बहुत सारे गुप्त रास्ते पता थे। उन्होंने बहुत सावधानी से अपनी बुद्धि का इस्तेमाल कर वहाँ से भागने की कोशिश की, जिससे वह अभिमन्यु को दिद्दा की स्थिति के बारे में दिद्दा को बतला सके।

वहीं दूसरी ओर, अपने खबरियों से मिली इस सूचना को अभिमन्यु पचा नहीं पाया कि वसुंधरा उसकी माँ पर आक्रमण की योजना बना रही है। गुस्से में बौखलाया अभिमन्यु वसुंधरा की ओर जाने लगा, तभी उसने कुछ आवाज सुनी। वसुंधरा उसके कक्ष में महामर्दन के साथ घुसी। अभिमन्यु ने जैसे ही वसुंधरा को देखा वह अपना आपा खो बैठा। वह चिल्लाया और उसे भला-बुरा कहने लगा। उसने कहा कि वह जो चाहे कर ले, पर उसकी माँ इतनी बहादुर हैं कि वे मौत को भी हरा देंगी। उसने वसुंधरा से कहा कि उसकी आँखों में उसके लिए सारी इज्जत खत्म हो चुकी है और वह चाहता है कि वसुंधरा तुरंत ही महल छोड़कर चली जाएँ। ऐसा सुनकर गुस्साई वसुंधरा ने अभिमन्यु को रोकने की कोशिश की, पर उसने वसुंधरा को एक तरफ धकिया दिया और आगे निकल पड़ा। जब महामर्दन ने यह देखा, तो उसे लगा कि अभिमन्यु दिद्दा को वापस लेकर आएगा। उसे लगने लगा कि सिंहासन उसकी मुट्ठी से फिसलता जा रहा है। दुष्ट महामर्दन ने उसका पीछा किया और पीछे से वार किया। अभिमन्यु को अपने को बचाने तक का मौका नहीं मिला।

वसुंधरा को भी यह समझ नहीं आया कि क्या हो गया है। वह बौखलाकर बोल उठी, 'दिद्दा हमें यहाँ भी नहीं छोड़ेंगी। हमने उसके बेटे को भी मार दिया है। अगर हमें अपनी जिंदगी बचानी है, तो दिद्दा को मारना होगा। अब यह आर-पार की लड़ाई है। जाओ, उसे भी मार दो।'

हालाँकि महामर्दन में वह साहस नहीं था कि वह उस आदेश का पालन करे

और दिद्दा के साथ युद्ध करे। इसके बदले उसने महल की सुरक्षा बढ़ा दी। एक गुप्त दरवाजे के पीछे छिपी वल्जा ने सबकुछ अपनी आँखों के सामने देख लिया। उसकी आत्मा रोने लगी, दुर्भाग्यवश वह कुछ नहीं कर पाई। अब वह दिद्दा के लिए परेशान थी कि उन तक यह अभागी खबर कैसे पहुँचे। उन्होंने गाँव में पहुँचने के लिए गुप्त रास्ता चुना। उस समय तक शाम हो चुकी थी।

दिद्दा पूजा-पाठ कर अपने कमरे से बाहर निकली ही थीं। दिद्दा ने देखा कि वल्जा महामर्दन के सैनिकों के शव के पास चुपचाप बैठी है। एकांगी सेना ने बहुत अच्छे से अपना काम किया था। उन्होंने दिद्दा को सुरक्षित रखा था।

वल्जा को समझ नहीं आ रहा था कि दिद्दा को क्या बताए। उन्होंने दिल पर पत्थर रखकर उन्हें बताया कि महामर्दन ने निर्ममतापूर्वक अभिमन्यु की हत्या कर दी और उनका शव दिद्दा के कक्ष में पड़ा हुआ है। दिद्दा यह सुनकर अवाक् रह गईं। एक लंबी चुप्पी के बाद उन्होंने एक लंबी साँस ली। वे गुस्से में जोर से चीखीं और अपने आपको सँभाला और अपने छोड़े हुए योद्धा के कवच फिर से पहन लिए। आँखों में खून लिये उन्होंने एकांगी सेना को इशारा किया कि वह महल की ओर प्रस्थान करे।

रानी वसुंधरा के विरुद्ध लोग सड़कों पर नारे लगाने के लिए उतर आए। वे महल की ओर प्रस्थान करने लगे कि वसुंधरा को अब राजगद्दी से हटा दिया जाए और कश्मीर की गद्दी रानी दिद्दा को सौंप दी जाए। वसुंधरा यह सब अपने कक्ष में बैठे सुन रही थी। दिद्दा का नाम सुनकर उन्होंने नाराजगी जताई, पर अब यह विरोध तो चारों ओर था।

महल की ओर भीड़ आती देख महामर्दन गुस्से से आगबबूला हो उठा। उसने अपने सैनिकों को आदेश दिया कि वह जनता पर आक्रमण करे। पर लोग आगे बढ़ते गए और महल को चारों ओर से घेर लिया। उसी समय, दिद्दा ने अपनी एकांगी सेना के साथ महल पर हमला किया।

सैनिक बहादुरी से लड़ते रहे, पर वे अपने हाथ में तलवार लिये महल में प्रविष्ट हो गईं। उन्होंने अपने मृत पुत्र को देखा, जो खून से सना था। अपने पुत्र के पास जाने की बजाय दिद्दा महामर्दन को खोजने लगीं। डर से आक्रांत महामर्दन महल में छिपने लगा। एक घायल शेरनी की तरह दिद्दा उसे तब तक खोजती रहीं, जब तक वह पकड़ा नहीं गया।

दिद्दा ने उसे आसानी से नहीं मारा। उन्होंने उसे खींचा और उसे महल के दरबार में लेकर आईं। उनकी एकांगी सेना ने उसे पकड़ रखा था, तब दिद्दा ने पहले उसके बाल खींचे और उसके नाखून उखाड़ दिए। इसके साथ-साथ दिद्दा वसुंधरा की खिड़की की ओर देखती रहीं, क्योंकि वे चाहती थीं वह मारनेवाले के साथ जो-जो हुआ, वह देखे।

दिद्दा की आँखों में वसुंधरा के लिए भी द्वेष था।

महामर्दन दर्द में चिल्लाया और वसुंधरा तक उसकी चीख आसानी से पहुँच रही थी। उसने अपनी खिड़की से झाँका तो देखा कि दिद्दा उसके हाथ-पाँव एक-एक कर काट रही थीं और वह खून के फव्वारे से नहा चुका था। ऐसा लगा कि यह पागलपन की पराकाष्ठा थी। वसुंधरा ने ऐसा पहले कभी नहीं देखा था। पहली बार उसने देखा कि दिद्दा अपने शांत रूप से 'रणचंडी रूप' में उतर आई थीं। उसे पता था कि दिद्दा उसे भी मार डालेंगी। वसुंधरा अब परेशान थी और भाग जाना चाहती थी।

वह अपने पुत्र को उठाने के लिए पीछे पालने की ओर मुड़ी, तो उसे वहाँ नहीं पाया। वह खिड़की की ओर भागी और देखा कि किसी ने उसके पुत्र को वल्जा को सौंप दिया था। दिद्दा अब महामर्दन का कंधा छोटे-छोटे टुकड़ों में काट रही थीं। वह बेतहाशा दर्द में चीखे-चिल्लाए जा रहा था और दिद्दा से दया की भीख माँग रहा था, पर दिद्दा की तलवार ने उसके रुदन को हमेशा के लिए शांत कर दिया और उसका भारी सिर उसके कंधों से गिरकर महल के आँगन में लुढ़कने लगा।

एक आहत माँ की चीत्कार पूरे महल को बहरा बना गई। आँगन में खड़े लोग यह समझ नहीं पा रहे थे कि दिद्दा के गुस्से को कैसे शांत किया जाए। अभी वे कोई रानी या योद्धा नहीं थीं, वे उस माँ को देखकर डर गए थे, जिसके इकलौते पुत्र को वसुंधरा ने कश्मीर की गद्दी हड़पने के अतृप्त लालच में मरवा दिया था।

वसुंधरा ने देखा कि दिद्दा उसकी तरफ आ रही हैं, वह तो डर के मारे वहीं की वहीं जड़ गई। उसने देखा था कि महामर्दन के साथ क्या हुआ था। वह महल से दरबार की ओर भागी और सिंहासन के पास पहुँच गई। दिद्दा लँगड़ाते हुए धीरे-धीरे उसके पास पहुँचीं। वह उनके भारी-भरकम पैरों की आवाज सुन सकती थी। वे अभिमन्यु का नाम लेकर चिल्लाना चाहती थी, पर उसके मुँह से आवाज ही नहीं निकली, ऐसा लगा कि डर के मारे उसे लकवा मार गया हो।

उसी समय, उसे अभिमन्यु की तलवार सिंहासन के पास मिल गई। उसने तुरंत तलवार उठा ली, और एक रानी की तरह तलवार उठा, राजगद्दी पर बैठ गई। वह बहुत ज्यादा दबाव में थी, उसने ऐसा पहले कभी महसूस नहीं किया था। तभी, उसने देखा कि दिद्दा दरवाजे पर खड़ी हैं। दिद्दा वसुंधरा को अपलक देखती रहीं। वसुंधरा को पता था कि अब वह पकड़ी गई है और प्रतिशोध की देवी उसके सामने खड़ी हैं। उसने तलवार उठाई और इससे पहले कोई और कुछ कर पाता, उसने स्वयं को मौत के घाट उतार दिया।

दिद्दा ने अपना सिर हिलाया और अपने कक्ष की ओर बढ़ चली,जहाँ उनका पुत्र खून में सना पड़ा हुआ था। उनके चेहरे पर आँसुओं की धार बह निकली। राजमहल को छोड़ने का अफसोस उनको भीतर से खाए जा रहा था। उन्होंने अपने मृत पुत्र को अपने हाथों में पकड़ा, जैसे वे एक बच्चे के रूप में उसे पकड़ती थीं। अभिमन्यु ने अपना सारा बचपन दिद्दा की छाया में बिताया था। आज वह दिद्दा को रोता हुआ छोड़ गया और अब इस दुनिया में उनका कोई नहीं था। दिद्दा चिल्लाती रहीं और वल्जा ने अभिमन्यु का सिर उनकी गोद में रख दिया। उन्होंने उनके पोते को पकड़ा और समझ गई कि एक नए युग की शुरुआत होनेवाली है। अब समय आ चुका था कि भूतकाल को पीछे छोड़ दिया जाए।

उन्होंने धीरे से अभिमन्यु को पवित्र आग के हवाले कर दिया और स्वयं को एक नए युद्ध के लिए तैयार किया।

दिद्दा अपने जीवन को कुरुक्षेत्र के उस महान् युद्ध की तरह देख रही थीं। उन्होंने यह महसूस किया कि सिर्फ भगवद्गीता ही उन्हें शांति दे सकती है। वे बुयादेव के पास पहुँचीं और उनसे अपना आध्यात्मिक गुरु बने रहने के लिए प्रार्थना की। इस समय बुयादेव ने उन्हें भगवद्गीता की मदद से जिंदगी जीना सिखाया। बुयादेव ने दिद्दा के जीवन के भीतर की अशांति को दूर किया, उन्हें फिर से कर्मपथ की ओर अग्रसर होने को कहा—वह वादा, जो उन्होंने कभी क्षेमगुप्त से किया था कि वह साम्राज्य की जनता की भलाई के लिए काम करती रहेंगी। बुयादेव ने क्षुब्ध दिद्दा को उसी तरह उत्साहित किया, जैसे भगवान् कृष्ण ने अर्जुन को आंतरिक पतन में जाने से रोक, वापस कर्मपथ हेतु अग्रसर किया था।

□

साध्वी रानी और तुंगा नया सेनानायक

दिद्दा अपने पुत्र अभिमन्यु की मृत्यु से बहुत दुःखी थीं। उन्होंने महसूस किया कि साम्राज्य में कानून का राज ही नहीं है और लोग सिर्फ अधिकारियों के भरोसे हैं। भ्रष्टाचार का खतरा वापस मँडराने लगा और सारी कल्याणकारी योजनाएँ और न्यायव्यवस्था एक मजाक बनकर रह गईं। वे स्थिति का जायजा लेने के लिए गुप्त रूप से महल में गईं और पाया कि लोग वहाँ दुःखी हैं और पूरे साम्राज्य में स्थिरता बनाए रखने के लिए दिद्दा की वापसी का इंतजार कर रहे हैं। पूर्व में उनकी विकलांगता का बार-बार मखौल उड़ाए जाने के कारण, वे इस बात को तैयार नहीं थीं और उनकी आत्मा भीतर से घावों से भरी हुई थी। हालाँकि, भगवान् ने उनके लिए एक विचित्र ही किस्मत लिखी थी।

दिद्दा ने अपने पौत्र नंदीगुप्त को कश्मीर का नया राजा घोषित किया और फिर से एक बार उसकी संरक्षिका बनने को तैयार हुईं। हालाँकि, यह इतना आसान नहीं था। मुश्किलें धीरे-धीरे बढ़ती जा रही थीं—बहुत सारे अधिकारियों के होने के कारण, डामर फिर से एकजुट हो गए थे और दिद्दा और छोटे राजा को उनकी सत्ता पलटने की धमकी दे रहे थे। उन्होंने पाया कि बहुत सारे भद्रजन भी कश्मीर को हथियाने की साजिशें रच रहे थे। साम्राज्य में उनके प्रभाव के बावजूद वे उन्हें साम्राज्य से दूर करती रहीं। जल्द ही उन भद्रजनों ने भी विद्रोह छेड़ दिया, पर इससे लड़ने को तैयार दिद्दा ने उन्हें आसानी ने दबा दिया और ब्राह्मण समर्थकों का दिल जीत लिया, जो पहले उन भद्रजनों का समर्थन कर रहे थे।

पड़ोस के साम्राज्य के शाही खानदान के सबसे शक्तिशाली राजा थक्काना ने

भी विद्रोहियों का साथ दिया। दिद्दा ने अपने सबसे विश्वस्त सेनापति यशोधर को उससे लड़ने के लिए चुना। वह ब्राह्मण सरदारों में से एक था, जिसके साथ दिद्दा ने गठजोड़ किया था। यशोधर ने थक्काना को उस भीषण युद्ध में बुरी तरह से पछाड़ दिया, पर जब परास्त राजा ने दया की भीख माँगी तो उसे तुरंत माफ भी कर दिया और साम्राज्य वापस ले लेने को कहा। वापस आते हुए यशोधर को उसकी ही सैन्य टुकड़ी ने चढ़ा-बढ़ा दिया। सत्ता हथियाने का चस्का लिये, वह उस रात शराब के नशे में अपना आपा खो बैठा और उसने रानी दिद्दा को सत्ता से उखाड़ फेंकने की घोषणा कर दी। उसे लगा कि साम्राज्य को एक सशक्त पुरुष राजा की जरूरत है, न कि एक लँगड़ी रानी की। उसने एवं उसके सैनिकों ने एक योजना बनाई कि राज्य में वापसी के बाद, वे अचानक से साम्राज्य पर कब्जा कर लेंगे। यशोधर साम्राज्य में इस उम्मीद से वापस पहुँचा कि उसका एक वीर की तरह स्वागत होगा पर उसने पाया कि वहाँ तो शाही सैनिक उसे पहुँचते ही आत्मसमर्पण करने के लिए कह रहे हैं। अचंभित यशोधर ने तुरंत ही विद्रोह का बिगुल बजा दिया और बहुत से भद्रजन उसके स्वर में साथ हो लिये। घाटी के द्वार पर ही दोनों सेनाएँ आपस में भिड़ गईं और यह नजारा रानी महल के किले से देखती रहीं।

वे अपने बहुत 'विश्वस्त' व्यक्ति द्वारा विश्वासघात किए जाने पर बहुत दुःखी हुईं। सिर्फ एक स्त्री होने के कारण, पहले ही कुछ महान् एवं ताकतवर पुरुषों ने उसके साथ विश्वासघात किया था। एक नेता और ऐसे विघटित साम्राज्य की निर्माता थीं, जिसे उन्होंने अपने पति के जाने के बाद सँभाला था।

चूँकि यशोधर एवं उनके लोग दिद्दा की सेना को नाकाम करने के लिए महल में डाका डालने ही वाले थे, इस कारण दिद्दा के लिए इस उम्र में यह अब तक का सबसे कठिन रूप से झेलनेवाला विद्रोह था। अब उन्हें बहुत जल्द ही कुछ निर्णय लेना था, क्योंकि यशोधर की सेना अब महल से केवल कुछ ही दूरी पर थी। उसने एवं उसकी सेना ने दिद्दा को देखा और ठठाकर हँसने लगे, क्योंकि उन्हें लग रहा था कि वह सिंहासन अब उनकी पहुँच में ही है। उन्होंने जश्न मनाना लगभग शुरू कर ही दिया था कि तभी महल के द्वार खुल गए और ऐसा लगा कि युद्धक्षेत्र में रणभेरी बज गई और बादलों की गड़गड़ाहट सी आवाज आ रही हो।

दिद्दा अपनी एकांगी सेना के साथ घोड़े पर सवार होकर आईं। उस समय उनके डरावने रूप एवं गुस्से के सामने जो भी आता गया, वह उनकी तलवार की

मार से कटता गया। गुस्से से भरी दिद्दा ने युद्ध के लिए हुंकार भरी, और उद्घोष किया… 'हर-हर महादेव।' उसे देखकर, ऐसे कई लोग जो रणभूमि से भाग खड़े हुए थे, वे वहाँ वापस आ खड़े हुए। इससे पहले कि यशोधर कुछ समझ पाता कि क्या हो रहा है, दिद्दा की तलवार उसकी गरदन पर थी। यशोधर एवं उसके सैनिक बंदी बना लिये गए थे, और उन्हें उस समय वह अफवाह याद आने लगी कि लोग दिद्दा को उनके गुस्से के कारण 'चुड़ैल रानी' कहते हैं। यशोधर एवं उनके लोगों को एक पंक्ति में खड़ा कर दिया गया और उन्हें श्रीनगरम् के महल में जनता के सामने सूली पर लटका दिया गया और दिद्दा उस पूरी काररवाई को अपने किले से देख रही थीं।

लंबे समय के बाद दिद्दा अपने माँ-बाप से उसी घने जंगल से होकर मिलने गईं, जहाँ वह एक समय अपने प्यार एवं अपने पति क्षेमगुप्त से मिली थीं। अपने विचारों में खोई दिद्दा को अचानक कुछ अलग सा महसूस हुआ। उनका दिल बहुत जोरों से धड़कने लगा। उन जंगलों से उसका एक अंदरूनी, दिली जुड़ाव था। उस हवा में कुछ ऐसा था, जो उन्होंने पहचान लिया था; उन्हें जंगल पहले से ज्यादा शांत लग रहा था, वहीं अचानक पक्षियों का झुंड हवा में उड़ते हुए आया, उन्होंने सोचा कि 'जरूर किसी-न-किसी चीज ने उन्हें परेशान किया होगा।'

दिद्दा ने अपने लोगों को बिना आगाह किए अपने चारों ओर देखा। दिद्दा जल्दी से अपनी तलवार के पास पहुँच गईं, और इससे पहले कि खतरे की कोई घंटी बजा पाती, उनके एक सैनिक के पास एक तीर आकर गिरा। इससे पहले कि कोई कुछ प्रतिक्रिया दे पाता, अचानक तीरों की तीव्र वर्षा सैनिक दल पर होने लगी। दिद्दा जिस पालकी पर जा रही थीं, वह भी लड़खड़ा गई, क्योंकि तीर की मार से कहार नीचे गिर गए थे। दिद्दा ने स्वयं को झाड़ी के बीच में पाया। उन्होंने पाया कि उनके आदमी अदृश्य निशानेबाजों द्वारा मारे गए हैं। दिद्दा स्वयं भी घायल हो गई थीं और अपनी पालकी के अंदर ही फँसकर रह गईं।

अचनाक तीर आने बंद हो गए और दिद्दा किसी तरह अपनी पालकी से बाहर आने में सफल हुईं। उन्होंने देखा कि कुछ लोग घायलों को मारते हुए जंगल के बीचोंबीच कहीं से प्रगट हो गए।

दिद्दा दंगाइयों को ललकारते हुए चिल्लाईं, 'कायरो, रुक जाओ।'

दिद्दा ने संघर्ष करते हुए अपनी लाचारी के कारण उस दयनीय स्थिति में

कहा, 'रुको।' वे गुस्से में आगबबूला थीं। हत्यारे लोगों को ऐसे मार रहे थे, जैसे वे कोई भेड़-बकरी हों।

अपनी उँगलियों में मिट्टी को दबाकर दिद्दा जोर से चीखने लगीं और खुद को पालकी के नीचे से बाहर ढकेलने की कोशिश करने लगीं। दिद्दा ने उन लोगों को देख लिया था, और जैसे-जैसे वे दिद्दा की ओर चले आ रहे थे, उनके चेहरे पर एक मुसकराहट थी। अपनी शारीरिक कमजोरी के कारण उस क्षण दिद्दा भीतर से रोने लगीं, वे अपने जीवन हेतु नहीं, अपितु अपनी अक्षमता के कारण रो रही थीं, क्योंकि वे स्वयं को उस भारी-भरकम पालकी के नीचे से निकाल पाने में अक्षम थीं। इस बात से उन्हें अपनी विकलांगता की याद आई, नहीं तो इस तरह से दिद्दा पहले कभी भी इस तरह विचलित नहीं हुई थीं। जमीन में फँसी दिद्दा को अचानक अपने भाई-बहन याद आने लगे, जो उन्हें जमीन पर ढकेलकर 'लँगड़ी, लँगड़ी…' कहकर उनका उपहास करते थे। लँगड़ी का अर्थ होता है एक पैरवाली। मौत से कुछ इंच की दूरी पर दिद्दा खड़ी थीं, पर वे बेहद शांत और कायरों की कायरता के लिए स्वयं को तैयार कर रही थीं, क्योंकि उन लोगों ने दिद्दा के गले को उड़ाने की तैयारी कर ली थी।

कुछ आतंकवादियों ने दिद्दा को घेर लिया था और उनमें से एक सामने आया। किसी ओट में छिपा हुआ, वह दिद्दा को देखकर अभिभूत हो गया। हो सकता है, वह यह देखकर ही उत्साहित हो गया कि उसके सामने लँगड़ी रानी, जिसे चुड़ैल रानी भी कहते हैं, वह है। उसके दिमाग में अचानक से कई विचार कौंधने लगे—'क्या वह सचमुच एक चुड़ैल है या यह एक भ्रामक तथ्य है? वे एक साधारण महिला की तरह कैसे पकड़ी जा सकती हैं?' उसने अपने गुस्से का अंत करने के लिए तलवार निकाली। तभी अचानक से कुछ हुआ, और उसकी तलवार को जोरों से रोक लिया गया। दिद्दा ने उसे घूरकर देखा कि वह सही मौका देखकर उस शत्रु को खत्म कर दे। वह उनकी जिंदगी का सबसे लंबा क्षण था—मारनेवाला स्थिर खड़ा था और वह दिद्दा को वापस घूरे जा रहा था। ऐसा लगा कि वह क्षण उनकी आँखों में कैद हो गए हैं, क्योंकि अचानक से मारनेवाले के चेहरे के भाव अपने आप बदल गए। उनकी आँखों को भी यह विश्वास नहीं हो रहा था; उसकी तलवार नीचे गिर गई और जमीन में छेद करते हुए दिद्दा के चेहरे से दूर कहीं और गिर गई।

हत्यारे ने भुनभुनाते हुए कहा, 'तुम एक चुड़ैल हो।'

जब वह उन्हें 'चुड़ैल' कह रहा था, तब उसकी छाती से खून बाहर आने लगा। डर के मारे घबराए हुए, उसने अपने सीने पर हाथ रखा और आगे की ओर जोर से गिर पड़ा।

इससे पहले कि कोई कुछ समझ पाता कि क्या हुआ है, तीरों की बौछार बचे हुए सैनिकों को काटती गई।

अपनी पालकी में अभी भी फँसी हुई, दिद्दा असहाय थीं। कुछ देर पहले, वे सारी दुनिया घूम आई थी और जिंदगी व मौत के बीच के फासले को तय कर चुकी थीं। उन क्षणों में जिस चीज से वे सबसे ज्यादा परेशान थी, वह बेमौत मारा जाना था और हत्यारे ने उन्हें कहा था कि 'वह एक चुड़ैल है।'

अचानक से एक-एक करके सारे हमलावर मारे गए। उन्होंने देखा कि एक आदमी की छवि दिखाई दे रही है। घने जंगलों की गहरी छाया से होता हुआ वह आदमी सामने आया और बचे हुए सारे हत्यारों से स्वयं लड़ा। दिद्दा के लिए वह असली व्यक्ति था। उनके दिमाग में एक बात आई—क्या उसने मुझे बचाया है या यह भी एक हत्यारा ही है? दिद्दा अभी भी निश्चित नहीं थीं। पर एक मामले में वे सुनिश्चित थीं वह कमाल का तलवारबाज था और उसका शरीर काफी सक्षम था। वह अपनी कलाबाजियों में कच्चा था, पर बहुत ही घातक था, वह तलवारबाजी और शारीरिक युद्ध में बहुत तेज था। किस्मत ने फिर से अपना मार्ग मोड़ लिया। वह व्यक्ति दिद्दा के पास आया और अखरोट की लकड़ी से बनी उस पालकी को हटाने लगा। उस पालकी को धक्का देने के बाद वह दिद्दा की तरफ पहुँचा।

उसने पूछा, 'क्या आप ठीक हैं? लगता है आपको चोट आई है।'

'तुम कौन हो?' ऐसा कहकर दिद्दा ने उठने की कोशिश की, पर पैर में मोच आ जाने के कारण वे दर्द से कराह उठीं और फिर से जमीन पर गिर गईं।

वह व्यक्ति तुरंत उन तक पहुँचा और उन्हें उठा लिया।

गुस्से में दिद्दा ने उससे फिर पूछा, 'तुम कौन हो?'

उसने कहा, 'मेरा नाम तुंगा काशी है।'

उसने आगे कहा, 'मैं यहाँ का एक स्थानीय चरवाहा हूँ और अपने भाइयों के साथ इस जंगल में रहता हूँ।'

दिद्दा ने आश्चर्यचकित होकर और फिर स्वयं को शांत करते हुए कहा,

'चरवाहा!' उन्होंने यह कहकर फिर अपने जुगाड़ू पैर अच्छी तरह से पहन लिये।

अन्य चरवाहे ने लगभग विस्मय की मुद्रा में जोर-जोर से कहा, 'दिद्दा, रानी दिद्दा!'

दिद्दा ने उन्हें शांत हो जाने को कहा और वे उन पीड़ित सैनिकों की ओर गई। वे सभी मृत शरीरों को देखकर चुपचाप खड़े हो गए, कुछ सैनिकों के शरीर से तो खून बह रहा था। दिद्दा दुःख एवं दर्द से द्रवीभूत हो गई। वे हर सैनिक को अपने लोगों की तरह प्यार करती थीं, और उनमें उन्होंने स्वयं को पाया। यह सारी लड़ाई और अपने योद्धाओं की मृत्यु को देखकर वे कुछ भी नहीं कर पाईं और उसी दर्द में डूब गईं। वे अपने मृत पड़े सैनिकों को पास बैठ गईं। जल्दी ही वह दर्द उनके लिए असहनीय हो गया। उनके आसपास की सारी चीजें उनकी परेशानी को बढ़ा रही थीं और उन्हें महसूस हुआ कि वे जमीन में घुसी जा रही हैं और फिर बेहोश हो गईं।

सुबह होने ही वाली थी, जब दिद्दा को वापस होश आया। वे कुछ घंटों के लिए सो गई थीं, इसलिए अच्छा महसूस कर रही थीं। हालाँकि, उन्होंने स्वयं को एक अलग ही स्थान में पाया। वह एक कोठा था, लोहार एवं पीर पंजाल के बीच के स्थान के लोग कच्ची झोंपड़ियों में रहते थे। दिद्दा को पता था कि वे सुरक्षित हैं, क्योंकि तलवार उनके बगल में थी। उन्होंने उन घटनाओं को याद किया, जो कुछ घंटे पूर्व हुई थीं, उन दर्द भरे क्षणों को याद करते हुए वे सोचने लगीं कि उनकी विकलांगता के कारण उनके कई सैनिकों की मौत हो गई।

जल्द ही तुंगा अंदर आया, उसके हाथ सम्मान में जुड़े थे और उसका सिर श्रद्धा से झुका था। उसने दिद्दा को बताया कि उसने उस इलाके में एक अजीब से व्यक्ति को देखा है, जो घात लगाए बैठा है। उसने अपने भाइयों को उसकी गतिविधि के बारे में बताया है और उन्होंने मुझे कहा कि वह अपना काम करें—कोई भी उस शाही सैनिक के साथ उलझना नहीं चाहता। तुंगा, हालाँकि उसपर अपनी नजर बनाए हुए था और तुरंत उन्होंने देखा कि उसने दिद्दा के काफिले पर हमला कर दिया है। जब उसे यह महसूस हुआ कि वह हत्यारा दिद्दा को मारना चाहता है, तो वह स्वयं को रोक नहीं पाया। पर उसे यह नहीं पता था कि वह दिद्दा को बचाना चाहता था, और अपनी किस्मत को भी बदलना चाहता था। हो सकता है, किस्मत में यह ऐसे ही लिखा हो। किसी को भी नहीं पता था कि उसकी इस निस्स्वार्थ बहादुरी, और लगातार होते घटनाक्रमों से एक चरवाहे की जिंदगी बदल गई और वह बाद में

उत्तरी सीमा का एक महान् सेनानायक बन गया।

दिद्दा उसकी बहादुरी से बहुत प्रभावित थीं और कई सालों के बाद उनका दिल किसी एक सच्चे बहादुर व्यक्ति के निस्स्वार्थ काम पर पिघला था। तुंगा में कुछ तो आकर्षण था। उसकी शांत एवं निष्कपट रहनेवाली छवि उसकी बहादुरी के एकदम विपरीत थी। सत्ता की भूख, धोखे, लालचवाले युग में, तुंगा अपने आप में एक अलग ही व्यक्ति था, जो दिद्दा को मिल पाना मुश्किल था। दिद्दा ने तुंगा के दोनों भाइयों को आदेश दिया कि वे कश्मीर में जाकर अपना फर्ज निभाएँ और अन्य भाई को उनके कल्याण एवं सुदृढ़ होने की खबर के साथ लोहार भेज दिया। दिद्दा ने दो दिन जंगल में घूमकर बिताए, और कम-से-कम तुंगा तो यही चाहता था। दिद्दा वहाँ सिर्फ घूम नहीं रही थीं, वे वहाँ अपने छिपे दुश्मन के बारे में भी सोच रही थीं। क्या वह फाल्गुन हो सकता है? क्या वह घात लगाने के बारे में सोच सकता है? उस आक्रमण ने दिद्दा के दिमाग पर एक गहरा प्रभाव छोड़ दिया।

जल्दी ही यात्रा पर जाने और अपनी मौत की खबर के खंडन का वक्त आ गया था। इससे दिद्दा की एक अजेय रानी के रूप में छवि पुनर्स्थापित हो सकती थी। कइयों के लिए, तो यह उस अफवाह को बल देनेवाला था कि उनमें अलौकिक शक्तियाँ हैं और कइयों के लिए वह चुड़ैल रानी के रूप में सामने आनेवाली थीं।

दिद्दा ने तुंगा के साथ अपने प्रवास के दौरान बहुत सारे महत्त्वपूर्ण निर्णय लिये। उन्होंने निर्णय लिया कि वह तुंगा को लोहार ले जाएँगी और अपने भाइयों से उसका परिचय करवाएँगी कि इसने ही उनकी जिंदगी बचाई है। पर पीछे श्रीनगरम् में उन्होंने कुछ अकल्पनीय कर दिया और वहाँ तुंगा को सेनानायक बना डाला।

तुंगा ने बहुत जल्द ही अपना कौशल सिद्ध कर दिया, उसने सिर्फ रण-कौशल में ही नहीं, अपितु प्रशासनिक मामलों में भी यह साबित करके दिखाया। वह एक स्वाभाविक नेता था—ऐसा व्यक्ति जिसे गंभीर मामलों की एक गहरी समझ थी और साथ में उसका इलाज भी उसके पास था। पर यह तुंगा के लिए इतना सरल नहीं था। एक साधारण सा चरवाहा बहुत बड़ी सत्ता एवं सामाजिक बदलाव के पायदान पर था और यह उसकी कल्पना से परे था।

तुंगा अब दिद्दा की असाधारण क्षमताओं को महसूस करने लगा था और उनके प्रयत्नों का समर्थन करना ही उसके लिए सर्वश्रेष्ठ था। न सिर्फ उनकी असाधारण क्षमताओं के कारण, पर एक पुरुष होने के कारण भी, दिद्दा के प्यार

में पड़ जाना कोई मुश्किल काम नहीं था। तुंगा दिद्दा के प्रति बहुत ज्यादा आसक्त हो चला था; इसके साथ ही उसका अपना आंतरिक संघर्ष भी शुरू हो गया था। किस्मत दिद्दा को चकित करने में कभी पीछे नहीं रही। क्या तुंगा नरवाहन का अनुसरण करेगा या स्वयं को उस गड्ढे में जाने से रोक लेगा? किस्मत ने दिद्दा एवं तुंगा के खेलने के लिए बिसात बिछा रखी थी।

राजदरबार कई शक्तिशाली पुरुषों से भरा पड़ा था और जो पहले ही पूर्वग्रहों से भरे पड़े थे, पर उन्होंने दिद्दा को अपनी रानी के रूप में स्वीकार कर लिया था। परंतु तुंगा को अपने सेनानायक के रूप में स्वीकार करना उनके लिए बहुत मुश्किल था। सिर्फ दरबारी ही नहीं, दिद्दा के अपने खून ने भी तुंगा के विरुद्ध विद्रोह को उकसाया। उन उकसानेवालों में सबसे महत्त्वपूर्ण दिद्दा का भतीजा विग्रहराज था, जिसने अवंतीपुर और वराहेश्वर के ब्राह्मणों से साँठगाँठ कर ली थी।

कश्मीर के ब्राह्मणों के पास उपवास रखना, एक मजबूत हथियार होता था, इतना मजबूत कि राजा का मुकुट भी उनके सामने झुक जाए। अवंतीपुर एवं वराहेश्वर ब्राह्मणों की एक महत्त्वपूर्ण जगहें थीं। वे वहाँ मौजूद भगवान् विष्णु एवं भगवान् शिव के मंदिरों पर अपना शासन रखते थे। उस वैदिक शक्ति से भरपूर मंदिरों के वे न सिर्फ संरक्षक थे, बल्कि वहाँ मौजूद आभूषणों, चाँदी, ताँबे व सोने की भी वही देखरेख करते थे। ब्राह्मणों के समर्थन का सीधा मतलब था कि साम्राज्य का शासन प्रबंधन चलाने और सेना के रख-रखाव एवं नियुक्तियों के लिए जरूरत पड़ने पर सोने की मदद देकर पूरी तरह से वित्तीय सहायता मिल सकती थी। विग्रहराज ने बहुत ही बुरा खेल खेला, जो कश्मीर साम्राज्य ने पूर्व में भी कई बार ऐसा देखा था। पर्वगुप्त के समय से ही कश्मीर के सिंहासन के लिए खून-खराबा होता था। हालाँकि, अब अलग ही समय था, एक अलग ही माहौल था। दिद्दा सिंहासन की संरक्षिका थीं और सिर्फ उनकी उपस्थिति मात्र से डर के मारे शत्रुओं की रूहें काँपने लगती थीं। विग्रहराज ब्राह्मणों से भी कुछ और चाहता था। वह चाहता था कि ऐसा कोई और हो, जो दिद्दा को भावनात्मक रूप से कमजोर कर दे।

विग्रहराज ने बहुत अच्छे तरीके से भीमगुप्त को अपने पक्ष में कर लिया और उसे तुंगा का विरोधी बना दिया। भीमगुप्त इस बारे में निश्चित नहीं था, क्योंकि उसे पता था कि दिद्दा के विरुद्ध जाने का अर्थ सिर्फ मौत है। हालाँकि, विग्रहराज ने भीमगुप्त को समझा-बुझाकर उसे अपना समर्थन देने की बात कहकर राजी कर

लिया। भीमगुप्त को पता था कि वह कभी श्रीनगरम् के सिंहासन पर अपना नियंत्रण नहीं रख सकता, और तुंगा की सेनापति के रूप में नियुक्ति उसके इस नियंत्रण को और कमजोर कर चुकी थी।

भीमगुप्त ने स्वयं को इस स्थिति से अलग रखा, पर वह फिर भी दिद्दा से डरा हुआ था। भीमगुप्त को अपने सहयोगी के रूप में रखकर विग्रहराज ने सोचा कि वह न सिर्फ तुंगा, अपितु दिद्दा को भी तोड़ सकता है। उसे और समर्थन की जरूरत थी, इसलिए उसने कुछ शक्तिशाली और प्रभावी पुरुषों को उस दल में शामिल किया, जो मिलकर एक-दूसरे के लिए वफादारी निभा सकते थे। परिणामस्वरूप, इस दल ने भीमगुप्त को तुंगा को पदच्युत करने का निर्णय लेने के लिए भड़काया।

भीमगुप्त का डर सच साबित हो गया और दिद्दा की गुप्त सेना ने उन्हें इस गोपनीय बात को उनके सामने रख दिया कि वे लोग नवनियुक्त सेनानायक को मारने की साजिश कर रहे हैं। नरवाहन की आत्महत्या के बाद दिद्दा ने सीख लिया था कि अपने वफादारों की हमेशा किस प्रकार से रक्षा करनी है। दिद्दा ने अपने शाही सैनिकों को तुंगा की रक्षा करने के लिए भेज दिया, हालाँकि उसपर पहले भी हमले की कोशिशें हो चुकी थीं।

दिद्दा के लिए तुंगा को अपने पास में और सुरक्षित रखना बहुत मुश्किल हो रहा था। दिद्दा ने महसूस किया कि तुंगा भी दूसरे पुरुषों की तरह वैसे ही गुणों एवं अवगुणों का शिकार हो जाएगा। उन्होंने पहले ही अपने एक अच्छे दोस्त नरवाहन को खो दिया था और अब वे तुंगा को खोना नहीं चाहती थीं।

दिद्दा तब भी उस समय की बहुत खूबसूरत महिलाओं में गिनी जाती थीं और वे भी एक पुरुष के प्यार के लिए तरसती थीं, पर एक रानी होने के कारण, यह स्वीकार्य नहीं था, क्योंकि उथल-पुथल हुए साम्राज्य को स्थिर करने हेतु सक्षम हाथों की आवश्यकता थी, जिससे इस संकट से निकला जा सके। तुंगा ही वह एक कारण था, जिसके कारण दिद्दा को निर्णय लेने में मुश्किल हो रही थी। अगर दिद्दा उसे कश्मीर में रखतीं तो वह आज नहीं तो कल मार दिया जाता। इस कारण से दिद्दा ने तुंगा को अपने भाई की मदद के लिए लोहार भेज दिया। कई दिनों तक उन्हें बहुत खालीपन महसूस हुआ; उन्होंने भगवान् से यह प्रश्न भी पूछा कि, हे भगवान्, मुझे हमेशा उन लोगों के बिना ही क्यों रहना पड़ता है, जिन्हें मैं सबसे ज्यादा प्यार करती हूँ?'

अपनी सीमा बढ़ाने हेतु मध्य एशिया में कई समुदाय युद्ध करने को लालायित थे। इसलाम ने तुर्की, सीरिया में अपनी जड़ें जमा ली थीं, वहीं जेरुसलेम जैसे पवित्र स्थान मुसलिम प्रभाव में थे। दिद्दा को अपने नानाजी की सारी राजनीतिक शिक्षाएँ याद थीं। 500 ई. से ईसाइयत कम होती जा रही थी, और वह कभी भी, पुनः संगठित होकर उस स्थिति को रद्द कर सकते थे। जेरुसलेम में भी एक प्रकार का पुनर्जागरण शुरू होनेवाला था। बहुत सारे आयोजनों में भीमशाह ने दिद्दा के साथ विश्व के राजनीतिक विकास पर अपना ज्ञान बाँटा था।

षड्यंत्रकारियों एवं दुश्मनों के भय से खोने के जोखिम के बिना दिद्दा को तुंगा जैसे किसी मजबूत व्यक्ति की जरूरत थी। उस समय उनके पास सिर्फ रक्का था, जो उनकी सेना की अगुवाई कर सकता था, पर ऐसा नहीं था कि रक्का किसी भी प्रकार के लालच से अछूता था। यह एक विडंबना ही थी कि ऐसे शक्तिशाली पुरुष दिद्दा के सामने विनम्र बने रहते। ऐसे बहुत से मौके मिले थे, जब रक्का के शरीर में कुछ और चीज हावी हो जाती। एक समय का जो सबसे शक्तिशाली सरदार था और जिसे दिद्दा को चुनौती देने का अधिकार था, वह अब बैरागी बन गया था। अब उन हाथों में उसी तेजी से तलवार पकड़ने की शक्ति नहीं थी। रक्का एक दर्दनाक मौत मरा जा रहा था, जिसके बारे में किसी को भी पता नहीं था। उसे जो चीज जल्दी खत्म किए जा रही थी, वह उसका अपराधबोध था। हालाँकि, दिद्दा ने मध्य एशिया के सरदारों के खतरे को दूर करने के लिए विश्वास करके सारी जिम्मेदारी रक्का को दी थी, इसके साथ ही डामरों के बढ़ते हुए खतरे को सँभालने का भार भी उन्हीं के कंधों पर था।

दिद्दा के साम्राज्य के लिए यह बात हमेशा सही थी कि 'वहाँ हमेशा सबकुछ सही नहीं रह सकता।' कुछ दिनों के बाद रक्का अपने कक्ष में मृत पाया गया।

दिद्दा अकेली पड़ गई थीं और वे देख सकती थीं कि डामर उनके विरुद्ध एक हो रहे थे। उस समय उन्होंने कुछ ऊटपटाँग सा काम किया। फाल्गुन के पास कहीं से संदेश भिजवाया गया, जो निर्वासन में रह रहा था। फाल्गुन बदल चुका था और उसने प्रभावी तरीके से डामरों को दबा दिया।

सिर्फ डामर ही नहीं, अपितु मध्य एशिया के मैदानी इलाकों, भूमध्यसागर और यूरोप में सबकुछ बहुत तेजी से बढ़ रहा था। दुनिया अपने आपको पुनर्गठित करने में लगी थी; बेईमानी एवं बेशर्मी के लिए रास्ते खुल रहे थे। लगातार सीमाएँ बदल

रही थीं, राजशाही खत्म हो रही थी और साम्राज्यों का पतन हो रहा था और अब नयों का उत्थान होना था। यह एक नई दुनिया थी, जो पूरी तरह से बदलनेवाली थी, और कश्मीर की बख्तरबंद सीमाएँ इससे अछूती नहीं थीं। एकांगी सेना होशियारी से दिद्दा को सभी बातें बता रही थी और उन्हें उसमें निहित चीजों से अवगत करा रही थीं। दसवीं सदी में एक नई दुनिया उभरकर आनेवाली थी और दिद्दा अपनी दुनिया के भविष्य को लेकर चिंति त थीं।

उसे अन्य धर्मों से ़होनेवाले डर के बारे में पता था, जैसे इसलाम, जिसने अफ्रीका एवं एशिया में अ पनी जड़ें जमा ली थीं, हालाँकि स्वयं इसलाम सत्ता की गतिशीलता से परेशान था और वह भी एक नए युग में प्रवेश करने को तैयार था।

महमूद से पहले, उसके पिता अबू सबुकटिगिन, अफगानिस्तान के पहाड़ों में गुलाम समानिद तुर्की साम्राज्य के शासक थे, ने केंद्रीय सत्ता में कमी के कारण स्वयं को अपने स्वामी से स्वतंत्र कर लिया था। महमूद ने स्वयं पश्चिमी ईरान के बायिड क्षेत्र में अपनी सीमाएँ बढ़ा ली थीं और सुन्नी इसलाम के साथ स्वयं की पहचान बना ली। सुन्नी इसलाम ईरान पर काबिज था, जिसने एक मुसलिम शासक को सच्ची प्रतिष्ठा दी थी, इस कारण महमूद ने स्वयं को वहाँ स्थापित करने की माँग की।

समानिद साम्राज्य (819-999) एक स्थानीय परिवार से आए हुए लोग थे, अब्बासिद्स ने उन्हें बुखारा एवं समरकंद पर राज्य करने के लिए नियुक्त किया। धीरे-धीरे समानिदों ने लड़ाके ताहिरिदस और उत्तर-पूर्व ईरान के सफरादिस को भी अपने वश में कर लिया। सफरादिस को सिस्तान के एक छोटे से क्षेत्र में सिमटाकर रख दिया। समानिदों ने तुर्की के गुलाम दलों पर विश्वास किया, वे प्रवासी पादरी तुर्की जनजातियों को भी शामिल करने में कामयाब रहे, और उन्होंने ऑक्सस नदी के उस पार से ईरान पर बहुत दबाव डाला।

दिद्दा को यह सब याद आया कि पूर्व में सन् 950 में वे कुछ तुर्की जनजातियों को इसलाम में परिवर्तित करने में सफल रहे और भीमशाह उन घटनाओं की ओर ध्यान दे रहे थे। एकांगी का खुफिया दल यह मानता था कि इसलाम कभी भी हिंदूकुश की सीमा लाँघ सकता है। वहीं समानिदों ने उच्च संस्कृति की एक दूसरी इसलामी भाषा, जिसे फारसी कहा जाने लगा, को बढ़ावा दिया। इसमें भाषायी व्याकरण और फारसी में बोले जानेवाले शब्दों का शब्दकोश, जिसमें अरबी भी

शामिल है और वह ईरान की उच्च संस्कृति की मौजूदा भाषा थी। वहाँ उस काल के उभरते कवि फिरदौसी ईरान के पुराने वीर रस को वापस लेकर आए, साथ ही उनके नायक रुस्तम को इसलामी साहित्य में सचेत रूप से ईरानी मुसलमानों की पहचान बनाया। वह समानिदों के शासन में कविताएँ लिखने लगा; उसने पूर्ण रूप से अपने काम को उस राजवंश को समर्पित किया, जिसका स्थान बाद में गजनवियों ने ले लिया। यह सिर्फ भौगोलिक-राजनीतिक उन्मुखीकरण नहीं था, यह नई भाषाओं व सांस्कृतिक पहचान स्थापित करने का भी समय था। नियंत्रण में न होने पर भी दिद्दा अपनी अनूठी संस्कृति, भाषा और सभ्यता को बचाने के लिए भी परेशान थीं।

इसके साथ ही, इसलाम ने अफ्रीका में आठवीं सदी से ही सहारा व्यापार मार्गों पर अपनी जड़ें फैलानी शुरू कर दी थीं। अफ्रीका एक ऐसा क्षेत्र था, जहाँ इसलाम को सेना नहीं, व्यापारी आगे लेकर गए थे। वह पूर्वी समुद्री किनारे के व्यापारिक रास्तों में अच्छे से फैल गए, जहाँ लाल समुद्र के तटीय शहर थे (इसलाम का दिल कहा जानेवाला) और इसने इस संबंध में महत्त्वपूर्ण भूमिका निभाई।

जिस हिसाब से इसलाम फैल रहा था, दिद्दा को यह महसूस हो गया कि आनेवाले दशकों में मुसलिम बहुत सारे व्यापारिक मार्गों एवं साम्राज्यों पर छा जाएँगे।

यहाँ तक कि यूरोप भी इससे अछूता नहीं रहा। दिद्दा को याद आने लगा कि कैसे सन् 955 में उनके विवाह से पूर्व कश्मीर आने के कुछ साल पहले ही यह सब शुरू हुआ था। लेचफेल्ड के युद्ध की खबरों में ओटो-1 महान् को बहुत बड़ी जीत हासिल हुई, जो जर्मनों का राजा था, उसने हंगेरियन हरका बुल्क्सु, जो लेहल एवं सुर का सेनापति था, पर विजय हासिल की। उसी दौरान सन् 960 में शाही सैनिकों ने सरदार को घेर लिया और उनसे माँग की कि वे चीन का राजा बन जाएं। सरदार इस शर्त पर इस बात के लिए राजी हो गया कि अगर वे उनका कहना मानेंगे और कोई लूटपाट नहीं करेंगे, उस शासक परिवार जिसे वह हटाने जा रहे हैं या उनकी जनता को नुकसान नहीं पहुँचाएँगे। इस बात पर वह दल राजी हो गया। नए राजा तेजु ने सोंग साम्राज्य की स्थापना की। उसने दिद्दा एवं क्षेमगुप्त दोनों को आश्चर्य में डाल दिया, क्योंकि उन्हें आश्चर्य होने लगा कि क्या कभी कश्मीर में इस प्रकार की स्वामिभक्ति देखने को मिलेगी।

सन् 965 में पूर्वी यूरोप के स्लेविक जनजाति के किवन रस ने आक्रमण कर

खजर राजवंश को हरा दिया और खजारिया साम्राज्य पर राज किया, जिसमें दक्षिणी रूस, उत्तरी कॉकॉसस, पूर्वी यूक्रेन, क्रीमिया, पश्चिमी कजाकिस्तान व उत्तर-पश्चिमी उज्बेकिस्तान के भौगोलिक क्षेत्र भी शामिल थे।

सन् 980 में जापान के धनाढ्य जमींदारों ने कर देने से स्वतंत्रता पाई। सरकार बहुत कम राजस्व कमा पाती थी और उसने राष्ट्रीय सेना को सहायता देना बंद कर दिया था। उन अमीर जमींदारों ने अपनी जमीनों को एक करके एक प्रशासनिक इकाई शुरू की और अपनी स्वयं की सेना बनाई। इस सेना में चुने गए लोगों को समुराई (वह व्यक्ति जो सेवा करता है) या बुशी (योद्धा) कहते थे। दिद्दा कभी-कभार उनका यह कहकर उपहास करती थीं कि वह एकांगी सेना की तरह बनना चाहते हैं।

अपने आसपास इतनी सारी मुश्किलों के बीच दिद्दा को यह महसूस होने लगा कि अब साम्राज्य के लिए एक पुरुष राजा की जरूरत आन पड़ी है। वे यह महसूस करने लग गई थीं कि अब कुछ ही समय की बात है, जिसके बाद लोग एवं भ्रष्ट मंत्री विद्रोह करने लग जाएँगे, और डामर एवं अन्य सरदार लोग उनके पति के साम्राज्य को निगल जाएँगे। अब दिद्दा को कुछ महत्त्वपूर्ण निर्णय लेना था, यह निर्णय साम्राज्य को मजबूती देता और ऐसा करके इतिहास के पन्नों में कहीं खो जाने का उस चुड़ैल रानी ने जोखिम उठाया।

दिद्दा ने सन् 973 में अकल्पनीय काम किया। साम्राज्य को सँभाल पाने में नंदीगुप्त की अक्षमता के कारण विवश होकर, उन्होंने नंदीगुप्त को 'निकाल दिया'। सन् 975 में उन्होंने अपने सबसे छोटे पोते, भीमागुप्त को राजा बनाया और फिर से उसकी संरक्षिका बन गईं।

महामंत्री फाल्गुन के अचानक मर जाने से दिद्दा फिर से ऐसी परिस्थितियों में अकेले ही घिर गईं, जहाँ पुरुष धोखा देने के लिए तैयार बैठे थे। चीजों ने गलत दिशा पकड़ ली और युवा भीमागुप्त भी सन् 981 में संदेहास्पद परिस्थितियों में मर गए। इस कारण दरबारियों के बीच वही पुरानी बात फैलने लगी कि दिद्दा ही उसकी मृत्यु के पीछे का कारण है और वह एक चुड़ैल रानी है। युवा राजा की मृत्यु के बाद दिद्दा ने निश्चय किया कि अब उनके भी सिंहासन छोड़ने का समय आ चुका है।

□

दिद्दा की अंतिम पारी एवं गजनवी का आक्रमण

दिद्दा फिर से एक बार कश्मीर की गद्दी पर बैठ गईं। पहले की ही तरह महल में ही उनके कई दुश्मन थे, जो एक महिला द्वारा शासित होना नहीं चाहते थे और इन अपराधियों ने दिद्दा पर कई बार हमला कर दिया था। अन्य साम्राज्यों के शासक इस बात पर विश्वास करते थे कि वे कमजोर हैं और दुश्मनों ने उनपर हमला कर दिया है। उनके पास हर बार अपने साम्राज्य को बचाने का माद्दा था।

इस बार भी सत्ता कम चुनौतीपूर्ण नहीं थी। साम्राज्य के भीतर बहुत सारा असंतुलन था और उनके बहुत सारे दुश्मन थे, जो उन्हें मुकुट पहना हुआ नहीं देखना चाहते थे। इससे भी ज्यादा जो बात और मुश्किल भरी थी, वह थी कि इस बार दिद्दा बहुत अकेली थीं। इस बार उनके साथ कोई भी वफादार और विश्वासपात्र सेनानायक नहीं था। उनके दुःख और असुरक्षा को समझनेवाला भी कोई नहीं था, उनके भार को कम करने के लिए और जरूरत के समय उनके कामों का समर्थन करने के लिए कोई कंधा उनके पास नहीं था। जिन भी लोगों पर उन्होंने विश्वास किया, उन्हें अपना समझा या अपना माना, वे सब एक-एक कर छोड़कर चले गए। इस प्रकार बहुत सारे राजाओं को मरते और साम्राज्यों को एक के बाद एक तबाह होते देख, दिद्दा ने अंदर से शपथ ली। साम्राज्य के प्रति यह उनकी प्रतिबद्धता थी, उन्होंने इस बात की शपथ ली थी कि वह रक्षा करेंगी और इसी बात ने उन्हें मजबूत रखने के लिए प्रोत्साहित किया, वे उसी शक्ति से आगे बढ़ती रहीं, जिसके लिए वे जानी जाती थीं।

दिद्दा को इस बार सबकुछ स्वयं से ही करना था। बचपन से ही, उनके पास

वल्जा थी, फिर क्षेमगुप्त थे, बाद में नरवाहन था, फिर उनका बेटा था, उसके बाद उनकी जिम्मेदारियों को सँभालने के लिए फाल्गुन उनके साथ था, जिसने कठिन परिस्थितियों में उन्हें सँभाला था। बाद में, उन्हें तुंगा मिला। इस मुश्किल भरे और अकेलेपन के समय में दिद्दा के पास कोई और विकल्प नहीं बचा था, इसलिए तुंगा को बुलावा भेजा। उसे फिर से श्रीनगरम् का काम देखना था और उसे प्रधान मंत्री एवं सेनापति बना दिया गया। उसने बहुत ही कुशलता से सारी जिम्मेदारियाँ उठा लीं और अपने आने से उस खाली पड़ी जगह को भर दिया।

उसकी कुशलता और क्षमताएँ किसी से भी छिपी नहीं थीं। एक चरवाहा होने के बावजूद, सेना और मंत्रालय में प्रशासनिक सेवाएँ देने में काफी दक्ष था। राजधानी में उसके पहली बार के कार्यकाल ने उन लोगों के मुँह बंद कर दिए थे, जो उसे उस पद के योग्य नहीं समझते थे। पूर्व की तरह ही इस बार उसके चयन से किसी में कोई आक्रोश नहीं फूटा। सभी को पता था कि उसे दिद्दा का सहयोग प्राप्त है और रानी अब पहले की अपेक्षा अधिक शक्तिशाली हो गई थीं।

तुंगा की सबसे बड़ी चुनौती यह थी कि तुंगा को साम्राज्य में शांति स्थापित करनी थी और दिद्दा के लिए चीजें आसान करनी थीं। उसने कानून-व्यवस्था को सँभालने के लिए बहुत सारी जिम्मेदारियाँ ले लीं और इस दौरान परेशान करनेवालों को ठीक किया। तुंगा ने बहुत सारी मुश्किल परिस्थितियों को सफलतापूर्वक ठीक कर लिया, साम्राज्य के पश्चिमी भाग (राजौरी) के विद्रोहियों को कुचला।

तुंगा ने डरा-धमकाकर और शक्ति का प्रदर्शन करके उन्हें पकड़ लिया। डामरों के बीच असंतोष भरा हुआ था और यही उनके साथ समस्या का एक प्रमुख कारण था। दिद्दा इस बारे में चिंतित थीं और उन्हें सँभालने के लिए बहुत ज्यादा प्रयत्नों की जरूरत थी। तुंगा की सैनिक कुशलता और बुद्धिमानी ने इस मुश्किल को भी दूर कर दिया, उसने न सिर्फ साम्राज्य में अपनी मौजूदगी से बल्कि रणभूमि में अपनी उपादेयता सिद्ध की। उसने एक योजना बनाई, जिससे दिद्दा ने अपनी योजनाओं में सुधार किया, जिससे डामरों को खुश किया जा सके और अगर जरूरी हुआ तो शक्ति का इस्तेमाल किया जाए। इस मुद्दे को सुलझाकर वह सैन्य व राजनयिक कौशल का अग्रदूत बन गया।

राजदरबारी नए सेनानायक से विकट परिस्थितियों में सलाह लेते थे। रानी दिद्दा सेनानायक तुंगा के साथ उस क्षेत्र की एक जबरदस्त ताकत बन गईं। तुंगा

साम्राज्य में न केवल सबसे शक्तिशाली व्यक्ति बन गया, बल्कि दिद्दा के बहुत करीब भी हो गया।

एक गरीब चरवाहा जो खतरे के समय दिद्दा के जीवन को संकट से बचाने के लिए आया था, दिद्दा के दिमाग से कभी भी नहीं उतरा। वे उसकी आभारी रहीं, अन्य शब्दों में कहा जाए, दिद्दा की बाकी बची जिंदगी उसी के लिए थी। उन्हें यह विश्वास था कि वह ढंग से साम्राज्य इसीलिए चला पा रही हैं, क्योंकि तुंगा ने उन्हें मौत के चंगुल से निकाला था। कुछ लोगों का मानना था कि उनका यह आभार प्यार में परिवर्तित हो रहा था। तुंगा की उसके जीवन में मौजूदगी से दरबारियों को यह विश्वास होने लगा था कि अंततः दिद्दा के जीवन में शांति वापस आ गई है। वहीं दूसरी ओर, दिददा ने कभी भी किसी के इस शक का कोई निदान नहीं किया, उन्हें करना भी नहीं था। इस बार उसका कारण अलग था; नरवाहन की मौत ने उनके जीवन के इस पहलू को हमेशा के लिए खत्म कर दिया था। अपने अंतिम दिनों में वल्जा ने तुंगा का जिक्र छेड़ा, क्योंकि सिर्फ वही इस बारे में बोल सकती थीं। एक पक्की सहेली और विश्वासपात्र होने के कारण उन्होंने दिद्दा से पूछा, 'क्या आप तुंगा से प्रेम करती हैं? अगर आप प्रेम करती हैं तो उससे शादी कर लीजिए।'

दिद्दा इस बार गुस्सा नहीं हुईं, पर उन्होंने इस संदर्भ में अपनी भावनाएँ भी व्यक्त नहीं कीं।

उन्होंने बड़बड़ाते हुए कहा, 'अगर मैंने इससे शादी कर ली, तो क्या किस्मत इसे भी तो दूर नहीं ले जाएगी?'

वल्जा उस घबराहट को समझ गई।

उसने महसूस किया कि दिल में कहीं भीतर से उनमें यह डर समाया हुआ है। उन्हें तुंगा के भी धोखे, शक्ति, विश्वासघात आदि के द्वारा चले जाने का डर था, जो वह पहले से ही अपने जीवन में देखती चली आई थीं।

उसी रात में वल्जा गोलोक गमन को गई और इस प्रकार दिद्दा ने अपना सबसे अंतिम एवं सबसे प्यारा विश्वासपात्र और पुराना रक्षक खो दिया और उनकी आत्मा हमेशा दिद्दा के दिल में बसी रही। तुंगा के समर्थन से दिद्दा ने राज्य में आनेवाली कई मुश्किलों और चुनौतियों का सामना किया।

पर एक ऐसी आपदा आनेवाली थी, जिससे कश्मीर का पतन होना था और वह बरबाद हो जाता।

यह तूफान पर्वतों से होकर आनेवाला था। ऐसी संभावना थी कि इससे न सिर्फ कश्मीर, अपितु पूरे हिंदुस्तान का नाश होनेवाला था। इस आँधी से हमारी शांतिप्रिय संस्कृति की चूलें हिल जानेवाली थीं और यह मुसीबत काफी सालों के बाद अब आनेवाली ही थी। यह पूरा इतिहास बदल देनेवाली थी। इस तूफान का नाम गजनवी था।

दिद्दा ने अपने नानाजी की मृत्यु के बाद राजगद्दी जयपाल को दे दी थी, जो उस राजपरिवार का हिस्सा नहीं था। उसने हिंदूशाही में 64 से 101 ईसवी तक राज किया। दिद्दा के लिए यह बहुत ही मायूसी की बात थी, क्योंकि जब महमूद गजनवी के पिता सबुकटिगिन ने आक्रमण किया तो जयपाल ने तुरंत आत्मसमर्पण कर दिया। उस संधि के अनुसार जयपाल ने पेशावर को भी तुर्कों के हाथों में समर्पित कर दिया। पेशावर में तुर्कों के होने से, तीन राज्यों—काबुल, कश्मीर और लोहारिन में इसलामी घुसपैठ के खतरे बढ़ गए।

दिद्दा के तो काबुल और लोहारिन राज्यों के साथ अपने रिश्ते थे। जयपाल के कारण, काबुलशाही को एक नए राज की शुरुआत देखनी पड़ी। स्वार्थी एवं दुर्बल जयपाल के काम करने की एक अलग ही नीति थी और उसे लगने लगा कि दिद्दा अब उसके मतलब की नहीं रहीं।

योद्धा दिद्दा को पता था कि अबू मंसूर सबुकटिगिन के कश्मीर पर आक्रमण के समय अपनी अलग ही आशंकाएँ होंगी, पर वह लोहारिन पर जरूर आक्रमण करेगा। एक बुद्धिमान द्रष्टा और एक कुशल राजनयिक होने के कारण, वे भौगोलिक-राजनीतिक असंतुलन को समझ गईं। उन्होंने लोहारिन के साथ हाथ मिला लिया। यह सबुकटिगिन के लिए एक सीधा संदेश था; अगर उसने लोहारिन का विरोध किया, तो उसे सीधे दिद्दा से उलझना होगा। उन्होंने काबुल में तुर्की आक्रमण की संभावनाओं के मद्देनजर वहाँ के शासकों को अपने समर्थन का संदेश भी पहुँचा दिया।

सबुकटिगिन को दिद्दा की शक्तियों का पता था। उनकी बहादुरी और साहस की कहानियाँ पूरे ईरान में फैली हुई थीं। सबुकटिगिन उन मजबूरियों को समझ गया और उन राज्यों से दूरी बनाए रखने में ही उसे समझदारी लगी। इस चाल ने तुर्कों को इन तीनों राज्यों से 20 वर्ष तक दूर रखा।

पर साथ ही, यह भी ज्ञात था कि कश्मीर के सिंहासन के लिए एक सही उत्तराधिकारी अनिवार्य था।

दिद्दा को लगने लगा था कि वे अब बूढ़ी होती जा रही हैं। दिद्दा ने स्वयं की रक्षा के लिए अपने शरीर और मस्तिष्क को इतना दर्द दिया था कि वे कश्मीर की भलाई के लिए काम करते रहें और इस कारण अब उनका स्वास्थ्य प्रभावित होने लगा था।

दिद्दा को खुफिया सूत्रों से पता चला कि मध्य एशियाई मैदानों में जबरदस्त भौगोलिक-राजनीतिक संकट आ चुका है। पर्वतों के उस पार गजनवी का एक छोटा सा साम्राज्य, टूटने के कगार पर था और सबसे बड़े राजकुमार ने महमूद को निर्वासित कर दिया है।

बिना किसी साम्राज्य के महमूद एक छोटी सी सेना के साथ भागा जा रहा था और छोटे-छोटे आदिवासियों और राज्यों को जीतता एक बड़ी सेना पर अपना आधिपत्य जमाने की कोशिश में था, जिससे कि वह गजनवी पर अपना राज कायम कर सके और अपने भाइयों को मार दे। महमूद उन्हें लगातार लूटे जा रहा था, और उसका प्राथमिक मुद्दा था कि वह सोना, आभूषण इत्यादि लूटकर बहुत सारे विद्रोहियों को सहयोग दे।

दिद्दा को यह लगने लगा कि कश्मीर पर आँख गड़ाने में उसे ज्यादा समय नहीं लगेगा। वह उसे अपना निशाना बनाएगा और इस अकूत संपदा और संसाधनों की भूमि पर अपने कदम रखने के लिए यह सबसे आसान रास्ता था। दिद्दा को यह पता था कि सिंहासन पर बैठी महिला को बहला-फुसलाकर यह विश्वास दिलाया जाएगा कि वह उसे आसानी से हरा सकता है और इस प्रकार वह कश्मीर राज्य पर कब्जा कर लेगा।

दिद्दा इस गंभीर समस्या से परेशान थीं। उन्हें पता था कि उनके पास उन लोगों को दबाने के कई साधन थे, पर जो बात सबसे ज्यादा परेशानी की थी, वह था उनका स्वास्थ्य। उन्हें पता था कि वे ढलती जा रही थीं। उन्हें विदेशी आक्रमण से अपने साम्राज्य को बचाने के लिए एक व्यापक योजना की जरूरत थी।

दिद्दा के लिए विग्रहराज एक गंभीर समस्या था। उसने उनके मायकेवाले साम्राज्य लोहारिन को अपने कब्जे में लेने की कुछ कोशिशें की थीं और वह वहाँ अपने साम्राज्य का दावा भी कर रहा था। दिद्दा के दिमाग में एक विचार था। उन्होंने एक ही बार में दोनों मुद्दों को सुलझाने की सोची।

अब समय आ गया था कि वे कश्मीर एवं अपने मायके लोहारिन के लिए नए शासक का चुनाव करें।

अपने रक्त संबंधियों को इस पद के लिए चुनना दिद्दा की कभी भी प्राथमिकता नहीं थी, वे तो ऐसा व्यक्ति चाहती थीं, जो उनका स्थान ले सके, वह ऐसा हो, जिसमें उन जैसे सारे गुण हों और वह उस परंपरा को आगे ले जाए। वे चाहती थीं कि ऐसा व्यक्ति उस साम्राज्य का शासक बने, जो उस साम्राज्य के राजा बनने के लायक हो।

दिद्दा ने घोषणा की, 'कुछ दिनों में एक प्रतियोगिता का आयोजन किया जाएगा और विजेता को नया राजा बनाया जाएगा।' उन्होंने अपने पिता के परिवार से लोगों को इसमें भाग लेने के लिए बुलाया।

इस में युद्ध-कौशल, तलवारबाजी, तीरंदाजी और घुड़सवारी की प्रतियोगिता आयोजित होगी। युवा लोग इसे एक बड़े अवसर के रूप में देख रहे थे और उसके लिए तैयार थे। कोई भी इस सुनहरे अवसर को खोना नहीं चाहता था।

जल्दी, जैसे ही प्रतियोगिता का दिन आया, और दोनों साम्राज्यों की ओर से लोग जमा हो गए कि देखें कि कौन युवक प्रतियोगिता जीतेगा। हर कोई कश्मीर के नए राजा को देखने के लिए आतुर था। वह जानने के लिए उत्सुक थे कि रानी दिद्दा उन लोगों में से किसे चुनने का निर्णय लेंगी।

दिद्दा अपने सेनापति तुंगा के साथ वहाँ पहुँचीं। हर कोई उनके सम्मान में उठा और उनका अभिवादन किया। दिद्दा ने प्रतियोगिता शुरू करने का इशारा किया। दर्शकदीर्घा में फलों की ढेरी रखी गई। वह वहाँ बीच में रखवाई गई और प्रतियोगियों से कहा गया कि जो उससे जितने फल निकालना चाहता है, वह उतने ज्यादा फल निकाल ले। यह अपने आपमें एक 'चुनौती' थी। प्रतियोगी किसी भी तरकीब का इस्तेमाल कर अधिकतम मात्रा में फल ले सकते थे। लड़कों ने फल छीनना शुरू कर दिया और एक-दूसरे से लड़ने लगे। उस जगह में तलवारों की टंकारों की तेज आवाज सुनाई दे रही थी और हवा में तीर मारक हो रहे थे, और उन तेज आवाजों के बीच ऐसा लग रहा था कि सब एक-दूसरे के खून के प्यासे हो गए थे। सिर्फ एक प्रतियोगी को छोड़कर सब एक-दूसरे से खूब गुत्थमगुत्था हो रहे थे।

इस बीच राजकुमार संग्रामराज एक किनारे चुपचाप खड़े थे और वे किसी भी प्रकार की शारीरिक लड़ाई में शामिल नहीं थे। वे बहुत चालाकी से सबको लड़ाई के लिए उकसा रहे थे कि उनसे जितना जल्दी हो सके, छुटकारा मिले और अंत में उन्हें सबसे ज्यादा फल मिले।

दिद्दा को उनकी यह चाल पसंद आई और उनमें राजनीतिक कुशाग्रता भी दिखी।

उन्होंने फिर अपना निर्णय सुनाया, 'मैं कश्मीर के राजसिंहासन के लिए संग्रामराज का नाम चुनती हूँ और उन्हें गोद लेती हूँ और इसके साथ ही लोहार का सिंहासन विग्रहराज का होगा।'

उसने एक जन-आयोजन करके संग्रामराज और तुंगा को कहा, 'तुम दोनों अब शपथ लेकर यह कहो कि दोनों मिलकर राजसिंहासन के लिए एक साथ काम करोगे।'

तुंगा एवं संग्रामराज ने एक साथ कहा, 'हे रानी, हम दोनों साम्राज्य की रक्षा की शपथ लेते हैं और इस बाबत आपकी नाक कभी नीचे नहीं होने देंगे।'

हर किसी ने इस निर्णय का स्वागत किया और पूरा माहौल फिर से 'रानी दिद्दा की जय हो' और 'रानी दिद्दा की प्रशंसा हो' के उद्घोष से गूँज उठा।

उस समय से संग्रामराज और तुंगा एक साथ काम करने लग गए। संग्रामराज ने तुंगा को पदोन्नत कर प्रधान मंत्री बना दिया। ऐसे कई लोग थे, जिन्होंने संग्रामराज के चयन को सही नहीं समझा और उन्हें इस पद हेतु कमजोर माना था। तुंगा ने इस बीच दखल देकर इस विवाद को शांत करने की कोशिश की। एक साथ मिलकर वे दोनों साम्राज्य में स्थिरता लेकर आए।

फिर से एक बार, दोनों मिलकर कश्मीर में समृद्धि लेकर आए। हर प्रकार के सामाजिक, आर्थिक व राजनीतिक मुद्दे सुलझ गए और राज्य में पुनः शांति छा गई। लोग नए शासन से खुश थे और संग्रामराज और तुंगा के प्रशंसागान गाते रहते। रानी दिद्दा के लिए भी उनके मन में इज्जत कई गुणा बढ़ गई थी, क्योंकि अब वे सोचते थे कि उन्होंने अपनी जिंदगी राज्य की भलाई के लिए होम कर दी। जनता के दिमाग से चुड़ैल रानी की उपाधि धीरे-धीरे धूमिल होती जा रही थी।

दिद्दा भी इस बात से खुश थीं कि सत्ता के सही बँटवारे के बाद वह साम्राज्य और शक्तिशाली हो चला है। उनकी सबसे बड़ी चिंता यह थी कि क्या संग्रामराज अपनी ली हुई शपथ का पालन कर पाएगा और तुंगा के साथ काम कर पाएगा? सत्ता मिलने के बाद से क्या वह उनके शब्दों का मान रख पाएगा? संग्रामराज ने दिद्दा की चिंताओं को बढ़ाने के लिए कुछ भी गलत नहीं किया। दिद्दा संतुष्ट थीं कि दोनों ने उनकी बातों का मान रखा और साम्राज्य की सेवा के लिए दोनों ने

अपने को समर्पित कर दिया। वे उन्हें परामर्श देती रहीं और यह सुनिश्चित किया कि षड्यंत्रकारी और धोखेबाज उनके बीच में कभी भी दरार न डाल पाएँ।

हर बीतते दिन के साथ दिद्दा को महसूस होने लगा कि अब उम्र ने उसके शरीर का साथ छोड़ दिया है। दिद्दा के खराब स्वास्थ्य के बारे में सुनकर अभिनवगुप्त उनसे मिलने आए। वे सुबह-सुबह वहाँ पहुँच गए और मुसकराते हुए दिद्दा का अभिवादन किया। एक लंबे समय के बाद दिद्दा ने उन्हें देखा था। हालाँकि, उनकी आँखें कुछ और ही कह रही थीं, जैसे कि वह कोई सूचना छिपा रहे हों। दिद्दा इस बात को समझ चुकी थीं।

अभिनवगुप्त ने कहा, 'दिद्दा, मुझे तुम पर नाज है। हमारी पहली मुलाकात से अब तक तुमने काफी लंबा सफर तय कर लिया है।'

दिद्दा ने बहुत विनम्रता के साथ जवाब में कहा, 'यह सब आपके आशीर्वाद के कारण संभव हो पाया है।'

'मैं किसी को आशीर्वाद देनेवाला कौन होता हूँ? मैं तो सिर्फ एक शुभचिंतक हूँ। जो आशीर्वाद देता है, वे भगवान् होते हैं। वे शिव हैं। उनके आदेश से ही यह सब संभव है। वे बचानेवाले हैं, वे ही संहारकर्ता हैं। वे आदि से अनंत तक सबकुछ हैं, वे ही जीवन हैं, वे ही मृत्यु हैं, वे ही शक्ति हैं।'

उन्होंने पूछा, 'क्या आप इतनी दूर मुझे सिर्फ भगवान् शिव के बारे में बताने के लिए आए हैं?'

'नहीं, मैं यहाँ सिर्फ यह कहने के लिए आया हूँ कि अब काफी समय हो गया है, जब से तुमने स्वयं को सिंहासन के कामों में और जनता के बीच व्यस्त रखा है। अब समय आ गया है...'

'हे प्रभु, किस चीज का समय आ गया है?' दिद्दा ने गंभीरता के साथ यह पूछा।

'अब समय आ गया है कि तुम स्वयं को भगवान् की सेवा में लगा दो, जिसने तुमको इतना सबकुछ दिया है, उनकी पूजा में आप जितना अधिक समय व्यतीत कर सकती हैं, करें।'

'हाँ, मैं समझती हूँ। मैं यह कैसे भूल सकती हूँ कि भगवान् ने मुझे क्या-क्या दिया है। भगवान् ने मुझे आपसे मिलाया। आप मेरी जिंदगी में शिव के भेजे हुए दूत हैं। सिर्फ आपके कारण मुझे अभिमन्यु मिला, सिर्फ आपके कारण मेरी जिंदगी

बदल गई। आपके कारण मुझे इज्जत मिली और मुझे मेरा हक मिला।'

अभिनवगुप्त ने कहा, 'दिद्दा, मैंने आपको पहले भी कहा है, वह मैं नहीं था। मुझे आप मेरे भगवान् के आशीर्वाद की रचना दिखती हैं, और मुझे लगता है कि यह मेरे भगवान् का आदेश था कि मैं आपकी मदद करूँ। मुझे लगता है कि अब समय आ गया है कि आप भगवान् के लिए कुछ करें। मैं आपसे प्रार्थना करता हूँ कि आप भगवान् का आशीर्वाद पाने के लिए एक महायज्ञ करें।'

'अगर आप यह कह रहे हैं, तो मैं ऐसा ही करूँगी। पर अचानक यह सब क्यों?'

'कभी-कभी हमें अपने कामों में देरी नहीं करनी चाहिए और चीजों को आनेवाले कल के लिए छोड़ देना चाहिए। कभी-कभी हमें चीजें जैसे ही समझ आएँ, उसी समय कर लेनी चाहिए। किसी को भी यह नहीं पता है कि कल क्या होनेवाला है? आपको स्वयं यह नहीं पता कि आप कल कहाँ होंगी?'

अभिनवगुप्त की यह बातें दिद्दा के लिए स्पष्ट थीं। उन्हें उनके आगमन का उद्देश्य समझ आ गया। जल्द ही महायज्ञ की तैयारी शुरू हो गई और यज्ञ पूर्ण करने के बाद अभिनवगुप्त वहाँ से चले गए। पर जाने से पहले उन्होंने दिद्दा को समझा दिया था कि वे क्या चाहते हैं? दिद्दा को समझ आ गया था कि अब उनके जाने का समय आ गया है। उसे जाना होगा। पर ऐसे कठिन समय में भी दिद्दा अपनी जिम्मेदारियाँ नहीं भूलीं। उन्होंने तुंगा और संग्रामराज को बुलाया और उनसे कहा कि वे उन्हें वचन दें कि चाहे कैसी भी परिस्थिति हो पर वे एक-दूसरे को ऐसे ही हमेशा सहयोग देते रहेंगे, चाहे दिद्दा वहाँ उपस्थित हों अथवा न हों, वे हमेशा साम्राज्य एवं उसके लोगों की अपने खून-पसीने को बहाकर भी रक्षा करते रहेंगे। उन्होंने उन दोनों को उस गंभीर खतरे के बारे में बताया, जिसके भविष्य में होने की आशंका थी। उन्होंने बताया कि आनेवाले दिनों में उन्हें गजनवी के महमूद से लड़ने के लिए भी तैयार रहना पड़ेगा।

दिद्दा ने संग्रामराज से कहा, 'तुम तो जानते हो कि मेरे जीवन के अब कुछ ही दिन बचे हैं। मैं इस बात से प्रसन्न हूँ कि मैंने तुम्हे राजकाज की बागडोर सौंपी है और यह बहुत अच्छे हाथों में है, पर मेरी अब एक अंतिम इच्छा है, जो तुम उसे पूरा कर दो।'

संग्रामराज ने कहा, 'हे माता! हमने आपकी इच्छाओं का कभी अनादर

नहीं किया है और हम यह सुनिश्चित करेंगे कि हम आपकी उम्मीदों पर खरे उतरें।'

दिद्दा ने तुंगा से कहा, 'मैं चाहती हूँ कि तुम अपनी इस धरती की महमूद से रक्षा करो। तुम यह सुनिश्चित करना कि वह अपने अपशगुनी पैर शिवजी की इस धरती पर कभी नहीं रखे।'

तुंगा ने रानी का हाथ पकड़कर उनसे वादा किया, 'हे रानी, मैं आपसे वादा करता हूँ। हम महमूद को कभी भी इस साम्राज्य में प्रवेश नहीं करने देंगे।'

तभी उसे लगने लगा कि दिद्दा का शरीर ठंडा पड़ने लगा है और उनकी आँखें बंद हो गई हैं। वह क्षण आ गया था। इस आश्वासन के साथ कि उनका उत्तराधिकारी संग्रामराज और उनकी राजशाही उनके बाद भी जिंदा रहेगी, दिद्दा 79 वर्ष की अवस्था में सन् 1003 में गोलोक को चली गईं। एक अनूठी रानी ने कश्मीर में जीत-हार की कई गाथाएँ देखकर, लिखकर वर्तमान एवं भविष्य के लिए एक अलग गाथा लिख दी।

दिद्दा के हाथ अपने हाथ में देख तुंगा रोने लगा। उसे विश्वास ही नहीं हो रहा था कि दिद्दा उसे छोड़कर चली गई हैं। ऐसा पहली बार हुआ था कि श्रीनगरम् के महल का सशक्त, बहादुर सेनापति बच्चों की तरह फूट-फूटकर रो रहा था। संग्रामराज भी अपने परामर्शदाता की मौत पर दुःखी हो गया। अचानक कश्मीर के सिंहासन का भार उसके युवा कंधों पर आने की भावना से ही वह दब गया हो।

दिद्दा के उस साम्राज्य से ऊपर उस आकाशमार्ग में जाने से कश्मीर की भूमि में एक अजीब सा खालीपन छा गया।

अब दिद्दा के दुःखों का अंत हो चुका था और वे अपने भगवान् शिवजी से मिलने के लिए प्रस्थान कर चुकी थीं। बहुत लोग, जो उन्हें चुड़ैल, हत्यारिन और साथ में राज-हत्या की दोषी व अलौकिक शक्तियोंवाली मानते थे—अंततः उनकी मृत्यु का समाचार पाकर, बिना किसी पूर्वग्रह और गलतफहमियों के उन्हें हमेशा के लिए प्यार से रानी दिद्दा के रूप में ही याद करना चाहते थे।

लोग विभिन्न साम्राज्यों से श्रीनगरम् में जमा हुए कि वे अपनी रानी के अंतिम बार दर्शन कर पाएँ। रानी दिद्दा को उनके दत्तक पुत्र संग्रामराज द्वारा अंतिम विदाई दी गई, जो कश्मीर साम्राज्य के उत्तराधिकारी थे, उन्होंने उन्हें मुखाग्नि दी। लोग अभी भी सोचते थे कि दिद्दा अपनी समाधि से तांत्रिक शक्तियों का इस्तेमाल कर फिर से जीवित वापस आ जाएँगी। इसलिए लोग कई-कई दिनों तक महल

के सामने ही खड़े रहे कि वे फिर से दिद्दा की वापसी देख सकें। अभिनवगुप्त ने संग्रामराज को दिद्दा की आत्मा को मुक्त करने के लिए उनकी अस्थियों को वितस्ता नदी में प्रवाहित करने के लिए कहा। वह योद्धा जो वितस्ता नदी के जल से ही पली–बढ़ी थीं, वापस वितस्ता नदी में मिलकर शांति को प्राप्त हुई।

अभिनवगुप्त ने संग्रामराज को कश्मीर राज्य का राजा बनाया और तुंगा को उसका प्रधान मंत्री। इस ऐतिहासिक समय में कश्मीर में लोहार साम्राज्य की शुरुआत हुई और संग्रामराज उसके पहले राजा बने। संग्रामराज ने साम्राज्य का कार्यभार सँभाला और वह दिद्दा की उम्मीदों पर खरे उतरे। साम्राज्य ने बहुत दूर तक अपना विस्तार किया और पश्चिम से लेकर पूरब तक अपनी सीमाएँ बढ़ाईं।

पर सन् 1013 में वह दुश्मन आ गया, जिसके बारे में दिद्दा ने पहले ही कह दिया था। गजनवी के महमूद ने शाही साम्राज्य पर आक्रमण किया, संग्रामराज और तुंगा दुश्मनों को कुचलने के लिए तैयार थे। दिद्दा ने उन्हें पहले ही इतना तैयार कर रखा था कि वे इस दुश्मन का अच्छे से मुकाबला कर पाएँ।

नया दुश्मन पूर्व की लड़ाइयों में सामना किए गए दुश्मनों सा नहीं था। वह बहुत ही खूँखार, भयंकर था, वह रणभूमि में युद्ध जीतने के लिए किसी भी प्रकार के नियमों का पालन नहीं करता था, उसके अलग ही हथियार थे और उसपर जीत हासिल करना थोड़ा कठिन था। शाही राजा त्रिलोचनपाल को सहायता देने के लिए तुंगा बहुत बड़ी सेना लेकर युद्धक्षेत्र में पहुँचा।

एक युद्धकक्ष स्थापित हुआ और यह निर्णय लिया गया कि तुंगा सुविधाजनक स्थान पर स्वयं को बचाएगा। जो योजना कार्यान्वित होनेवाली थी, तुंगा को उसमें कमियाँ दिखाई देने लगीं। तुंगा को पता चला कि महमूद एक पापी एवं अहंकारी व्यक्ति है, जो अपनी बर्बर सेना के जवाब में रक्षात्मक काररवाई करेगा।

तुंगा ने सावधानी से इस स्थिति का जायजा लिया और दुश्मनों को चौंकाते हुए उनके बीच अचानक हमले की योजना बनाई, जिसके बारे में गजनवी ने अपने सपने में भी कभी नहीं सोचा होगा। तुंगा ने अपनी सेना को आगे बढ़ने का आदेश देकर उन्हें आक्रमण करने को कहा। राजसेना के इस प्रकार आक्रमण करने से महमूद की सेना सकते में आ गई। तुंगा की क्रूर सेना ने युद्धक्षेत्र को खून से सराबोर कर दिया था।

उस क्षेत्र ने कभी भी ऐसा युद्ध नहीं देखा था। यह युद्ध संस्कृति, सभ्यता, और

बर्बर दुश्मनों के हाथों से जानमाल को बचाने के लिए लड़ा गया था। यह एक ऐसा युद्ध था, जो इतिहास के पन्ने में दर्ज किया जाएगा। तुंगा स्वयं ऐसे लड़ रहा था, जैसे रुद्र ने इस युग में कोई अवतार धरा हो। ऐसा लग रहा था कि दिद्दा की आत्मा उसके ऊपर अपना आशीर्वाद बरसा रही हो, और दुश्मनों से उसकी रक्षा कर रही हो।

जब तक युद्ध चलता रहा, दुश्मनों का मजबूती के साथ खड़ा रहना मुश्किल हो गया। पहले महमूद की सेना शाही सैनिकों के सामने टिक नहीं पाई और भाग खड़ी हुई। तुंगा उस क्षेत्र का रक्षक बन गया, उसने कश्मीर को महमूद के आक्रमण की कोशिशों से बचाया। यह खबर एशियाई मैदानों में फैल गई कि उस देश की एक सशक्त सेना ने एक अन्य बर्बर सेना के आक्रमण के अत्याचार का बहुत अच्छे से मुकाबला किया।

इतिहास स्वयं को फिर से दोहराने लगा और तुंगा संग्रामराज को कुछ संदिग्ध सा लगा। जैसे-जैसे समय बीतता गया, राजा संग्रामराज और तुंगा के बीच विचारों की खाइयाँ बढ़ने लगीं। यह कोई साधारण परिस्थिति नहीं थी। दिद्दा ने जिस चीज की आधारशिला रखी थी, उस नींव के केंद्र में दरार पड़ गई। चीजें उस स्थिति में पहुँच गई थीं कि संग्रामराज ने अपने सेनापति को निकालने की सोच ली और उसकी वह शपथ सिर्फ सत्ता के लालच में मिल गई।

तुंगा और उसके बेटे पर बहुत बुरी तरह से तुंगा के भाई के साथ-साथ राजा के समर्थकों ने मिलकर आक्रमण किया।

कश्मीर की जमीन ने एक बार फिर से अपने सबसे अच्छे आदमी और दो संरक्षकों को खो जाने का दर्द सहा। स्वार्थ से भरी राजनीति ने उस पवित्र भूमि से दो ईमानदार सेवक छीन लिये।

जिस समय कश्मीर शांति एवं समृद्धि के सुनहरे पलों में प्रवेश करने ही वाला था, गजनवी के महमूद की फिर से कश्मीर पर आक्रमण की खबर संग्रामराज तक पहुँच गई। इस बार वह ज्यादा प्रतिशोध के साथ और पहले से ज्यादा सेना के साथ आया था।

साम्राज्य के द्वार पर खतरा मँडरा रहा था। सिर्फ कश्मीर ही नहीं, अपितु समूचे हिंदुस्तान का भविष्य खतरे में था। आशा की सिर्फ एक किरण थी, उस बर्बरता से सिर्फ संग्रामराज ही बचा सकते हैं। उसे कुछ समय पहले ही दिद्दा ने इस संदर्भ में चेता दिया था और उसने भी इस घटना के लिए स्वयं को तैयार कर रखा था। इस तरह वह गजनवी का मुकाबला करने के लिए तैयार था।

हालाँकि, उस समय तुंगा सेना का नेतृत्व करने के लिए वहाँ नहीं था। संग्रामराज ने यह महसूस किया और स्वयं सेना का नेतृत्व किया। उसने सैनिक दलों को आदेश दिया कि वह गजनवी की सेना के विरुद्ध चलने की तैयारी शुरू करें।

एक बार, फिर से बर्बर युद्ध लड़ा गया। उस युद्ध में हजारों लोग मारे गए। दोनों तरफ के लोगों के मरने से कश्मीर की घाटी में खून की नदियाँ बहने लग गईं। गजनवी नए हथियारों की खेप के साथ लड़ने के लिए आया था, उसके पास सिर्फ तीर और तलवार लड़ने के लिए नहीं थे। युद्ध में प्रत्युत्तर देना संग्रामराज के लिए मुश्किल हो रहा था, पर वह अपने दल को अंतिम साँस तक लड़ते रहने के लिए प्रोत्साहित करता रहा। गजनवी का महमूद फिर से हार गया और फिर से भाग खड़ा हुआ। एक बार फिर से कश्मीर हिंदुस्तान के लिए एक ताकतवर ढाल बन गया, जो रानी दिद्दा के अदृश्य आशीर्वाद से सुरक्षित बचा रहा।

एक और युद्ध हार जाने के बाद, महमूद उस हार से इतना अपमानित हो गया कि उसने फिर से कश्मीर पर दोबारा आक्रमण करने की हिम्मत नहीं की। बाद में, उसने गुजरात साम्राज्य के तोश मैदान क्षेत्र से भारत में प्रवेश किया और इस देश को लूट लिया।

दिद्दा द्वारा रखी गई मजबूत सैनिक आधारशिला ने गजनवी को एक बार नहीं, दो-दो बार पछाड़ा। हिंदुस्तान के किसी अन्य साम्राज्य में ऐसा दोबारा देखने को नहीं मिला, क्योंकि उन साम्राज्यों के पास दिद्दा जैसी एक योद्धा रानी नहीं थी।

एक लँगड़ी लड़की, जो लोहार साम्राज्य में पैदा हुई थी, वह एक ऐसे साम्राज्य की रानी बनकर उभरी, जो पहले ही संकटों से घिरा हुआ था। एक छोटी सी लड़की, जिसने बचपन में ही यह सीख लिया था कि एक औरत, जितना चाहे उतना मजबूत बन सकती है। उसने कश्मीर की एक मजबूत नींव रखी, जो युगों-युगों तक याद रखी जाएगी और स्वर्ग से आते उनके आशीर्वाद ने उस साम्राज्य की ओर आनेवाली हर मुश्किल से उसे बचाए रखा।

चाहे कश्मीर स्वयं को कितने ही उतार-चढ़ाव में पाए, पर इतिहास के पन्नों में दिद्दा की कहानी हमेशा ही दमकती रहेगी।

इस तरह दिद्दा पर लिखी गई यह मेरी अपनी कहानी है।

□□□